공산당에 대한 9가지 평론

〈에포크타임스〉 사설

이 사설은 공산당에 대한 사형선고 판결문이다

에포크미디어코리아

『공산당에 대한 9가지 평론』을 출간하며

『공산당에 대한 9가지 평론』은 중국 공산당의 본질을 아홉 가지로 나누어 논평한 〈에포크타임스(Epoch Times)〉의 사설(社說)이다.

〈에포크타임스〉는 인성, 인권, 자유를 지향하는 글로벌 신문그룹으로서 동양의 정통 정신문화를 선양하고 서구 물질문명의 폐해와 반인류적인 인권문제를 개선하고 도덕성을 회복하는 데 힘쓰고 있다.

〈에포크타임스〉는 이러한 노력의 일환으로 인류문명을 선도해온 찬란한 정신문화를 핍박하고 그 정통성을 말살하려는 중국 공산당의 본질과 지난 90여 년간 주기적으로 자행한 공산당의 인권탄압 실상을 이 글을 통하여 폭로한다.

이는 인류의 안녕을 위협하는 사악한 독소를 제거하고 문화적인 대안을 모색하려는 〈에포크타임스〉의 기본활동이기도 하다.

2021년 3월 22일
에포크미디어코리아 편집부

'9평 편집부' 소개

'9평 편집부'는 〈에포크타임스(Epoch Times)〉 소속의 사설(社說) 편집부로 출범하여 2004년 11월부터 중국 공산당의 본질을 아홉 가지로 나눠 논평한 『공산당에 대한 9가지 평론』을 연재했다.

이후 9평 편집부는 후속 작품으로 『공산주의의 최종 목적-중국 편』, 『해체 당문화』, 『공산주의 유령은 어떻게 우리 세계를 지배하는가』 등 공산주의의 본질을 가장 깊이 있게 파헤치고 독자들에게 동양의 정통 정신문화를 선양하여 서구물질 문명의 폐해와 반인류적인 인권문제를 개선하고 도덕성을 회복하는 데 소중한 자료를 제공했다.

9평 편집부는 이러한 노력의 하나로 인류 문명을 선도해 온 찬란한 정신문화를 핍박하고 그 정통성을 멸절하려는 중국 공산당의 본질과 지난 한 세기가 넘도록 인류에게 재앙을 가져다준 국제공산주의 운동, 특히 중국 공산당의 전 세계 침투와 병폐를 폭로함으로써 사형 선고와도 같은 판결을 내렸다.

중국 공산당의 통치는 중국 역사상 가장 어둡고 황당한 한 페이지다. 우리가 지금 이 시기 역사를 돌이켜보는 이유는 다시는 이런 비극이 영원히 재발하지 않도록 하기 위해서다. 동시에 우리 자신의 내면세계를 반성하고, 마땅히 발생하지 말아야 할 매우 많은 비극이, 오히려 우리의 나약함과 타협을 틈타 이루어지지 않았는지 살펴보도록 일깨워주기 위함이다.

『공산당에 대한 9가지 평론』 사설(社說)

구소련과 동유럽의 여러 공산당 정권이 무너지고 10여 년이 지난 지금, 세계 공산주의 운동은 전 세계적으로 버림받고 있으며 중국 공산당이 무덤 속에 묻히게 될 날은 시간문제일 뿐이다.

하지만 중국 공산당은 역사의 무대에서 완전히 사라져 버리기 전, 그의 운명을 기어코 5천 년 문명의 역사를 지닌 중화 전통과 함께 묶으려고 애쓰고 있는데 이는 중화민족의 큰 불행이다. 어떻게 공산당을 바라봐야 하고, 어떻게 공산당이 없는 사회로 진입하며, 어떻게 중화민족의 정통성 불씨를 이어갈 것인지 하는 구체적인 문제가 이미 중국인들 앞에 놓여 있다.

〈에포크타임스〉는 특별 시리즈로 〈공산당에 대한 9가지 평론〉 사설(社說)을 발표해, 한 세기 넘도록 인간 세상에 재앙을 안겨 준 국제공산주의 운동, 특히 중국 공산당에 대해 관속에 넣고 뚜껑을 덮어 살아날 수 없도록 엄정한 평가를 하고자 했다.

80여 년의 중국 공산당 역사를 살펴보면 그들의 발길이 닿은 곳마다 거짓말, 전란(戰亂), 기근, 독재, 학살, 공포가 그림자처럼 따라다녔다. 전통 신앙과 가치관이 뿌리째 파괴됐고, 기존의 윤리관과 사회체계도 강제로 철저히 해체됐다. 사람 간의 배려와 화목은 투쟁과 증오로 일그러졌고, 천지(天地), 자연에 대한 경외심과 보호는 천지와의 투쟁으로 변했다. 이로 인해 도덕과 생태 체계가 전면적으로 붕괴함으로써 중화민족은 물론 전 인류를 심각한 위기로 몰아넣었다. 이 모든 재난이 공산당의 치밀한 책략과 조직, 통제 하에서 발생했다.

'지는 꽃을 어찌하랴.' 지금 겨우 목숨만 부지하고 있는 이 공산정권은 붕괴할 날이 머지않았다. 그들이 완전히 멸망하기 전에 우리는 동서고금의 모든 사악함을 집대성한 이 최대 사교(邪敎) 조직을 전면적으로 폭로할 필요가 있다. 이를 통해 지금도 공산정권에 기만당하고 있는 사람들이 그 사악함의 본질을 똑똑히 앎으로써 정신적으로 공산당이 흘려놓은 독소를 제거하고 심리적으로 공산 악령(惡靈)의 통제와 공포에서 벗어나, 공산당에 품은 환상을 포기할 수 있게 한다.

중국 공산당이 통치하고 있는 이 시기는 중국 역사에서 가장 암울하고 황당한 역사의 한 페이지다. 그리고 중국 공산당 전 국가주석인 장쩌민(江澤民)이 발동한 '진(眞)·선(善)·인(忍)' 수련자에 대한 탄압은 사악하기 그지없고 이 사악한 운동은 중국 공산당이 스스로 갇히게 될 관(棺) 뚜껑에 마지막 못을 박았다. 이 한 단락 역사를 되돌아보는 것은 이런 비극이 다시는 되풀이되지 않게 하기 위함이며 동시에 '우리의 나약함과 타협 때문에 이런 비극이 일어난 것이 아닌지' 우리 자신을 성찰하기 위함이다.

차 례

『공산당에 대한 9가지 평론』

『공산당에 대한 9가지 평론』을 출간하며 ······················· 3
'9평 편집부' 소개 ································· 4
『공산당에 대한 9가지 평론』 사설(社說) ························ 5

평론-1 공산당이란 무엇인가 ································· 11

서두 ··· 12
1. 폭력으로 정권을 탈취하고 유지하다 ························· 13
2. 거짓말을 폭력의 윤활제로 삼다 ··························· 16
3. 끊임없이 입장과 원칙을 바꾸다 ··························· 18
4. 인성(人性)을 소멸하고 당성(黨性)으로 대체하다 ··················· 20
5. 반(反)자연・반인성적인 악령(惡靈) ························· 22
6. 악령 부체(附體)의 특징 ······························· 24
7. 자성하여 중국 공산당 부체에서 벗어나야 한다 ···················· 26

평론-2 중국 공산당은 어떻게 창설됐는가 ························ 29

서두 ··· 30
1. 공산당이 일어선 역사는 전 세계 사악을 집대성한 과정 ·············· 33
2. 중국 공산당의 떳떳하지 못한 창설 역사 ······················ 47
3. 사악한 공산당 유전자의 표현 ···························· 62
맺음말 ·· 72

평론-3 중국 공산당의 폭정暴政을 논하다 ·········· 75

서두 ·· 76
1. 토지개혁: 지주계급을 말살한 운동 ······················· 77
2. 상공업 개조: 자산계급을 말살한 운동 ··················· 80
3. 회도문(會道門) 단속과 종교 탄압 ························· 82
4. 반(反)우파 운동: 전국적으로 사람마음을 벌한다(誅心)는
   명목으로 지식인을 타도한 운동 ·························· 84
5. 대약진: 지록위마(指鹿爲馬)로 충성심을 테스트 ········ 87
6. 문화대혁명: 하늘땅을 뒤덮은 악령 부체의 광란 ········· 89
7. 개혁개방(改革開放): 변함없는 폭정이 단지 시류에 편승한 정책 ··· 96
8. 전 국민을 세뇌하고 전국을 감옥으로 만들다 ············ 102
맺음말 ··· 104

평론-4 공산당은 반우주 세력이다 ················· 109

서두 ·· 110
1. 사람과 싸우고 인성(人性)을 말살하다 ····················· 111
2. 땅과 싸우고 자연을 거슬러 그 화(禍)가 끝이 없다 ······ 119
3. 하늘과 투쟁하고, 신앙을 박해하여 인간의 신에 대한 믿음을
   부정하다 ·· 124
맺음말 ··· 129

평론-5 장쩌민과 공산당이 결탁해 파룬궁을 박해하다 ············ 131

서두 ·· 132
1. 장쩌민은 중공과 유사한 탄생과 성장과정을 거쳤기에 같은
   위기의식을 갖다 ·· 135

2. 장쩌민과 중국 공산당이 모두 '진(眞)·선(善)·인(忍)'을
　두려워하다 ··· 137
3. 장쩌민과 중국 공산당이 서로 이용하다 ······················ 147
4. 장쩌민은 어떻게 중공을 이용해 파룬궁을 박해했나 ············ 150
5. 장쩌민, 중국 공산당 몰락을 자초하다 ························ 161
맺음말 ·· 163

평론-6 중국 공산당의 민족문화 파괴를 논하다 ················ 165

서두 ··· 166
1. 공산당은 왜 민족문화를 파괴하려 하는가? ··················· 169
2. 공산당은 어떻게 전통문화를 파괴했나? ······················· 177
3. 당(黨) 문화란? ·· 194
맺음말 ·· 204

평론-7 중국 공산당의 살인 역사를 논하다 ······················ 209

서두 ··· 210
1. 참혹한 학살 ··· 214
2. 지극히 잔인한 살인 수법 ·· 224
3. 잔혹한 당내 투쟁 ·· 233
4. 혁명 수출과 해외에서 한 살인 ··································· 236
5. 가정 파괴 ·· 238
6. 살인 방식과 결과 ·· 241
맺음말 ·· 250

평론-8 중국 공산당의 사교邪敎 본질을 논하다 ·············· 255

서두 ·· 256
1. 공산당의 사교(邪敎) 특성 ··· 257
2. 공산당 사교의 해악 ··· 267
3. 공산당 사교의 본질 ··· 271
4. 망당(亡黨)의 두려움에 떠는 공산당 ······················· 273
5. 공산당 사교의 생존 수단은 잔혹한 투쟁 ··············· 274
6. 공산당 사교를 안정시키는 힘은 부정부패 ············· 282
7. 공산당 사교 통치에서 우리는 반성해야 한다 ········ 285
맺음말 ·· 292

평론-9 중국 공산당의 깡패 본성을 논하다 ·················· 293

서두 ·· 294
1. 변한 적 없는 공산당의 깡패 본성 ·························· 295
2. 경제발전이 중공의 생존을 위한 제물로 전락 ······· 300
3. 중공의 적나라한 세뇌술이 더욱 정교하고 치밀해짐 ······· 307
4. 중국 공산당의 인권 위장 ··· 310
5. 중국 공산당 깡패의 다양한 모습 ···························· 319
6. 국가 테러리즘으로 '진(眞)·선(善)·인(忍)'을 탄압 ········ 330
7. '중국 특색'의 깡패 사회주의 ··································· 333
맺음말 ·· 337

평론-1 공산당이란 무엇인가

평론-2 중국 공산당은 어떻게 창설됐는가
평론-3 중국 공산당의 폭정暴政을 논하다
평론-4 공산당은 반우주 세력이다
평론-5 장쩌민과 공산당이 결탁해 파룬궁을 박해하다
평론-6 중국 공산당의 민족문화 파괴를 논하다
평론-7 중국 공산당의 살인 역사를 논하다
평론-8 중국 공산당의 사교邪教 본질을 논하다
평론-9 중국 공산당의 깡패 본성을 논하다

서두

5천 년 동안 황허(黃河)와 창쟝(長江)이 육성한 이 땅에서 살아온 중화민족은 수십 개 왕조를 거치면서 찬란한 문명을 창조했다. 그 속에는 흥망과 성쇠, 웅장한 기세, 그리고 심금을 울리는 대서사가 있다.

역사학계는 일반적으로 1840년을 중국 근대사의 시작이자 중국이 중세기에서 현대로 나아가는 시발점이라고 본다. 그때부터 중화 문명은 대략 네 차례에 걸쳐 도전과 대응을 겪었다. 앞선 세 차례 도전은 1860년 영불(英佛·영국 프랑스) 연합군의 베이징 공격, 1894년 중일(中日·중국 일본) 갑오전쟁, 1906년 중국 동북에서 일어난 러일전쟁의 충격이다. 이에 대응해 중국은 양무운동(洋務運動·19세기 후반 청나라 말기에 관료들의 주도로 이루어졌던 군사 중심의 근대화 운동으로 서양의 근대기술을 받아들여 중국의 자강을 꾀하려는 부국 강병운동)으로 서양 문물을 도입하고, 무술변법(戊戌變法·1898년 청나라 말기 무술년을 정점으로 수행된 康有爲

등 사대부들의 개량주의적 변혁운동)과 대청입헌(大淸立憲·청나라 말기 제국주의 열강의 침략에 대응하기 위해 부강을 목표로 한 개혁운동)을 통해 제도를 개량하고, 신해혁명(辛亥革命·1911년에 일어난 중국의 민주주의 혁명)을 일으켰다.

중국이 제1차 세계대전 전승국 중 하나임에도 열강은 중국의 이익을 전혀 보호해 주지 않았다. 당시 많은 중국인이 이 세 차례 대응이 모두 실패했다고 여김으로써 5.4운동(1919년 5월 4일 발생한 중화민국 최초의 대중 운동)이 일어났다. 네 번째 도전이자 마지막 단계의 대응인 이 운동으로 인해 문화 방면에서 전면적인 서구화가 시작됐고, 그 후 더욱더 극단적인 혁명으로 이어졌는데, 바로 공산주의 운동이다.

우리가 이 글에서 주목하는 것은 네 번째 대응의 결과물인 공산주의 운동과 공산당이다. 따라서 우리는 이 글에서 160여 년 동안 중국이 겪은 1억 명에 가까운 사람들이 비정상적으로 죽임을 당했고, 또 모든 중국 전통문화와 문명을 거치고 나서 뒤이어 중국이 스스로 선택했거나 아니면 강요당하여 낳은 공산주의 결과가 어떠했는지를 분석하여 설명해드리고자 한다.

1. 폭력으로 정권을 탈취하고 유지하다

공산주의자는 자신의 견해와 의도를 숨길 필요조차 없다고 생각한다. 〈공산당 선언〉에는 공개적으로 "기존의 모든 사회제도를 폭력으로 뒤집어야만 목적을 이룰 수 있다."고 끝을 맺었다. 폭력은 공산당이 정권을 탈취하는 수단이자 가장 주요한 수단이다. 그리고 이것은 공산당이 탄생한 그 날부터 결정된 첫 유전자다.

세계 최초의 공산당은 사실상 마르크스가 죽은 후 여러 해가 지나서야 출현했다. 1917년 10월 혁명 이듬해, 소비에트 러시아(볼셰비키) 공산당이 정식으로 탄생했다. 이 공산당은 '계급의 적'에게 폭력을 행사하는 과정에서 생겨났고, 그 후로는 자기편에 폭력을 가하는 것에 의지해 존속하고 있다. 소련 공산당은 내부 숙청 과정에서 2천만 명 이상을 '간첩', '반역자', '이색분자'로 몰아 학살했다.

중국 공산당 설립 당시 소련 공산당이 통제하는 제3인터내셔널의 한 지부로 시작했기에 자연스럽게 이런 폭력 전통을 계승했다. 1927년에서 1936년 사이, 즉 제1차 국공내전(國共內戰·국민당과 공산당 간의 내전) 시기에 장시(江西)성의 인구가 2천여만에서 1천여만으로 줄어든 것을 보면 그 재앙이 얼마나 큰지 짐작할 수 있다.

흔히들 '정권을 탈취하기 위한 전쟁 중에는 폭력이 불가피하다.'고 폭력을 두둔한다. 그렇다면 전쟁이 없는 시기에도 폭력을 즐기는 공산당에 대해서는 어떻게 설명할 것인지 묻지 않을 수 없다. 1949년 이후, 중국 공산당의 폭력에 희생된 중국인은 놀랍게도 앞서 30년 동안 발생한 전쟁으로 죽은 사람보다 훨씬 많다.

이 방면에서 정점을 찍은 사건이 바로 중국 공산당이 캄보디아 크메르루주(캄보디아 공산당의 무장 군사조직)를 지원함으로써 발생했다. 크메르루주는 정권을 탈취한 후 캄보디아 인구 4분의 1을 학살했다. 그중에는 중국계 캄보디아인과 화교가 상당수 포함됐다. 또 중국 공산당은 지금까지도 크메르루주에 대한 국제사회의 공개

재판을 가로막고 있다. 그 목적은 당연히 당시 중국 공산당이 맡은 역할과 악행을 은폐하기 위해서다.

반드시 지적해야 할 것은 세계에서 가장 잔혹한 무장단체와 정권이 모두 중국 공산당과 밀접한 관계가 있다는 점이다. 크메르루주 외에도 인도네시아 공산당, 필리핀 공산당, 말레이시아 공산당, 베트남 공산당, 미얀마 공산당, 라오스 공산당, 네팔 공산당 등인데, 모두 중국 공산당이 뒷받침하여 건립됐다. 이들 당의 지도자 대부분이 중국인이며 일부는 지금도 여전히 중국에 숨어 살고 있다.

아울러 세계적으로 마오쩌둥주의를 종지(宗旨)로 삼는 공산당에는 남미의 '샤이닝 패스(Shining Path · 빛나는 길)'와 일본의 적군파(赤軍派)도 포함되는데, 그들의 포악함 역시 세상에 널리 알려져 모두 혐오하는 대상이다.

공산주의 이론 원천 중 하나가 진화론이다. 공산당은 종(種)의 경쟁을 사회진화 중의 계급투쟁으로 추론하고 해석하면서 계급투쟁을 사회발전과 진보의 유일한 동력으로 본다. 따라서 투쟁은 공산당의 정권 획득과 생존을 위한 주요 '신앙'이 됐다. 마오쩌둥 어록에 "8억 인구가 있는데 투쟁하지 않으면 되겠는가?" 하는 말이 있다. 바로 이런 생존 논리를 표명한 것이다.

마오쩌둥의 이 생존 논리와 유사한 또 하나의 유명한 말이 "문화대혁명을 7~8년에 한 번씩 해야 한다."이다. 폭력을 되풀이하는 것이 공산당 정권의 주요 통치수단이기 때문이다. 폭력의 목적은 공포를 만들어내는 것이다. 공산당의 매 차례 투쟁운동이 모두 공포 조장으로서 인민의 마음속에 두려움을 심어줘 그들을 공포의 노예로 만드는 과정이다.

  오늘날 테러리즘을 인류문명과 자유세계의 가장 큰 적으로 간주한다. 하지만 국가를 매개체로 삼는 공산당의 테러리즘은 그 규모도 크고 지속 기간도 길어서 그 재앙이 극심하다. 21세기에 접어든 오늘날, 우리는 공산당의 이 유전자가 적당한 시기를 만나면 반드시 공산당이 나아갈 미래에 대하여 결정적인 작용을 할 것이란 점을 절대 잊어서는 안 된다.

2. 거짓말을 폭력의 윤활제로 삼다

  인류문명의 수준을 가늠하는 지표 중 하나가 바로 폭력이 제도 내에서 얼마만큼의 비율로 작용을 일으키는가 하는 것이다. 이로 볼 때, 공산정권이 지배하는 사회는 분명 인류문명이 크게 후퇴한 사회라고 할 수 있다. 하지만 뜻밖에도 공산당은 세인들에게 한때 공산사회가 진보했다고 여기게 하는 데 성공했다. 이렇게 보는 사람은 폭력을 사용하는 것이 사회적 진보에 필요하고 또 필연적인 과정이라고 생각했다.

  이것은 공산당이 거짓말과 속임수를 세상에서 둘도 없이 잘 운용한 결과라고 하지 않을 수 없다. 따라서 기만과 거짓말은 공산당의 또 다른 하나의 유전자이다.

  "어린 시절부터 우리는 미국이 특별히 친근한 나라라고 생각했다. 이는 미국이 중국을 강점한 적이 없기 때문만이 아니고 중국에 침략 전쟁을 하지 않았기 때문이며 좀 더 근본적으로 말하면 미국에 대한 중국인의 호감은 미국 국민성에서 발산되는 민주적인 품격과 넓은 흉금에서 비롯된다고 우리는 믿기 때문이다."

이 내용은 중국 공산당 기관지인 〈신화일보(新華日報)〉가 1947년 7월 4일 발표한 논평이다. 하지만 불과 3년 후, 중국 공산당이 북한에 파병해 미국과 무력 충돌을 하면서부터 '미국인이 세계에서 가장 사악한 제국주의 분자'라고 묘사했다. 중국 본토 사람들이 50여 년 전의 이 논평을 본다면 충격을 받을 것이다. 따라서 중국 공산당은 이런 내용이 담겨있는 관련 서적을 새로 출판하지 못하게 한다.

중국 공산당은 집권한 후 숙반(肅反·반동분자 숙청), 공사(公私)합영, 반(反)우파 운동, 문화대혁명, 6.4 천안문 유혈진압(1989년 6월 4일 천안문 민주화 학생운동), 파룬궁 수련(1992년에 중국에서 전파된 '진(眞)·선(善)·인(忍)' 원리에 따라 심성과 몸을 수련하는 기공수련) 탄압을 할 때 매번 똑같이 이런 수단을 썼다. 그중 가장 유명한 것이, 1957년 중국 공산당이 지식인들에게 공산당에 대한 의견을 과감하게 제출하라고 한 다음, 태도를 바꾸어 그 의견 자료에 근거해 '우파'라 지목하고 체포한 사건이다. 사람들이 이를 음모(陰謀)라고 지적하자 마오쩌둥은 공개적으로 "음모는 뒤에서 몰래 하는 것이고 그것은 '양모(陽謀·노골적으로 드러내놓고 하는 모략)'다." 하고 오히려 뻔뻔하게 말했다.

거짓말과 기만은 이들이 정권을 탈취하고 유지하는 과정에서 극히 중요한 작용을 한다. 중국의 지식인은 자고이래로 두터운 역사 인식을 갖고 있다. 중국은 세계에서 역사에 대한 믿음이 가장 오래

되고 완벽한 나라로 중국인은 역사를 바탕으로 현실을 판단하고 나아가 그 속에서 개인의 정신을 승화시켰다. 이 때문에 중국 공산당은 우선 역사를 숨기고 뜯어고치는 것을 중요한 통치수단으로 삼았다. 상고시대부터 춘추전국시대까지 역사는 물론 문화대혁명 이전의 근세사에 이르기까지 전면적으로 역사를 은폐하고 왜곡하는 공작을 50년 동안 이어왔고 중단한 적이 없다. 그리고 역사의 본래 모습을 복원하려는 모든 노력도 무자비하게 봉쇄하고 말살했다.

폭력만으로는 부족하여 더 은폐할 필요가 있을 때면 기만과 거짓말을 동원했다. 거짓말은 폭력의 또 다른 형식이자 폭력의 윤활제다.

이 수법은 결코 공산당만이 발명하고 창조한 것이 아니라 옛날부터 내려오는 깡패 행실에 공산당이 뻔뻔함을 더해 사용하는 것일 뿐이다. 중국 공산당은 농민들에게는 토지를, 노동자들에게는 공장을, 지식인들에게는 자유와 민주 그리고 평화를 주겠다고 약속했다. 하지만 오늘날까지 아무것도 지키지 않았다. 기만당한 한 세대는 죽었고 또 그다음 한 세대는 지금도 중국 공산당에 속고 있다. 이는 중국인들에게 가장 비참한 것이며 또 중화민족의 크나큰 불행이다.

3. 끊임없이 입장과 원칙을 바꾸다

2004년 미국 대통령 선거 TV 토론에서 한 후보가 이렇게 말했다. "사람은 그가 어떤 문제를 바라볼 때 늘 자신의 견해를 바꿀 수 있지만, 문제를 바라보는 자신의 원칙을 자주 바꿔서는 안 된다. 만약 그렇게 한다면 그는 곧 믿을 수 없는 사람이 되는 것이다." 이 말은 우리에게 시사해 주는 바가 크다.

공산당이 바로 원칙을 자주 바꾸는 전형적인 집단이다. 중국 공산당을 예로 들면 창당 후 80년 동안 16차례 중국 공산당 전국대표대회를 개최하면서 당장(黨章)을 무려 16차례나 수정했고, 또 정권을 탈취한 후 50년 동안 5차례나 중국 헌법을 대폭 수정하였다.

공산당은 그들의 이상(理想)이 '사회공평'이고, 사회공평의 최고 정점이 공산주의를 실현하는 것이라고 한다. 하지만 오늘날 공산당이 통치하는 중국은 이미 전 세계에서 빈부 격차가 가장 극심한 나라가 됐고 당과 국가의 관료 중 대다수가 8억 빈곤층을 기반으로 그들의 배를 불려 거액의 재산을 꿰찬 거물급 부자가 됐다.

중국 공산당의 사상은 최초의 마르크스-레닌주의에 마오쩌둥(毛澤東) 사상을 더하고, 거기에 다시 덩샤오핑(鄧小平) 이론을 보태고, 마지막에는 장쩌민(江澤民)의 '3개 대표론'까지 추가한 것이다. 사실 마르크스·레닌·마오쩌둥 사상과 덩샤오핑 이론, 장쩌민의 3개 대표론은 서로 연관성이 전혀 없고 서로 역행하며 상호 간에 괴리가 크다. 하지만 중국 공산당은 이들을 같은 신단(神壇)에 올려 숭배한다. 이는 고금에 보기 드문 기이한 광경이라 하겠다.

공산당은 여태껏 조국이라는 국가 범주가 아닌 전 세계 대동(大同) 사회를 만들어야 한다고 부르짖던 것에서 오늘날에는 반대로 극단적인 민족주의로 치닫고 있다. 또 사유재산권을 박탈하고 모든 착취계급인 자본가를 타도하던 것에서 입장을 바꿔 오늘날에는 오히려 자본가들을 공산당에 입당시키고 있는데 더 말할 것도 없이 그들의 기본원칙은 앞뒤가 맞지 않는다. 그들이 정권을 탈취하고 유지해온 역사를 보면 어제 견지했던 원칙을 오늘 포기하고 내일 또 바꾸는 일이 비일비재하다. 그러나 아무리 바뀌더라도 공산당의 목표는 명확하다. 그것은 바로 정권을 탈취·유지하고 사회 권력을 절대적으로 독점하는 것이다.

중국 공산당의 역사에서 10여 차례 진행된 이른바 '생사를 건' 노선투쟁은, 솔직히 말하면, 그들의 입장과 원칙이 바뀔 때 발생하는 내부 알력의 표출에 지나지 않는다.

여기서 짚고 넘어가야 할 것은 중국 공산당은 자신들의 합법성과 생존이 피할 길 없는 위기를 맞을 때마다 입장과 원칙을 바꾼다는 점이다. 국공합작(國共合作·국민당과 공산당이 손잡음), 친미외교, 개혁개방, 민족주의 추진 등이 하나같이 그랬다. 하지만 이렇게 매번 태도를 바꿔 타협한 것은 권력을 빼앗거나 안정시키기 위함이고, 탄압과 평반(平反·명예를 회복해 주는 조치)을 주기적으로 반복한 것 또한 이러한 이유에서 나온 것이다.

서양 속담에 "진실은 불변하고 지속하지만, 거짓은 변하게 된다(Truths are sustainable and lies mutable.)"는 말이 있다. 참으로 지혜가 번뜩이는 말이다!

4. 인성(人性)을 소멸하고 당성(黨性)으로 대체하다

중국 공산당은 레닌 식 정당이다. 중국 공산당은 창당 초기에 창당의 3대 노선, 즉 정치노선과 사상노선, 조직노선을 확립했다. 이 3대 노선을 통속적인 언어로 묘사하자면, 사상노선은 공산당의 철학적 기반이고, 정치노선은 목표를 세우는 것이며, 조직노선은 엄격한 조직 형식으로 이 목표를 실현하는 것이다.

공산당원과 공산사회의 인민은 가장 먼저 공산조직에 절대복종할 것을 강요받는데, 이것이 바로 공산 조직노선의 내용 전부다.

중국인은 공산당원이 지닌 보편적인 이중인격의 특징을 잘 알고 있다. 그들은 사적인 장소에서는 보편적인 인성을 보이고 보통사람의 희로애락을 표출한다. 또 일반인들과 마찬가지로 아버지나 남편, 친구로서 장단점도 있다. 하지만 이러한 인성을 능가하는 것이 있는데 그것이 바로 공산당이 가장 강조하는 당성(黨性)이다. 당성은 공산당이 요구하는 것에 따르고 영원히 보편적인 인성을 초월하여 존재한다. 인성은 상대적이고 변할 수 있지만, 당성은 절대적이어서 누구의 의심을 받거나 도전을 받아서는 안 된다.

문화대혁명 기간에 중국인은 부자(父子)간에 서로 죽이고, 부부 간에 반목하고, 모녀간에 고발하고, 사제 간에 서로 투쟁하는 일이 보편적으로 존재했다. 이것은 당성이 작용을 일으킨 것이다. 그리고 초기에는 중국 공산당 고위 간부의 가족도 계급의 적으로 분류돼 탄압받는 경우가 있었는데, 공산당 간부조차 가족을 구해주지 못하는 사례가 많았다. 이 또한 당성이 작용한 것이다.

이런 당성은 공산당 조직이 장기간의 훈련을 통해 만들어진 결과다. 이런 훈련은 유아원에서부터 시작된다. 유아교육 과정에서 아이들이 내놓는 표준답안은 상식과 인성에는 맞지 않더라도 성적을 얻을 수 있도록 돼 있다. 초·중·고등학교는 물론 대학에 이르기까지 정치교육에서 학생들이 배우는 것은 반드시 당이 제시하는 표준답안을 따라야 한다는 것이다. 그러지 않으면 합격하지 못하고 졸업도 할 수 없다.

당원이 한 개인으로서 사적으로 그 어떤 의견을 내도 무방하지만, 당원의 자격으로서 태도를 밝힐 때는 반드시 '당 조직'과 일치해야 한다. 이 조직의 하부에서부터 상부에 이르기까지 일치해야 하고, 최후에는 이 거대한 피라미드 집단의 최정상과 의견 통일이 이뤄져야 한다. 이것은 공산당 정권의 가장 중요한 구조적 특징으로서, 절대로 복종해야 한다.

오늘날 중국 공산당은 자신의 이익을 지키기 위한 정치집단으로 완전히 탈바꿈함으로써 공산주의의 목표를 더는 추구하지 않는다. 하지만 조직의 원칙과 절대적으로 복종해야 하는 당성의 요구는 여전히 변함이 없다. 이 당은 모든 인간과 인성을 능가하고 압도하는 방식으로 존재한다. 당 조직 또는 지도자에게 끼치게 될 모든 위해 요소 또는 해를 끼칠 수 있는 사람이라고 판단되면 일반 백성이든 고위 관리든 즉시 제거해 버린다.

5. 반(反)자연·반인성적인 악령(惡靈)

천지 만물은 모두 생성하고 소멸하는 생명 과정이 있다.

공산당 정권이 지배하는 사회와는 달리 비공산당 정권이 통치하는 모든 사회에는, 그 사회가 아무리 전제와 독재 체제라고 해도, 그 사회에는 일부 자생적인 조직과 자주적인 요소가 있다. 중국 고대사회는 사실상 이원적인 구조였다. 농촌은 종족(宗族) 중심의 자발적인 조직인 반면 도시는 조합 중심의 자발적인 조직이었으며, 위에서 아래에 이르는 정부 기구라도 현급 이상 정부의 업무만 관리했다.

현대에 와서 공산당을 제외한 가장 잔혹한 독재사회인 나치 독일도 사유재산권과 사유재산을 허용했다. 하지만 공산당 정권은 이런 자발적인 조직과 자주적인 요소를 철저히 제거하고 완전한 상명하달 식 권력집중 구조로 바뀌었다.

공산당 정권 이전의 사회형태가 아래에서 위에 이르기까지 자연적으로 발생하고 성장한 사회형태라면 공산당 정권은 일종의 반(反) 자연적인 사회형태다.

공산당 영역에는 보편적인 '인성 기준'이 없다. 따라서 선과 악을 가늠하는 기준도, 법과 원칙을 적용하는 기준도 마음대로 바꿀 수 있다. 살인은 안 되지만, 당이 인정하는 적은 예외가 될 수도 있다. 부모에게 효도해야 하지만, 계급의 적으로 분류된 부모는 예외다. 인·의·예·지·신(仁義禮智信)을 지켜야 하지만, 당이 원하지 않을 때도 예외다. 이렇듯 보편적인 인성이 철저히 뒤집혀 있기에 공산당을 반인성적이라고 한다.

공산주의가 아닌 사회에서는 대부분 인성에는 선악(善惡)이 함께 존재한다는 현실을 인정하며 변치 않는 약속으로 사회 균형을 맞춘다. 하지만 공산주의 사회는 인성을 인정하지 않을뿐더러 인성에 선량함이 있고 탐욕스러운 사악이 있음도 인정하지 않는다. 이런 선악에 대한 관념을 제거하는 것은, 마르크스의 말로 표현하면, 낡은 세계의 상층 구조를 철저히 뒤엎는 것이다.

공산당은 신(神)을 믿지 않고 자연 만물도 존중하지 않는다. "하늘과 싸우고, 땅과 싸우고, 사람과 싸우니 그 즐거움이 끝이 없다."고 하며 대자연과 싸우며 결국 백성만 해를 입도록 내버려 둔다.

중국인은 천인합일(天人合一·인간의 완성은 초인간적인 하늘과 일치에 있다는 뜻)을 말한다. 또한 노자(老子)는 "인간은 대지를 따르고, 대지는 하늘을 따르며, 하늘은 도를 따르고, 도는 있는 그대로를 따른다(〈도덕경〉 제25장: 人法地, 地法天, 天法道, 道法自然)."고 했다. 이는 모두 인간과 자연이 하나의 연속된 우주 상태임을 일깨우는 말이다.

공산당도 일종의 생명이다. 하지만 그것은 자연과 하늘과 사람에 반하는 일종의 반우주적인 사악한 악령(惡靈)임이 틀림없다.

6. 악령 부체(附體)의 특징

공산당 조직 자체는 결코 생산과 발명, 창조활동에 종사하지 않는다. 일단 정권을 잡으면 곧바로 국가와 국민의 몸에 붙어 국민을 조종·통제하고 사회의 최소단위마저 통제함으로써 권력을 잃지 않도록 보호한다. 또 사회적 부의 원천을 독점해 사회적 부와 자원을 빨아들인다.

중국은 당 조직이 없는 곳이 없고 관여하지 않는 일이 없다. 하지만 중국 공산당 조직의 재정 예산은 여태껏 본 적 없고 국가 예산, 지방정부 예산, 기업 예산만 있을 뿐이다. 또 중앙정부에서 농촌의 촌위원회에 이르기까지 행정관리(官吏)는 영원히 당 관리보다 지위가 낮다. 따라서 정부는 동급(同級)인 당 조직의 명령에 따라야 한다. 당의 비용지출도 자체적으로 해결하지 않고 행정부서의 비용에서 지출한다.

이 당 조직은 흡사 거대한 악령의 부체(附體·한 생명체에 달라붙어 그 생명을 통제하며 에너지를 뽑아가는 다른 공간의 생명체를 말함)와도 같아 중국사회의 모든 세포에 그림자처럼 따라다닌다. 그리고 정교하고 세밀한 흡혈관(중국사회 말단까지 뻗쳐 있는 부패한 공산당 조직을 말함)을 통해 사회의 모든 모세혈관과 세포에 깊숙이 파고들어 사회를 통제하고 조종한다.

이런 괴상한 부체구조는 인류역사상 국부적인 사회 일부에서 나타나거나 아니면 사회 전반에 잠깐 나타난 적은 있다. 그러나 공산당 사회처럼 이렇게 철저하게, 오랫동안, 안정적으로 지속한 적은 없다.

이로 인해 중국 농민은 이렇듯 가난하고 고생스러워졌다. 왜냐하면 농민은 국가 관리들을 부양해야 할 뿐만 아니라 수적으로 그들과 비슷하거나 심지어 더 많은 부체로 붙어사는 관리(공산당 간부)도 떠맡아야 하기 때문이다.

중국 노동자들이 대규모 실직사태를 맞은 원인도 바로 여기에 있다. 어디에나 다 붙어 있는 흡혈관으로 수년간 기업의 자금을 빨아먹기 때문이다.

중국의 지식인들이 자유를 누리기가 엄청 어려운 이유 또한 여기에 있다. 행정부서 외에 또 빈둥거리면서 다른 할 일 없이 전문적으로 그들을 감시하는 그림자가 있기 때문이다.

이 부체가 자신의 존재를 유지할 에너지를 얻기 위해서는 대상자의 정신을 절대적으로 통제할 필요가 있다.

현대 정치학에서는 사회 권력은 일반적으로 세 가지에서 비롯된다고 본다. 즉 폭력, 부(富), 지식이다. 공산당은 독점 시스템과 폭력을 마음대로 사용해 인민의 재산을 약탈한다. 그리고 가장 중요한 것은 언론·출판의 자유를 박탈하고 인민의 자유정신과 의지를 박탈함으로써 사회 권력을 절대적으로 통제하는 목표에 도달했다는 점이다. 이로 볼 때, 사회를 엄밀하게 통제하는 중국 공산당이라는 이 부체는 동서고금에 유례가 없는 존재라고 할 수 있다.

7. 자성하여 중국 공산당 부체에서 벗어나야 한다

1848년, 마르크스는 공산당의 첫 강령 문서인 〈공산당 선언〉에서 다음과 같이 선언했다. "하나의 유령이 유럽을 떠돌고 있다. 공산주의라는 유령이." 100년 후, 공산주의는 유령만이 아니라 구체적인 물질적 실상까지 갖추었다. 이 유령은 지난 세기 100년 동안 전염병처럼 전 세계를 휩쓸며 수천만 명의 목숨을 앗아갔고, 억만 민중의 재산, 심지어 그들의 고유한 자유정신과 영혼마저 빼앗았다.

공산당의 초기 원칙은 사유재산을 박탈하고 나아가 '착취계급'을 없애는 것이었다. 개인에 속하는 사유재산은 민중이 누릴 사회 권리의 기초이자 민족문화 전승의 중요 부분이기도 하다. 사유재산을 약탈당한 인민은 정신과 의지를 수호할 자유를 박탈당하고, 나아가 최후에는 사회적, 정치적 권리를 쟁취할 자유마저 상실할 수밖에 없다.

중국 공산당은 자신의 생존이 위태로워지자 1980년대부터 경제 개혁을 시작하면서 인민의 재산권 일부를 돌려줬다. 따라서 공산당 정권이라는 이 방대하고 치밀한 통제기계에 처음으로 구멍이 뚫렸다. 이 구멍은 오늘날 점점 더 커져서 전체 공산당 관리가 미친 듯이 부를 긁어모으는 양상으로 발전했다.

폭력과 거짓말로 끊임없이 겉모습을 바꾸던 이 악령(惡靈) 부체는 활만 보고도 놀라는 새처럼 최근 몇 년 사이에 크게 위축됐다. 조바심이 난 악령은 더욱더 미친 듯이 부를 축적하고 권력을 장악해 자신을 구하고자 했지만, 오히려 위기를 더 키웠다.

지금 중국은 번영하는 것처럼 보이지만, 사회 위기가 전례 없는 수준으로 축적되어 일촉즉발 상태다. 중국 공산당의 습성으로 볼 때, 또다시 과거의 수법을 쓸지 모른다. 그것은 다시 한 번 모종의 타협을 통해 1989년 6.4 천안문 사태의 피해자 혹은 파룬궁(法輪功)의 명예를 회복시켜 주거나 아니면 '소수'의 적을 만들어내 폭력과 공포의 힘을 계속 과시하는 것이다.

중화민족은 100여 년 동안 직면한 도전에서 문물을 도입하고 제도를 개량하고 최후에는 격렬한 혁명을 했는데, 이 과정에서 수많은 생명이 희생되고 민족 문명의 전통 대부분을 상실했다. 현재도 그러한 대응은 여전히 실패하고 있음이 증명되고 있다. 전 국민이 증오하고 분노하는 가운데 악령(惡靈)은 이 틈을 타고 들어와 최후 시기에 옛 문명을 계승하고 있는 민족을 통제하고 있다.

미래의 위기 앞에서 중국인은 다시 한 번 불가피하게 선택을 해야 한다. 하지만 어떤 선택을 하든지 중국인은 반드시 깨어있어야 한다. 지금의 이 악령에게 환상을 품는 것은, 그게 어떤 것이든, 모두 중화민족의 재난에 기름을 붓는 격이고 우리의 몸에 붙어 있는 이 사악한 생명에게 에너지를 공급하는 것임을 분명히 알아야 한다.

모든 환상을 버리고 철저하게 자성(自省)해야만, 그리고 결연히 증오와 탐욕에 휘둘리지 않아야만 70여 년간 우리에게 붙어 있는 이 부체의 악몽에서 완전히 벗어날 수 있고, 자유 민족의 몸으로 인성을 존중하고 보편적 관심과 사랑을 바탕으로 한 중화 문명을 다시 일으켜 세울 수 있다.

평론-1 공산당이란 무엇인가

평론-2 중국 공산당은 어떻게 창설됐는가

평론-3 중국 공산당의 폭정暴政을 논하다
평론-4 공산당은 반우주 세력이다
평론-5 장쩌민과 공산당이 결탁해 파룬궁을 박해하다
평론-6 중국 공산당의 민족문화 파괴를 논하다
평론-7 중국 공산당의 살인 역사를 논하다
평론-8 중국 공산당의 사교邪教 본질을 논하다
평론-9 중국 공산당의 깡패 본성을 논하다

서두

중국의 〈설문해자(說文解字)〉에 따르면 '당(黨)'이라는 한자는 '상(尙)'과 '흑(黑)'이 결합된 회의자(會意字, 두 개 이상의 한자가 하나로 합해져 다른 새로운 의미를 만들어 내는 글자를 뜻함)로, '검은 것을 숭상한다(尙黑).'는 뜻이다. 중국어 '당(黨)'과 '당인(黨人)'에는 폄하하는 뜻이 담겨 있다. 공자는 "군자는 장중하되 다투지 않고, 어울리되 편당을 짓지 않는다(논어 위령공편 제15: 君子矜而不爭, 群而不黨)"고 했다. 〈논어(論語)〉 주석(주희의 논어집주)에는 "서로 도우면서 허물을 감싸는 것을 당(黨)이라고 한다(相助匿非曰黨)"고 풀이한다. 중국 역사에서는 정치적 소집단을 흔히 '붕당(朋黨)'이라고 했고, 중국 전통문화에서는 좋지 않은 개념인 '호붕구당(狐朋狗黨·악당 패거리)과 당(黨)이 같은 뜻으로 쓰였는데, 이는 패거리를 짓고 사익(私益)을 꾀한다는 의미와 직결된다.

왜 근대 중국에서 공산당이 나타났는가? 그들은 어떻게 세력을 얻어 정권을 탈취했는가? 중국 공산당은 중국 인민에게 "역사는 중국 공산당을 선택했고, 인민도 공산당을 선택했으며, 공산당이 없으면 신(新)중국도 없다."고 끊임없이 주입해 왔다.

과연 중국 인민이 공산당을 선택한 것일까? 아니면 공산당이 사익(私益)을 위해 당을 만들어 중국 인민에게 받아들이라고 강요한 것일까? 우리는 역사에서 그 답을 찾을 수밖에 없다.

오랜 역사를 지닌 중화 대지는 청나라 후기부터 민국(民國, 1911년-1949년의 중화민국을 지칭) 초기까지 거대한 외부 충격과 내부 변혁을 겪으면서 사회는 혼란과 고통 속으로 빠져들었다. 많은 지식인과 애국지사는 나라를 구하려는 우국충정이 넘쳤다. 하지만 '국난'과 '혼란' 속에서 그들의 '실망'은 완전한 '절망'으로 변해갔다. 병이 있으면 백방으로 의사를 찾듯이 그들은 중국 밖에서 영단묘약(靈丹妙藥 · 죽어가는 사람도 살릴 수 있다는 신비한 효능이 있는 귀한 약)을 찾기 시작했다. 영국식이 안 되면 프랑스식으로 바꿨고, 프랑스식이 안 되면 다시 러시아식으로 바꿨으며 심지어 극약 처방도 마다하지 않았다. 하루아침에 중국을 부흥시킬 기세였다.

5.4운동에서 바로 이런 절망감을 여실하게 표현했는데 어떤 이는 무정부주의를 주장하고, 어떤 이는 공자(孔子)를 타도하자고 하며, 또 어떤 이는 서양 문화를 도입하자고 했다. 한마디로 말해 중국 전통문화를 부정적으로 보고, 중용지도(中庸之道)를 반대하며, 지름길로 가는 것에 급급해 모든 것을 때려 부수기를 주장했다. 그들 중 급진주의자는 한편으로는 나라에 이바지할 길이 없다고 생각하면서, 다른 한편으로는 현실 세계는 구제할 길이 더는 없고 오로지 자신의 이상과 의지를 굳게 믿고 자신들만이 역사를 발전시킬

길을 찾았다고 생각하는바 그것은 바로 혁명과 폭력에 대한 거대한 열정이었다.

   서로 다른 기회가 여러 사람에게 같지 않은 이론과 학설, 노선을 가져다줬다. 마침내 한 부류가 소련에서 온 공산당 연락인을 만났다. "폭력혁명으로 정권을 탈취한다."는 마르크스-레닌 사상이 그들의 조급한 정서에 맞아떨어졌고, 나라와 국민을 구하려는 그들의 염원에 전적으로 부합했다. 그들은 완전히 생소한 외국 사상을 중국에 끌어들였다. 코민테른 제1차 대표대회에 참석한 중국 공산당 소속 참가자는 총 13명이었는데, 나중에 일부는 죽고 일부는 도망갔다. 어떤 이는 일본에 투항해 매국노가 됐고 또 어떤 이는 중국 공산당을 이탈해 국민당에 들어감으로써 이른바 '반역자' 혹은 '기회주의자'가 됐다. 1949년, 중국 공산당이 집권할 때는 마오쩌둥과 둥비우(董必武)만이 중국 공산당에 남아 있었다. 중국 공산당을 창당한 이런 사람은 당시에는 그들이 초청한 이 러시아에서 온 '신령(神靈)'이 사악한 악령(惡靈)이고, 그들이 찾은 나라를 부강케 할 처방약이 극약이란 사실을 알지 못했을 것이다.

   당시 혁명에 성공한 지 얼마 되지 않은 소련 공산당 정권은 이미 중국에 야심을 품고 있었다. 1920년, 소비에트 러시아는 코민테른(Communist International, 국제공산당) 극동서기처를 세워 중국 등 다른 나라에서 공산당 건립 사업을 담당하게 했다. 책임자 수밀츠키(Sumiltsky)와 부책임자 보이틴스키(Grigori Voitinsky)는 천두슈(陳獨秀 · 1879.10.8-1942.5.27, 베이징대학 문과 학장으로 재직하면서 신문화운동을 추진, 1921년 7월 코민테른의 지도하에 공산주의 정당을 창당함. 중국 공산당 최초의 총서기를 지냈으나 1929년 스탈린의 만주 침략에 불만을 제기하여 공산당에서 축출됨)와 함께 중국 공산당을 세우기 시작했다. 1921년 6월, 그들은 코민테른에 극동서기처 중국지부 설립 계획서를 제출해 중국 공산당이 코민테른의 한 지부임을 밝혔다. 1921년 7월 23일, 니콜스키(Nikolsky)와 마링(Maring)이 조직하여 중국 공산당이 정식으로 창립됐다.

이로써 공산주의 운동이 실험적으로 중국에 도입되었고 공산당의 생명이 모든 것보다 중요하며 세상의 모든 것을 정복하려 함으로써 중국에 끊임없는 대재앙이 닥쳐오기 시작했다.

1. 공산당이 일어선 역사는 전 세계 사악을 집대성한 과정

5천 년 문명 역사를 지닌 중국에 중국 전통과는 전혀 어울리지 않는 공산당을 이식하고 외래 악령을 끌어들이는 것은 사실 간단한 일이 아니었다. 중국 공산당은 공산주의 대동사상(大同思想 · 유가의 정치철학에서는 대동세계의 실현을 목표로 함)으로 민중과 애국하고자 해도 길이 없는 지식인을 기만하고 또 레닌에 의해 심각하게 왜곡된 공산주의 이론을 한 단계 더 왜곡했다. 또 이 왜곡한 이론을 근거로 그들의 통치에 불리한 모든 전통과 가치, 그리고 모든 사회 계층과 인사들을 소멸했다. 중국 공산당은 산업혁명의 부정적인 면을 끌어들여 신앙을 파괴하고, 공산주의를 들여와 무신론을 심화하고 사유제를 부정했으며, 또 레닌의 폭력혁명 이론을 도입했다. 이와 동시에 중국 공산당은 중국 제왕제(帝王制)의 가장 나쁜 면만을 계승·발전시켰다.

중국 공산당이 탄생하고 성장한 역사는 전 세계 사악을 집대성한 과정이다. 중국 공산당은 그들의 '중국 특색'인 9개 유전자, 즉 '사악(邪), 기만(騙), 선동(煽), 투쟁(鬪), 강탈(搶), 깡패(痞), 이간질(間), 소멸(滅), 통제(控)'를 완벽하게 갖추었다. 따라서 이런 유전자를 끊임없이 계승하고, 수단과 악성(惡性)의 정도 또한 위기 속에서 더욱 강화되고 발전했다.

1) 첫 번째 유전자: '사악(邪)'

중국 공산당은 마르크스-레닌주의의 사악한 외피를 걸쳤다.

마르크스주의가 당초에 중국 공산당원을 유혹한 것은 "폭력혁명으로 낡은 국가기구를 때려 부수고 무산계급 정권을 수립한다."는 구호였다. 이것이 바로 마르크스-레닌주의의 '근본적인 사악성(邪惡性)'이다.

마르크스주의 유물론은 사실 편협한 생산력과 생산관계, 그리고 잉여가치의 경제학이다. 자본주의가 아직 발달하지 않았을 때, 자본주의 멸망과 무산계급의 승리를 일방적으로 예언한 것은 이미 역사와 현실에 의해 부정됐다. 마르크스-레닌주의의 무산계급 폭력혁명과 무산계급 독재는 강권정치와 무산계급 통치론을 주장하는 것이고, 〈공산당 선언〉은 계급대립과 계급투쟁으로 공산당의 역사관과 철학관을 논술한 것이다. 또 무산자는 기존의 전통도덕과 사회

관계를 타파하고 정권을 탈취하는 것을 투쟁의 목적으로 삼았다. 처음부터 공산주의를 모든 전통과 대립하는 위치에다 놓고 시작한 것이다.

인간은 천성적으로 폭력을 배척한다. 폭력은 사람을 포학(暴虐)하게 만든다. 본성에서 비롯된 이러한 인간의 공통적 특성의 관점에서 보더라도 공산당의 폭력학설은 정당성을 갖기 어렵다. 그것의 폭력학설은 이전의 어떤 사상, 철학, 전통과도 실질적인 연원(淵源) 관계를 찾아볼 수 없는, 천지간에 근거 없이 날벼락처럼 떨어진 알 수 없는 공포 체계다.

이런 사악한 관념은 '인간이 하늘을 이긴다(人定勝天).'는 전제하에 인위적으로 세상을 개조하려고 한다. 공산당은 '전 인류해방', '세계대동(大同)'이란 이상(理想)으로 많은 사람을 끌어들였다. 위기의식을 갖고 있거나 큰일을 해 보려는 사람은 공산당에 쉽게 속는다. 그들은 하늘이 위에 있음을 망각한 채 '인간 천국'을 세운다는 그럴듯한 거짓말 속에서, 공을 세우고 업적을 쌓는 징벌 전쟁 중에서 그들은 전통을 멸시하고 타인의 생명을 가볍게 여길 뿐만 아니라 자신의 생명마저도 하찮게 여겼다.

인간이 만들어 낸 '공산주의 세계'를 그들은 진리로 받든다. 그래서 "가슴에 뜨거운 피가 끓으니 진리를 위해 투쟁한다."고 부르짖는다. 공산당은 이런 절대적이고 황당한 이념으로 인간과 하늘의 연원(淵源) 관계를 끊어버리고 또 그들의 조상, 민족 전통과 혈맥의 끈도 끊어버린다. 그리고 그들에게 공산주의에 헌신할 것을 호소하면서 공산당의 학살 에너지를 강화해 나간다.

2) 두 번째 유전자: '기만(騙)'

사악이 바른 신(正神)으로 위장하려면 기만해야만 한다.

사악은 반드시 기만하게 되어 있다. 공산당은 노동자계급을 이용하기 위해 그들을 '가장 선진적인 계급', '지극히 공평하고 사심이 없는 계급', '영도(領導) 계급', '프롤레타리아 혁명의 선봉대' 등으로 치켜세웠다. 그리고 농민을 이용할 때는 '빈농(貧農)이 없으면 혁명이 없고, 그들을 타격하는 것은 곧 혁명을 타격하는 것'이라고 그들을 찬양하면서 '경자유전(耕者有田·농사짓는 자가 토지를 소유한다)' 원칙을 약속했다. 공산당은 또 자산계급의 도움이 필요할 때는 '무산계급 혁명의 동반자'라고 치켜세우며 '민주공화(民主共和)'를 세운다고 약속했다. 그리고 공산당이 국민당에 토벌당할 위기에 놓였을 때는 "중국인은 중국인을 공격하지 않는다."고 외치며 국민당의 영도(領導)에 복종할 것을 약속했다. 하지만 항일전쟁이 끝나자마자 국공내전을 발동하여 국민당 정권을 뒤집어엎고, 정권을 수립한 후에는 곧바로 자산계급을 쓸어 없앴으며, 마지막에는 노동자와 농민을 철저한 무소유 프롤레타리아 계급으로 만들었다.

통일전선(統戰)은 공산당의 가장 전형적인 기만 술책이다. 내전에서 이기기 위해 공산당은 지주·부농과 같은 일부 계급의 적에게 과거에 썼던 방식, 즉 지주·부농 일가족은 반드시 몰살해야 한다는 정책을 바꿔 '일시적 통일전선 구축 정책'을 채택했다. 1947년 7월 20일, 마오쩌둥은 "소수 반동분자를 제외한 지주계급 전체에 대해서는 태도를 완화하라. …그렇게 함으로써 우리의 적대분자를 줄여야 한다."고 지시했다. 하지만 공산당이 정권을 탈취한 후에는 모든 것이 원래대로 돌아갔고 지주와 부농은 이전처럼 집단학살의 운명을 면치 못했다.

이처럼 공산당은 말 따로 행동 따로다. 당이 민주당파를 이용할 때는 '장기적으로 공존하고, 상호 감독하며, 서로 마음을 트고 영욕(榮辱)을 함께한다.'는 구호를 내걸었다. 하지만 진정으로 그것의 사상과 언행, 조직에 동의하지 않거나 부합하지 않는 것은 모두 소멸했다. 마르크스와 레닌, 중국 공산당 지도자 모두 "공산당 정권은 다른 사람과 공유할 수 없다."고 했다. 공산주의는 처음부터 선천적인 독재주의 유전자를 지니고 있다. 그것은 전제주의 배타성 때문에 정권을 탈취할 때는 물론 정권을 장악한 이후에도 다른 정당이나 단체와 진솔하게 관계를 유지한 적이 없다. 이른바 느슨한 시기에도 기껏해야 허울뿐인 '꽃병(중국에서 겉치장만 할 뿐 실속이 없는 사람 또는 사물을 비유함)' 대우만 했다.

역사가 우리에게 준 교훈은 '공산당이 한 약속은 어떤 것도 믿을 수 없고, 공산당이 한 보장은 어떤 것도 이행하지 않는다. 누가 공산당을 믿는다면 그로 인해 목숨을 내줄 것이다.'는 것이다.

3) 세 번째 유전자: '선동(煽)'

공산당은 증오심을 교묘하게 조장해 서로 투쟁하게 만든다.

기만은 선동하기 위한 것이다. 증오하지 않고는 투쟁할 수 없으므로 증오가 없으면 증오를 만들어낸다. 중국 농촌에는 뿌리 깊은 토지 종법제도(宗法制度)가 있어 공산당 정권수립의 근본적인 장애였다. 원래 농촌사회 구성은 조화로운 사회였고, 지주와 소작농은 대립하는 관계가 아니라 경제적 공생관계였다.

어느 정도 상호 의존적이던 이런 관계가 공산당에 의해 계급대립, 계급착취 관계로 바뀌었다. 조화가 적대·증오·투쟁으로, 합리가 불합리로, 질서가 혼란으로, 공화(共和)는 독재로 바뀌었다. 박탈을 주장하고, 재물을 탐해 살인하고, 지주와 부농을 죽이는 것 외에 그들 가족까지 죽이는 사태가 벌어졌다. 남의 재산을 강탈하는 것이 마음에 걸려 낮에는 가져왔다가 저녁에 다시 지주 집에 되돌려주는 농민이 적지 않았는데, 공작대(工作隊)에 발각되면 이들은 계급적 자각이 높지 않다는 비평을 받았다.

중국 공산당이 선전했던 오페라 '백모녀(白毛女·중국 공산당이 인민들에게 지주에 대한 증오심을 선동하기 위해 각색한 오페라)'의 주인공은 원래 선고(仙姑)이고 이야기 주제도 억압받는 내용이 아니지만, 중공 군대의 문공단(文工團·문예 선전활동을 하는 단체) 책임자는 계급적 증오를 부추기는 연극, 오페라, 발레로 변형 각색했다. 일본이 중국을 침략했을 때 정작 공산당은 항일하지 않으면서 국민당 정부가 나라를 팔아먹고 항일하지 않는다고 공격했다. 심지어 국난이 눈앞에 닥쳤을 때도 사람들을 선동해 국민당 정부를 반대하게 했다.

집단과 집단, 부류와 부류 사이에 증오심을 불러일으켜 서로 죽이게 하는 수법은 공산당 운동의 전형적인 수단이다. '95% : 5%'의 계급구분 공식이 여기에서 나온 것이다. 공산당은 일련의 정치운동에서 끊임없이 이 수법을 발전시키면서 충분히 활용했다. 95% 안에 들면 안전하고 무사하지만, 5% 안에 들면 투쟁대상인 적(敵)이

된다. 따라서 95% 대열에 들어가는 것이 공포 속에서 자신을 보호하고 살길을 찾는 방법이 됐고, 낙정하석(落井下石)이라는 말처럼 우물에 빠진 사람에게 돌을 던지듯 자기의 살길만 찾는 것이 사회 기풍이 됐다.

4) 네 번째 유전자: '깡패(痞)'

공산당은 깡패 건달들로 기본 대오를 구성했다.

깡패의 기초는 사악함이고, 사악은 깡패를 활용해야만 한다. 공산혁명은 깡패 건달들의 봉기였고, 고전적 '파리 코뮌'은 순전히 사회 불량배들의 살인, 방화, 때리고 부수는 약탈이었다. 마르크스조차도 룸펜 프롤레타리아(건달 무산계급)를 하찮게 봤고 〈공산당 선언〉에서 그는 이렇게 말했다. "룸펜 프롤레타리아 계급, 즉 낡은 사회의 최하위에 있는 부패한 이 계층이 프롤레타리아 혁명에 수동적으로 휘말리는 경우도 간혹 있지만, 그들은 자신의 생활 처지 때문에 기꺼이 반동적인 음모에 매수될 것이다." 마르크스와 엥겔스는, 농민은 천성적으로 분산성(分散性)과 우매성(愚昧性)을 타고났고 심지어 계급이라고 불릴 자격도 부족하다고 여겼다.

하지만 중국 공산당은 마르크스의 것들을 악한 측면에서 더욱 발전시켰다. 마오쩌둥은 "건달 깡패는 여태껏 사회에서 버림받아 온 무리지만, 농촌 혁명에서 가장 용감하고, 가장 철저하며, 가장 확고한 자들이다."고 했다(마오쩌둥 〈후난농민운동시찰보고〉, 1927년 3월). 실제로 룸펜 프롤레타리아(건달 무산자들)는 중국 공산당의 포악성을 강화하고 또 초기 농촌 소비에트 정권도 세웠다. '혁명(革

命)'이란 이 말은 공산당의 언어 체계에 의해 사람들에게 긍정적인 의미로 받아들이게끔 주입된 용어다. 그러나 이 용어는 선량한 사람들에게는 공포와 재난을 가져다주는 것으로, 그들의 목숨(命)을 앗아가는 것이다. 문화대혁명 당시 룸펜 프롤레타리아를 거론할 때, 공산당은 자신들이 '룸펜 프롤레타리아'로 룸펜(건달)이라 불리는 것이 듣기 좋지 않다고 여겨 룸펜을 빼고 '프롤레타리아'로 줄여서 사용했다.

깡패의 다른 한 모습은 억지와 깽판을 부리는 것이다. 사람들이 그들에게 독재한다고 비난하면 다음과 같은 악질적인 얼굴을 드러낸다. "친애하는 신사 숙녀 여러분, 당신들의 말이 맞습니다. 우리는 바로 이렇습니다. 중국 인민이 수십 년 동안 쌓아온 모든 경험이 우리에게 인민민주주의독재 혹은 인민민주독재를 하도록 했습니다."

5) 다섯 번째 유전자: '이간질(間)'

중국 공산당은 침투, 이간, 와해, 대체 등 수법을 거리낌 없이 쓴다.

공산당은 기만, 선동, 깡패 짓도 모자라 이간질도 한다. 중국 공산당은 침투술에 능하며 이를 활용해 이간질한다. 지하 공작원의 '전3걸(前三傑·중국 공산당의 걸출한 정보원 6인 중 앞 시기의 3인)'로 일컫는 첸좡페이(錢壯飛), 리커눙(李克農), 후베이펑(胡北風)을 지휘한 자가 바로 중공 중앙특무2과(정보과) 과장 천겅(陳賡)이다. 첸좡페이는 국민당 중앙수사과 주임 쉬언청(徐於曾)의 기밀담당 비서이자 심복이었다. 첸좡페이는 국민당 중앙조직부 서한을 이용하여 중화민국 정부군의 1, 2차 장시(江西) 포위·토벌 전략을 리커눙에게 전달하고 리커눙이 다시 저우언라이(周恩來·중화인민공화국 첫 번째 총리 역임)에게 전달했다. 1930년 4월, 동북에 형식상 국민당 소속이지만 실제로는 공산당 소속인 이중간첩 조직을 세웠는데 겉으로는 첸좡페이가 이끄는 것으로 위장했지만 실제로는 뒤에서 천겅이 진두지휘하면서, 국민당 중앙수사과의 증빙문서와 경비를 이용했다. 리커눙 또한 중화민국 해군육군공군총사령부에 들어가 무선교신을 해독하는 일을 했다. 이때 그는 중국 공산당 비밀보안국 책임자인 구순장(顧順章)이 국민당에 체포돼 변절했다는 정보를 입수해 해독한 후 첸좡페이를 거쳐 중공의 저우언라이에게 전달함으로써 공산당 간첩조직이 일망타진될 위기를 모면했다.

친공파 양덩레이(楊登嬴)가 국민당 중앙수사과 상하이 특파원으로 있을 때, 중국 공산당은 그를 시켜 믿을 수 없다고 판단되는 공산당원의 신변정보를 국민당에 알려 체포, 처형하도록 했다. 허난(河南)의 한 공산당 원로간부는 같은 한 공산당 간부에게 미움을 산 후 그의 밀고로 수년간 국민당 감옥에 갇히는 고초를 겪었다.

제2차 국공내전(1946년 중국 공산당과 국민당 간에 벌어진 전쟁) 당시 중국 공산당의 첩보 라인은 장제스(蔣介石·국민당 주석으로 내전에 패한 후 대만으로 망명하여 대만 대통령이 됨)의 신변까지 뻗쳐 있었다. 국민당 국방부 작전차장이자 국민당 군대를 직접 배치할 수 있는 권한을 쥔 류페이(刘裴) 중장은 뜻밖에도 중국 공산당 지하당원이었다. 옌안(延安·당시 공산당의 본거지)은 국민당 군 본인들도 모르는 이동계획 정보를 미리 입수해 사전 작전계획을 수립했다. 국민당 장령 후쭝난(胡宗南 · 국민당 최고 사령관을 역임)의 기밀담당 비서인 슝샹후이(熊向暉)가 후쭝난 대군의 옌안 진격 계획을 저우언라이에게 통보함으로써 후쭝난이 옌안으로 진격했을 때 그를 기다리던 것은 텅 빈 성곽뿐이었다. 저우언라이는 "장제스의 작전명령이 아직 군단장에게 하달되지 않았는데 마오(毛) 주석은 이미 알고 있었다."고 밝힌 바 있다.

6) 여섯 번째 유전자: '약탈(搶)'

중국 공산당 치하에서는 교취호탈(巧取豪奪 · 교묘한 수단으로 빼앗아 취함) 수법이 새로운 질서로 형성됐다.

중국 공산당의 모든 것이 약탈로 모은 것이다. 홍군을 이끌고 무장으로 할거(割據 · 점령하고 지키다)하려면 화기와 탄약, 먹고 입을 옷을 마련하는 데 모두 돈이 필요했다. 그들은 이 '자금'을 토호(土豪 · 토착세력)를 공격해 은을 빼앗고 은행을 털어 조달했는데, 토비(土匪 · 산적 떼)와 다를 바 없었다. 리셴녠(李先念 · 1983년 중국 국가주석을 역임, 문화대혁명 이후 덩샤오핑이 권력을 잡는 데 중요한 역할을 함)의 홍군은 후베이성 서부 일대에서 성내 갑부 가족만을 납치했다. 부잣집마다 한 사람씩 납치했고, 납치한 인질은 죽이지 않고 살려 두었는데, 그 목적은 가족들이 인질 때문에 끊임없이 은화를 홍군에게 바쳐 그들을 먹여 살리게 하기 위해서였다. 인질을 석방하는 경우는 가정이 파괴되고 사람이 죽어 더는 그들에게서 짜낼 것이 없거나 홍군의 배가 부를 때쯤이면 간신히 목숨이 붙어 있는 인질을 풀어주었을 뿐이다. 그들 중에는 공포와 고통에 시달리다 죽은 사람도 적지 않았다.

　토호를 타도해 땅을 나눠 갖고 또 교묘한 수단으로 빼앗는 도적질이 전 사회로 퍼져나가면서 노동의 대가로 부를 창조하는 전통적인 사회질서는 약탈을 일삼는 새로운 사회질서로 대체됐다. 공산당은 어떤 선행도 없이 온갖 크고 작은 악행을 다 저질렀다. 누군가에게 조금이라도 선심을 베푸는 행위를 했다면 그 목적은 그를 부추겨 다른 사람과 투쟁하게 하기 위함이었다. 따라서 선을 중히 여기고 덕을 쌓는 전통은 사라지고 살인만 하면 되는 세상이 돼가고, '공산대동(共産大同)'은 사실상 폭력·약탈도 인정하는 개념이 됐다.

　7) 일곱 번째 유전자: '투쟁(鬪)'
　중국 공산당은 투쟁을 선동해 전통 종법(宗法) 질서와 국가제도를 파괴했다.

　기만, 선동, 깡패, 이간질은 모두 약탈과 투쟁을 위한 것이다. 공산당의 철학은 투쟁철학이다. 공산혁명은 조직적으로 폭행하고 파괴하고 약탈하는 것이다. 공산당은 "농민의 주요 공격목표는 토호열신(土豪劣紳·토호와 악질 자본가)과 불법지주, 그리고 각종 종법(宗法) 사상과 제도, 도시(城) 안의 탐관오리와 향촌 시골의 악습이다."고 했다(마오쩌둥의 〈후난농민운동시찰보고〉, 1927년 3월). 이는 시골의 전통제도와 관습을 때려 부수라는 지시였다.

　공산당의 투쟁에는 또 무력투쟁과 무장투쟁이 포함된다. 마오쩌둥이 말한 "혁명은 손님한테 밥 사주는 일이 아니고, 글 짓는 것도 아니며, 그림을 그리고 꽃을 수놓는 것도 아니다. 그처럼 우아하고,

그처럼 태연자약하고, 그처럼 고상하고, 그처럼 온화(溫)·선량(良)·공경(恭)·검약(儉)·양보(讓)하는 자세로는 혁명을 할 수 없다. 혁명은 폭동이고 한 계급이 다른 한 계급을 뒤집어엎는 격렬한 행동이다."는 말처럼 정권을 탈취하려면 투쟁해야 했다. 수년이 흐른 후의 '문화대혁명' 운동에서도 이와 똑같은 투쟁 유전자가 다음 한 세대를 교육하는 데 그대로 사용됐다.

8) 여덟 번째 유전자: '소멸(滅)'

공산당은 완벽한 집단말살 이론체계를 창조했다.

공산당이 저지른 수많은 일은 모두 전례가 없고 그 악행이 극한에 도달했다. 지식인들에게 지상천국을 약속해 놓고 나중에는 '우파(右派)'로 때리고, '처우라오주(臭老九·토지개혁을 시작할 때 지식인을 지주, 반동분자, 간첩과 함께 아홉 번째로 악취가 많이 나는 부류로 취급)'로 분류했다. 또 지주·자본가의 재산약탈, 지주·부농 계급의 소멸, 농촌 질서 파괴, 지방정권 탈취, 인질로 부자들의 돈 갈취, 전쟁 포로에 대한 사상·영혼 세뇌, 상공 자산계급에 대한 개조, 국민당 내부 침투와 붕괴, 코민테른에 대한 분열과 배반, 정권 찬탈 후 여러 차례 정치운동으로 당내 숙청과 고압적인 정치 등 저지르는 일마다 모두 극한에 도달했다.

이 모든 것이 공산당의 집단 말살 이론을 기초로 이루어졌고, 역대 운동이 모두 테러리즘의 집단말살 운동이었다. 공산당은 초창기부터 끊임없이 완벽한 집단말살 이론 시스템을 창조해 왔는데, 이른바 공산당의 계급론, 혁명론, 투쟁론, 폭력론, 독재론, 운동론, 정당론 등으로 구성됐다. 이 모든 것이 다양한 집단말살을 실천해서 얻은 경험의 집합체다.

중국 공산당의 최대 특색인 집단말살은 사상과 인성·양심의 말살을 말하는 것인바, 이는 그 집단의 근본 이익에 부합되도록 하는 공포통치 방법이다. 즉 당신이 공산당을 반대하면 공산당은 바로 당신을 소멸(掃滅)할 것이고, 당신이 옹호한다고 해도 공산당은 당신을 소멸할 수 있다는 것이다. 공산당은 누구를 소멸할 필요가 있다고 여기면 바로 소멸하기 때문에 모두가 위기감을 느끼고 또 모두가 공산당을 두려워하게 됐다.

9) 아홉 번째 유전자: '통제(控)'

공산당은 당성(黨性)으로 당 전체를 통제하고 이어서 모든 인민과 전반사회를 교화(敎化)한다.

공산당의 모든 유전자는 하나의 동일한 목적을 지니는데 그것은 바로 공포 형태의 고압통제이다. 공산당은 사악한 본질로 인해 모든 사회 역량의 천적이 됐다. 설립된 날부터 공산당은 직면한 매 하나하나의 위기 속에서 발악하면서 버텨왔다. 그것이 직면한 최대 위기는 줄곧 생존 위기였는데, 그것의 존재 자체가 곧 공포였고 영원한 위기감을 조성했다. 그들은 위기 속에서 공포감을 조성함으로써 공산당이 최고의 이익을 얻게 하고, 이로써 공산당 집단의 존재와 권력을 유지할 수 있었다. 따라서 공산당은 항상 더 나쁜 방식으로 부족한 에너지를 보충해야 했다. 당의 이익은 한 당원의 이익도 아니고, 모든 당원의 이익을 합친 것도 아니다. 그것은 공산당 집단

자체를 대표하는 이익으로, 개인의 그 어느 것보다 우위에 있다.

당이라는 이 악령의 가장 무서운 본질 중 하나가 '당성(黨性·당의 성질, 즉 소속정당을 위한 적극적인 충실성)'이다. 그것은 무제한으로 확장되고, 인성을 삼켜버리며, 인간을 비인간적으로 만드는 강제력을 지녔다. 저우언라이(周恩來)와 쑨빙원(孫丙文)은 동지였다. 쑨빙원이 죽은 후 그의 딸 쑨웨이스(孫維世)가 저우언라이의 수양딸이 됐다. 문화대혁명 기간에 쑨웨이스는 비판 받다가 죽었고, 그녀의 가족은 그녀의 머리에 대못이 박혀 있는 것을 발견했다. 그런데 그녀의 체포장에 서명하고 동의한 사람이 의외로 저우언라이였다는 사실이다.

중국 공산당 초기 지도자 중 한 명인 런비스(任弼時)는 항일전쟁 기간에 아편 전문 담당요원으로 일했다. 아편은 중국인들에게 서구 열강의 중국침략을 상기시키는 상징적인 이미지를 갖고 있다. 이를 뻔히 알면서도 중공이 감히 민족 대의(大義)를 거스르고 대대적으로 양귀비를 재배했다는 것은 확실히 중공의 당성(黨性)이 그것을 필요로 했기 때문이다. 아편은 중국인들에게 극히 민감한 문제이기 때문에 중국 공산당은 '아편'을 '비누'란 이름으로 위장하고 타지로 운송하여 자금을 만들었다. 중국 공산당의 지도자 후진타오(胡錦濤)는 2012년 런비스(任弼時) 탄생 100주년 연설에서 "런비스는 숭고한 품성을 지닌 모범 공산당원이었고 그는 신념이 확고하고 당의 사업에 무한히 충성했다."면서 그의 당성을 높이 평가했다.

장쓰더(張思德)도 당성을 모범적으로 보여준 사람 중 한 명이다. 공산당은 그가 벽돌 굽는 가마 붕괴로 희생됐다고 했지만, 민간에서는 그가 아편을 만들다 죽은 것으로 널리 알려져 있다. 그가 중앙 경위단(警衛團)에서 병사로 묵묵히 근무하면서 승진도 바라지 않았기에 중국 공산당은 그의 죽음이 '태산보다 무겁다(重於泰山)'며 포상했다. 당성의 모범 전형을 보여준 또 다른 사람이 '혁명 기계의 영원히 녹슬지 않는 나사못'으로 알려진 레이펑(雷峰·젊은 나이에 죽은 중국 인민해방군 군인으로서, 마오쩌둥이 벌인 '인민을 위해 봉사한다.'는 공산당 도덕운동의 모범으로 선전된 인물)이다. 중국 공산당은 이들 두 사람을 오랫동안 전 중국인을 교육하는 데 이용했고, 그들처럼 당에 충성할 것을 요구했다. '모범의 힘은 무궁하다.'는 것을 잘 아는 공산당은 수많은 모범 영웅을 모두 당의 강철 의지와 당성 원칙을 강화하는 모델로 잘 활용했다.

중국 공산당이 정권을 탈취한 후 공산당은 사상통제 유전자를 더욱더 발전시켰고 성공적으로 당의 '도구'와 '나사못'이 대대로 이어지도록 만들어 냈다. 당성은 일관된 사고 패턴과 천편일률적인 행동 모델로 강화돼 온 나라 온 국민에게 적용되도록 했다. 당성의 행동 모델은 '국가'라는 탈을 썼고, 당성의 사고 패턴은 전 국민이 자아 세뇌를 하도록 했고 사악의 메커니즘에 복종하고 동조하도록 만들었다.

2. 중국 공산당의 떳떳하지 못한 창설 역사

중국 공산당은 자신의 역사가 '승리에서 승리로 끊임없이 나아간' 찬란한 역사라고 역설한다. 이렇게 자신을 미화하는 이유는 공산당 정권에 합법성을 부여하기 위해서다. 사실 공산당이 일어선 역사는 전혀 떳떳하지 못하다. 그들은 오직 사악, 기만, 선동, 투쟁, 약탈, 깡패, 이간질, 소멸, 통제라는 아홉 가지 유전자에 의지해 정권을 탈취할 수 있었다.

1) 중국 공산당 설립: 소련 공산당의 젖을 먹고 성장

중국 공산당은 인민에게 "10월 혁명의 포성이 우리에게 마르크스-레닌주의를 가져다주었다."고 가르쳤다. 사실 중국 공산당은 설립 초기인 소비에트 러시아의 아시아 중국지부로 시작할 때부터 이미 매국정당이었다.

설립 초기 중국 공산당은 돈이 없고 이론과 실천도 없으며 더 나아가 버팀목(主心骨)조차 없었다. 코민테른에 가입한 것은 폭력혁명에 참여하고 의존하기 위함이었는데, 중국의 폭력혁명은 마르크스-레닌 시기의 폭력혁명과 일맥상통했다. 코민테른은 전 세계적으로 각국의 정권을 뒤엎는 총지휘부였다. 그때 중국 공산당은 코민테른의 동방지부였고, 소련의 붉은 제국주의의 동방 노선을 집행했다. 중국 공산당은 소련 공산당의 성숙된 폭력혁명에 의한 정권 탈취와 프롤레타리아 독재정치 경험에 의존해 정치·사상·조직노선 면에서 모두 소련 공산당의 명령을 따랐다. 또한 외국에서 배워온 불법 조직의 지하 비밀 생존 방식을 그대로 답습하고 감시와 통제를 엄밀히 실행했다. 당시 소련 공산당은 중국 공산당의 버팀목이자 기댈 곳이었다.

중국 공산당 제1차 대표대회에서 채택한 중국 공산당 당헌은 코

민테른 주관으로 제정됐다. 이 선언은 마르크스-레닌주의, 계급투쟁, 프롤레타리아 독재와 창당 학설에 바탕을 두었고 또 소련 공산당 강령을 중요 근거로 삼았다. 따라서 중국 공산당의 영혼은 소련 공산당에서 유래한 외래종이다. 중국 공산당의 지도자 천두슈(陳獨秀)와 코민테른 대표 마링(馬林)은 서로 의견이 달랐는데, 마링은 천두슈에게 '당신이 진정한 공산당원이라면 반드시 제3코민테른의 명령에 따라야 한다.'고 편지를 보냈다. 비록 중국 공산당의 초대 대부(代父)로 불리는 천두슈였지만, 교황청과도 같은 코민테른의 명령을 따를 수밖에 없었고 소련 공산당에 예속된 입장에서 러시아에 굴복하고 복종했다.

천두슈는 1923년 제3차 공산당 대표대회에서 공개적으로 당의 경비는 거의 모두 코민테른에서 나온다고 인정했다. 코민테른은 1년 동안 중국에서 20여만 위안을 쓰고도 중국 공산당의 성과가 좋지 않자 중국 동지들이 너무 노력하지 않는다고 질책했다.

중국 공산당의 일부 기밀해제 문건에 따르면, 코민테른에서 받은 중국 공산당의 자금은 1921년 10월부터 1922년 6월까지 16,655위안, 1924년도에는 1,500달러와 32,927.17위안, 1927년도에는 187,674위안이었는데 매달 평균 20,000위안 정도였다. 현재 중국 공산당이 쓰고 있는 꽌시(關係·사전적 의미는 관계라는 말이지만 통상적으로 중국에서 사용되는 의미는 뇌물이나 뒷돈을 말하는 것으로 관계를 돈으로 측정한다는 의미를 함축한 말) 맺기, 뒷거래, 비위 맞추기, 영합, 매수, 심지어 협박 등 수법은 중국 공산당 초창기에 이미 사용했던 것들이다. 코민테른의 책임자는 중공 중앙이 끊임없이 자금을 요구하는 것에 대해 이렇게 신랄하게 비판한 적이 있다.

"그들은 자금 지급 출처가 모두 다른 점(국제연락국, 국제공산당 집행위원회 대표, 군사조직)을 이용해 자금을 손에 넣는다. 왜냐하면 각 부서는 서로 다른 부서에서 받아 간 사실을 모르기 때문이다. 흥미로운 것은 자금을 받으러 오는 동지는 항상 러시아 동지의 기분을 아주 잘 파악하고 있을 뿐만 아니라 심지어 항목마다 자금 지출 담당자들을 어떻게 구별하고 다뤄야 하는지 잘 안다는 점이다. 그러나 일단 공식 경로로는 자금을 받을 수 없다고 판단하면 대다수 동지는 업무적인 만남을 피하고 가장 저속하고 거친 사기수법을 쓴다. 예를 들면 헛소문을 퍼뜨리는데 이른바 코민테른의 말단 실무자들이 마치 소련을 질책하듯이 군벌에게만 돈을 주고 중앙에는 주지 않는다는 것이다."(양쿠이쑹(楊奎松)이 쓴 '1920년대부터 40년대까지 모스크바가 중국 공산당에 제공한 재정적 지원에 관한 개요'에서 인용. 양쿠이쑹은 중국 사회과학원 현대사 연구원 역임, 현 베이징대학 역사학과 교수, 화둥사범대학 부교수 역임)

2) 제1차 국공합작(國共合作): 국민당 심장부를 파고들어 국민당의 북벌(北伐)혁명을 파괴

중국 공산당은 장제스(蔣介石)가 국민혁명을 배반했기 때문에 어쩔 수 없이 무장봉기를 일으켰다며 줄곧 거짓으로 인민을 기만했다.

그러나 공산당이 국민당과 제1차 국공합작을 시작한 것은 사실상 국민혁명에 붙어사는 부체(附體)가 돼 기생하면서 자신을 발전

시키고 또 활동과정에서 서둘러 정권을 탈취하고 소비에트 혁명을 발동하기 위해서였다. 따라서 국민혁명을 파괴하고 배반한 쪽은 공산당이다.

1922년 7월, 중국 공산당 제2차 대표대회에서는 정권 탈취가 급하기에 국민당과 연합을 반대하는 의견이 대회에서 주를 이루었다. 하지만 태상황제 격인 코민테른은 대회의 결의를 뒤집고 국민당에 가입할 것을 중국 공산당에 지시했다.

제1차 국공합작 기간, 쑨중산(孫中山·중화민국 창시자이자 국민당 초기 지도자)이 죽기 직전인 1925년 1월에 중국 공산당은 상하이(上海)에서 중국 공산당 제4차 전국대표대회를 소집해 영도권 문제를 제기했다. 만약 쑨중산이 살아있었다면 중국 공산당의 정권 탈취 표적은 장제스가 아니었을 것이다.

국공합작 기간에 공산당은 소련의 뒷받침에 기대어 국민당 내에서 거침없이 권력을 키워갔다. 탄핑산(譚平山)이 국민당 중앙조직부 부장, 펑쥐포(馮菊坡)가 노동부 부장과 사무 처리를 전담하는 비서, 린쭈한(林祖涵)이 농민부 부장, 펑파이(彭湃)가 농민부 비서, 마오쩌둥(毛澤東)이 국민당 선전부 대리부장을 각각 맡았다. 군관학교와 군 지도권을 갖는 것은 줄곧 공산당의 관심사였다. 저우언라이(周恩來)는 황포군관학교 정치부 주임, 장선푸(張申府)는 부주임을 맡았다. 저우언라이는 또 군법처(軍法處) 처장직을 겸하면서 도처에 소련 군사 고문을 배치했다. 또한, 적지 않은 공산당원이 국민당 군관학교의 정치 교관과 교직원, 그리고 국민혁명군(국민당이 지휘한 중화민국 군대)의 각급 당 대표를 맡았고, 당 대표의 서명 없이는 모든 명령이 효력이 없도록 규정했다. 이렇게 국민혁명의 부체(附體)로 활약한 결과, 1925년에 1,000명도 되지 않던 중국 공산당 당원이 1928년에는 3만 명으로 폭증했다.

북벌혁명(北伐革命·국민당 주석 장제스가 지역 군벌의 통치를 종식하고 국민당 통치로 통합하기 위해 일으킨 혁명전쟁)은 1926년 2월에 시작됐다. 1926년 10월부터 이듬해 3월까지 중국 공산당은 상하이에서 세 차례 무장폭동을 일으켰고, 최후에는 북벌군 사령부(軍師部)를 공격하다가 북벌군에 의해 무장해제 당했다. 광동(廣東)의 총파업 규찰대(糾察隊) 또한 매일 경찰과 폭력 충돌을 일으켰는데, 이 같은 교란은 4월 12일 국민당의 공산당원 숙청 작업인 4.12 대숙청을 유발하는 직접적인 계기가 됐다.

1927년 8월, 국민혁명군 내부에 있던 공산당은 기회를 틈타 난창(南昌)폭동을 일으켰지만, 곧바로 진압됐다. 또 9월에도 창사(長沙)를 공격하는 무장봉기를 일으켰으나, 이 추수(秋收)봉기 역시 진압됐다. 그러자 공산당은 '당의 지부(支部)를 연대(連隊·공산당 군대의 최하부 조직)에까지 설치하는' 네트워크식 통제를 실행하고 징강산(井岡山·중국 공산당의 최초 농촌지역 혁명기지로서 '홍군을 위한 요람'으로 불림) 일대로 도망가서 일부 농촌지역에 기반을 둔 정권을 세웠다.

3) 후난(湖南) 농민 폭동: 깡패를 조종해 일으킨 반란

북벌 기간, 국민당의 국민혁명군이 군벌(軍閥)을 토벌하는 동안 공산당은 오히려 농촌에서 반란을 일으켜 권력을 탈취했다.

1927년의 후난(湖南) 농민운동도 깡패들이 일으킨 봉기로, 명성이 널리 알려진 공산주의 첫 혁명인 파리 코뮌의 룸펜 봉기와 크게 다를 바가 없다. 프랑스 국민과 당시 파리에 있던 외국인은 코뮌 멤버들이 모두 이상(理想)이 없고 파괴를 일삼는 도적 떼에 불과하며, 고층 빌딩에 살면서 산해진미를 먹고 눈앞의 향락에 빠져 죽음이 따르는 것조차 모르는 자들임을 직접 목격했다. 파리 코뮌 폭동 기간에 그들은 신문 발행을 금지하고, 왕에게 선교(宣敎)한 조르주 다르부아(Mgr Georges Darboy) 파리 대주교를 인질로 잡고 있다가 총살하고 선교사 64명을 살해했다. 또한 궁전을 불사르고 관공서든 민가든, 공적비든 공훈탑이든 모두 망치로 파괴하는 것을 낙(樂)으로 삼았다. 유럽에서도 비교 대상이 없을 정도로 세계에서 가장 아름다운 도시로 알려진 수도 파리는 봉기 후 모든 건물이 잿더미로 변했고, 민중은 비참한 죽임을 당해 백골이 됐다. 당시의 재앙은 동서고금을 통틀어도 찾아보기 힘들 정도로 참혹했다.

　마오쩌둥은 혁명의 공포에 대하여 다음과 같이 말한 바 있다.

　"농민은 농촌에서 '지나치게 설치는' 경우가 적지 않다. 농민협회의 권력이 더없이 높아 지주의 입을 틀어막고 위세를 짓밟아버린다. 이는 지주를 때려 넘어뜨리고 그 위에 밟고 서는 것이나 다를 바 없다. '당신을 영책(另冊·옛날에 강도, 불순분자의 호적을 따로 등록한 호적부)에 넣겠다.'고 협박하면서 토호와 악덕지주에게 벌금을 물리고, 기부를 강요하며, 가마를 부숴버린다. 또 토호·지주가 농민협회에 반대하면 그들의 집에 몰려가 돼지를 죽이고 곡식을 퍼낸다. 토호·지주의 딸이나 며느리의 상아 침대에 올라가 뒹굴기도

한다. 걸핏하면 고깔모자를 씌워 온 마을에 끌고 다니면서 "악덕 지주들아, 이제 우리를 알아보겠느냐!"고 한다. 뭐든 하고 싶은 대로 하니 모든 것이 비정상으로 돼버려 결국 농촌은 공포에 휩싸인다. …솔직히 말하면 일시적으로는 모든 농촌에 공포 현상을 조성해야 한다. 그렇게 하지 않으면 농촌 반혁명파의 활동을 결코 진압할 수 없고 토호와 지주들의 권력도 타도할 수 없다. 잘못을 바로잡으려면 반드시 정도에 지나쳐야 한다. 지나치지 않으면 바로잡을 수 없다. …혁명 기간에 저지르는 많은 '지나친' 행동은 정말로 혁명에 필요한 것이다." (마오쩌둥의 '후난농민운동시찰보고', 1927년 3월) 이렇게 혁명은 공포 질서를 조성했다.

4) 북상항일(北上抗日): 국민당 토벌작전에 밀려 도주한 사건

중국 공산당은 '장정(長征)'을 '북상항일'이라고 말하면서 장정을 중국 혁명의 신화로 둔갑시키고 "장정은 하나의 선언서(宣言書), 선전대(宣傳隊), 파종기(播種機)의 역할을 하였으며 그로 인해 장정은 결국 우리의 승리와 적의 패배로 끝났다."고 미화했다.

항일 투쟁을 위해 북으로 행군했다는 북상항일은 중국 공산당이 그들의 실패를 감추기 위해 꾸며낸 파렴치한 거짓말이다. 실제 사료에 의하면 1933년 10월부터 이듬해 1월까지 공산당은 국민당이 펼친 제5차 공산당 토벌작전 방어에 참패하고 농촌정권마저 잇따라 잃음으로써 근거지가 갈수록 축소되자 중앙 홍군이 어쩔 수 없이 서북(西北)으로 도망 다녔다. 이것이야말로 공산당이 장정(長征)을 하게 된 원인이다. '장정'이란 용어 또한 이 패주(敗走)한 과정을

거창하게 포장한 것에 불과하다.

　서쪽으로 포위망을 뚫고 우회해 외몽골과 소련에 접근하는 것이 처음에 계획한 장정의 진정한 도주로였다. 당시 중국 공산당은 운신 폭이 좁아진 탓에 서쪽으로 진입하여 외몽골에 접근함으로써 앞뒤에서 공격을 받아 섬멸당하는 것을 피하고 패하면 소련으로 들어가려고 했다. 그들은 산시(山西)와 쑤이위안(綏遠)으로 가는 길을 선택했다. 그곳은 항일 깃발을 높이 치켜들어 민심을 얻을 수 있고 또 그 일대에는 일본군이 없어 안전했다. 일본군이 점령한 지역은 만리장성 연선(沿線)이었다. 1년 후 산시(陝西)성 북부에 도착했을 때 중앙 홍군의 주력부대는 80,000여 명에서 6,000명으로 줄었다.

　5) 시안사변(西安事變): 이간질로 제2차 국공합작을 끌어낸 사건
　시안사변(西安事變)은 1936년 12월, 시안에서 국민당 동북군 지휘관 장쉐량(張學良)과 서북군 총사령관 양후청(楊虎城)이 장제스(蔣介石)를 감금한 병변(兵變·군대 내부반란)을 말한다.
　중국 공산당의 교과서는 '시안사변은 장쉐량과 양후청이 장제스를 위협해 국공내전을 멈추고 항일을 하도록 병간(兵諫·무력으로 군주에게 간하다)한 사건으로, 중국 공산당 대표 저우언라이를 시안으로 초청해 사태 수습을 논의하고 전국 각계의 조정을 거쳐 사건을 평화적으로 해결함으로써 10년 내전을 끝내고 항일 민족통일전선을 형성해 중국의 위태로운 국면을 전환하는 계기가 됐다.'고 적었다. 중국 공산당은 스스로 자신을 대세에 따르고 애국 항일을 한 충신으로 묘사했다.

하지만 갈수록 많은 자료가 사건의 실상을 밝혀주었다. 시안사변 직전 양후청과 장쉐량 주변에는 이미 많은 공산당 특무(特務·간첩)가 집결해 있었다. 지하당원 류딩(劉鼎)은 쑹칭링(宋慶齡·쑨중산의 부인)의 소개로 장쉐량에게 접근했다. 시안사변이 일어난 후 마오쩌둥은 류딩을 표창하면서 "류딩이 시안사변에 공이 크다."고 했다. 그리고 양후청의 부인 셰바오전(謝葆眞)은 공산당원으로, 1928년 1월 중국 공산당 조직의 승인 아래 양후청과 결혼한 그녀는 양후청이 소속된 국민당 군정치부에서 일했다. 나중에 외교부 부부장이 된 공산당원 왕빙난(王炳南)도 양후청 공관(公館)의 좌상객(座上客·상석에 초대된 손님)이었다. 바로 이들 양후청과 장쉐량 주변의 많은 공산당원이 이 병변(兵變)을 획책했다.

사변 초기에 중국 공산당 지도자는 장제스를 죽여 토벌당한 원수를 갚으려 했다. 하지만 당시 산베이(陝北)의 중국 공산당은 역량이 너무 약하고 완전히 괴멸될 지경이었기에 공산당은 장쉐량과 양후청을 앞세워 능란한 선동술과 기만술로 병변을 책동했다.

스탈린은 일본이 소련을 공격하지 못하도록 견제하기 위해 직접 중국 공산당 중앙에 편지를 보내어 장제스를 죽이지 말고 제2차 국공합작을 하라고 지시했다. 마오쩌둥과 저우언라이도 당시 중국 공산당의 힘으로는 절대로 국민당을 집어삼킬 수 없음을 알고 있었다. 장제스를 죽이면 국민당 군대의 보복 토벌에 공산당이 오히려 전멸될 공산이 컸다. 중국 공산당은 즉각 말을 바꿔 '연합항일'을 명분으로 내세워 제2차 국공합작을 받아들이도록 장제스를 압박했다.

공산당은 먼저 병변을 책동해 장제스를 도마 위에 올려놓고 도리어 관대한 척하면서 다시 공산당을 받아들일 것을 강요했다. 이로 인해 중국 공산당은 괴멸될 위기에서 벗어났을 뿐만 아니라 다시금 국민당 정부에 붙어살 수 있는 부체(附體)가 될 수 있었다. 이는 홍군(紅軍)이 팔로군(八路軍)으로 변신해 다시 한 번 세력을 키우는 계기가 됐다. 이로 볼 때 중국 공산당을 간교한 기만술의 고수(高手)라고 하지 않을 수 없다.

6) 항일전쟁: 항일을 앞세워 차도살인하여 공산당 세력을 확대한 사기극

항일전쟁이 발발했을 때 국민당은 군인 170여만, 군함 총 배수량 11만 톤 규모, 그리고 각종 비행기 600대가 있었다. 반면 공산당은 1937년 11월에 개편한 신사군(新四軍·제2차 국공 합작으로 국민혁명군에 신편 제4군(新編第四軍)에 편입된 중국 공산당군대 약칭)을 합해도 총 병력이 7만을 넘지 못했다. 게다가 내부 권력투쟁으로 분열돼 한 차례 전투에도 바로 괴멸될 정도로 허약했다. 중국 공산당은 전 병력을 이끌고 일본군과 싸워도 일본군 1개 사단도 이기지 못한다는 것을 잘 알고 있었다. 중국 공산당의 눈에는 민족의 존망보다 영도권(領導權)이 민족 통일전선의 핵심 문제였다. 그리하여 공산당은 '장제스와 연합하는 과정에서 반드시 영도권을 쟁취하기 위해 싸워야 했으며 이는 우리 당내에서만 이야기하고 실제 공작을 통해서 실현한다.'는 방침을 세웠다.

1931년 일본이 만주를 지배하기 위해 일으킨 '9.18 사변(1931년 9월 18일 일본군이 중국의 펑톈, 지금의 선양을 침공한 만주사

변)' 이후 중국 공산당은 일본 침략자와 호흡을 맞추면서 국민당과 싸운 것이나 마찬가지였다. 중국 공산당은 만주사변 선언에서 중국 인민들에게 "국민당의 통치 구역에서 노동자 파업, 농민 소동, 학생 수업거부, 빈민들의 파업, 병사들의 반란을 일으켜 중화민국 정부를 뒤엎자."고 호소했다.

공산당은 항일 깃발을 높이 치켜들었지만, 단지 후방에 편성된 지방군과 유격대에만 있을 뿐이었다. 공산당은 핑싱관(平型關) 전투 등 몇몇 손으로 꼽을 정도 전투 외에는 일본군과 싸워 전과(戰果)를 낸 적이 별로 없다. 공산당은 오로지 세력을 확장하는 데에 혈안이 돼 있었다. 일본이 투항할 때 투항하는 일본군을 받아들이려고 쟁탈했고 자신들은 정규군 90여 만과 민병대 2백만의 막강한 전력이 있다고 떠벌렸다. 항일 전면전은 전부 국민당 군대에 떠맡긴 탓에 항일전쟁터에서 전사한 국민당의 장군이 200여 명에 달했으나, 공산당의 지휘관은 거의 손실이 없었다. 그러나 중국 공산당의 교과서는 국민당은 항일하지 않았고 공산당이 항일전쟁의 위대한 승리를 이끌었다고 끊임없이 왜곡했다.

7) 옌안정풍(延安整風): 간담이 서늘한 사람을 다스리는 방식

중국 공산당은 항일이란 명분으로 수많은 애국청년을 옌안(延安)으로 끌어들이고 정풍(整風)운동으로 수천 명 혁명 청년을 박해했다. 중국 공산당은 정권수립 이후 옌안을 '혁명의 성지'로 묘사했지만, 정풍운동의 죄악에 대해서는 전혀 언급하지 않는다.

옌안 정풍운동은 인간 세상에서 가장 공포스럽고, 가장 암담하

고, 가장 잔혹한 권력 게임이었다. 소자산 계급(소부르주아)의 독소를 제거하고 엄숙히 바로잡는다는 명분으로 공산당은 인간의 문명, 독립, 자유, 용인(容忍), 존엄과 같은 가치를 깨끗이 씻어 제거하기 시작했다. 정풍의 첫걸음은 모든 동지의 인사기록을 만드는 것이었다. 이를테면 (1) 자기소개, (2) 정치·문화에 관련된 연도별 개인기록, (3) 가족계급과 사회관계, (4) 개인 자서전과 사상변화, (5) 당성(黨性) 검토 등이 여기에 포함된다.

인사기록에 본인이 태어난 이후 알게 된 모든 사람, 일어난 일들, 그리고 그들과 무슨 일이 있었고 언제, 어디서 그 일이 일어났는지를 빠짐없이 그리고 반복해서 기재하도록 요구하고, 빠뜨린 것이 있으면 문제 인물로 분류했다. 또 참가한 사회활동, 특히 입당경위를 밝히도록 했는데, 활동에 참여하는 과정에서 생각한 바를 말하게 하는 데 중점을 두었다. 가장 중요한 것은 당성(黨性) 검토였다. 주로 사상의식, 언사(言辭), 업무태도, 일상생활, 사람을 대하는 태도 등에서 당성에 반하는 요소가 있는지 파악했다. 사상의식을 예로 들면 입당이나 입대 후 사익을 추구했는지, 사적인 일에 당의 직무를 이용했는지 조사했다. 또 혁명의 비전(前途)에 대해 동요한 적이 있는지, 전쟁에서 죽음(戰死)을 두려워하거나 고향에 대한 그리움과 가정, 아내 걱정을 하는지를 살폈다. 이런 기록은 객관적인 기준이 없기에 모든 사람에게서 문제가 발견됐다.

이 과정에서 심사하는 간부가 내부 간첩을 색출한다며 자백을 강요하면 기필코 수많은 억울한 사건이 발생하게 된다. 정풍 시기에 옌안은 인성(人性)을 단련시키는 생지옥이라 불렸고, 많은 간부에게 상처를 입혔다. 항일군정(軍政)대학에 심사 공작조가 들어가 두 달간 적색공포 속에서 즉석 자백, 시범 자백, 집단 설득, 5분간의 설득, 개별담화, 대회 보고를 하게 해 붉은 무(겉은 붉으나 속이 흰색인 무)와 같은 이른바 겉은 공산당처럼 붉고 속은 그렇지 않은 사람을 골라냈다. 또 '안색 살피기' 수법도 썼는데, 이는 사람들을 한 무더기 한 무더기 단상에 올려놓고 얼굴을 살피는 것이다. 얼굴색이 변하지 않으면 문제가 없는 사람이고, 변하면 혐의분자로 분류해 심사대상으로 삼았다.

코민테른의 대표조차도 견딜 수가 없어 이렇게 말했다. "옌안 상황은 사람들의 사기를 떨어뜨리고, 감히 다른 사람과 교제하지 못하게 하고, 각자 꿍꿍이를 품게 하고, 사람마다 긴장하고 두렵게 만들고, 누구도 감히 진실을 밝히거나 아니면 비방당하는 친구를 위해 변호하지 못하고, 모두 자신의 목숨 보전에만 급급하고, 불량배가 아첨하여 벼락출세하고, 동지를 욕보이고, 자신을 치욕스럽게 하는데, 이것이 옌안 생활의 특성이 됐다."

사람들은 미쳐 갔고, 모두 제 목숨과 제 밥그릇만 지키면서 영예와 존엄과 동지애를 송두리째 버렸다. 사람들은 더는 자신의 의견을 말하지 않고 당 지도자의 문장만 외웠다. 이러한 관행은 공산당 정권이 수립된 이후 공산당이 진행한 크고 작은 운동에서도 거의 변화 없이 그대로 나타났다.

8) 3년 내전: 매국(賣國)으로 권력 탈취

러시아 2월 혁명은 온화한 자산계급의 혁명이었다. 차르(제정 러시아 황제)도 국가와 민족을 중히 여겨 끝까지 저항하지 않고 퇴위했다. 그러자 레닌은 급히 독일에서 러시아로 돌아와 또 한 차례 쿠데타를 일으켜 차르를 무너뜨린 자산계급 혁명자들을 살해하고 공산혁명을 시작함으로써 러시아 자산계급 혁명을 말살했다. 중국 공산당도 레닌과 마찬가지로 국민혁명이 이룬 '승리의 열매'를 탈취했다. 항일전쟁에서 승리한 후 중국 공산당은 국민당 정부를 무너뜨리는 국공내전을 벌이고 이를 '해방' 전쟁이라 부르며 중국을 다시 전쟁의 재앙으로 몰아넣었다.

중국 공산당의 인해(人海)전술은 잘 알려져 있다. 랴오선(遼沈), 핑진(平津), 화이하이(淮海) 전투에서 사용한 전술은 사람을 총알받이로 한 가장 원시적이고, 가장 야만적이고, 가장 비인도적인 전술이다. 창춘(長春)을 포위할 때, 창춘 성내의 식량을 소진하기 위해 해방군은 명령에 따라 민간인의 탈출을 허락하지 않았다. 그 결과 두 달간 포위돼 있던 국민당 병사들은 진지 앞에서 굶어 죽거나 얼어 죽었다. 또 성 밖으로 피난 가려는 민간인이 20만 명에 달했지만, 공산군은 길을 열어주지 않았다. 사후에 중국 공산당은 일말의 죄책감도 없이 "칼날에 피 한 방울 안 묻히고 창춘을 해방했다."고 했다.

1947년과 1948년에 중국 공산당은 소련과 '하얼빈협정'과 '모스크바협정'을 잇달아 체결했다. 이로써 중국 공산당은 소련이 군사적·외교적 지원을 한 대가로 국가의 권익과 동북의 자원을 소련에 넘겼다. 쌍방은 소련이 몇 차례에 걸쳐 항공기 50대를 중국 공산당에 공급하고 노획한 일본 무기를 두 번에 걸쳐 중국 공산당에 주기로 합의했다. 그리고 소련 측이 통제하는 동북의 탄약과 군수품을 저가로 중국 공산당에 팔기로 했다. 그리고 국민당이 동북에 대규모 공세를 펼치면 소련은 비밀리에 중공군의 작전을 돕기로 했다. 소련은 중국 공산당이 신장(新疆) 통제권을 탈취하는 데 협조하고, 중·소(中蘇) 연합 공군력을 구축하고, 중공군 11개 사단을 무장시키는 데 합의했다. 따라서 미국이 소련에 지원한 130억 달러 규모의 무기 중 3분의 1이 동북으로 들어갔다.

중국 공산당은 소련의 지지를 얻어내기 위해 소련에 동북 육로와 항공로 이용 특권, 그리고 국민당 정부와 미군의 동향 정보를 제공하기로 했다. 또 전략물자인 면화, 콩 등 동북의 농산물을 소련의 정밀무기와 교환하기로 했다. 소련은 중국 광물을 채굴할 우선권, 동북과 신장에 군대를 주둔할 권리, 극동 정보국을 중국에 설치할 권리를 확보했다. 그리고 유럽에 전쟁이 나면 중국 공산당은 소련에 원정군 10만 명과 노동자 2백만 명을 지원하기로 했다. 이 밖에도 중국 공산당은 랴오닝(遼寧)성과 안동(安東)성의 특별구역을 적절한 시기에 북한에 편입시키기로 약속했다.

3. 사악한 공산당 유전자의 표현

1) 공산당 역사의 특징: 영원한 공포감

영원한 공포감을 조장하는 것이 중국 공산당 역사의 가장 큰 특징이다. 생존을 유지하는 것은 공산당이 타고난 최대 관심사이다. 이러한 지속적인 생존에 대한 최대의 관심이 끝없이 변화하는 껍질

속에 숨겨진 공포의 본질을 강력하게 뒷받침해주고 있다. 그것은 마치 시초의 암세포처럼 신체의 모든 부위로 퍼져 정상세포를 죽이고 악성세포를 폭발적으로 키운다. 역사의 순환 속에서 사회는 공산당이라는 변이물질을 해결하지 못한 채 확산하도록 버려뒀다. 따라서 모든 계층과 영역에서 이런 강력한 변이 요소를 없애지 못해 사회 전체가 오염됐고 또 공산주의 혹은 공산주의 요소가 넘쳐나게 됐다. 이런 것은 또 끊임없이 공산당에 의해 강화되고 이용돼 도덕과 사회를 근본적으로 변이시켰다.

공산당은 사람들이 공인하는 도의(道義) 원칙을 중요시하지 않는다. 공산당의 모든 원칙은 절대적으로 그들 집단의 이익을 위해 움직이는 데 초점을 둔다. 따라서 절대 이기주의를 최고 원칙으로 삼으며, 그 어떤 도의 원칙도 공산당 집단의 욕망을 억제하지 못한다. 또 공산당의 자아 원칙을 근본으로 삼기에 끊임없이 다른 외피를 걸친다. 중국 공산당은 위기가 연쇄적으로 이어진 초기에는 소련 공산당, 국민당, 국민정부 실체, 국민혁명에 붙었고 정권을 탈취한 후에는 각종 기회주의에 의지하고 민의와 여론, 사회 기능과 수단, 그리고 이외의 모든 것에 붙어 매 한 차례 위기를 모두 당을 발전시키는 기회로 삼으면서 그들의 강제수단을 더욱 강화해 왔다.

2) 공산당을 일으켜 세운 법보(法寶): 한결같은 사악함

공산당은 통일전선(統一戰線), 무장투쟁(武裝鬪爭), 당건설(黨的建設)이라는 '3대 법보(法寶)'에 의지해 혁명을 승리로 이끌었다고 주장한다. 국민당은 자신의 교훈에서 공산당이 말하는 3대 법보 외에

선전(宣傳)과 간첩(間諜)이라는 두 가지 법보가 더 있다고 했다. 이들 법보는 하나같이 공산당의 모든 깡패 유전자인 '사악(邪), 기만(騙), 선동(煽), 투쟁(鬪), 강탈(搶), 깡패(痞), 이간질(間), 소멸(滅), 통제(控) 수법과 맞물려 있다.

마르크스-레닌주의는 본질적으로 사악하다. 아이러니한 것은 대다수의 중국 공산당원들이 마르크스-레닌주의를 모른다는 점이다. 린뱌오(林彪·중국 공산당 부주석 역임, 문화대혁명의 고안자이며 1966년 마오쩌둥의 후계자로 지명된 뒤 1970년에 후계자에서 탈락하자 위기를 느끼고 쿠데타를 시도하였으나 계획이 노출되는 바람에 비행기로 소련을 향해 탈출하던 중 몽골 상공에서 비행기 사고로 추락사함)는 마르크스-레닌주의를 진정으로 읽어본 공산당원은 몇 안 된다고 했고, 중공의 공인된 사상가인 취추바이(瞿秋白·중국 공산당 초기 지도자 중 한 명으로 좌파작가로 활동하다 국민당에 체포돼 죽음)도 겉핥기로 대충 읽었을 뿐이라고 시인했다. 마오쩌둥 사상은 중국 농민들이 반란을 일으킨 시골 촌뜨기의 마르크스-레닌주의이고, 덩샤오핑의 사회주의 초급단계 이론은 사실상 자본주의다. 더구나 장쩌민의 "3개 대표론(중국 공산당이 '선진 생산력, 선진 문화, 광대한 인민의 이익을 대표한다.'는 이론, 특히 공산당이 인민의 이익을 대표하기 위해서는 기업인과 자본가에게도 공산당 입당을 허용한다고 발표함으로써 스스로 공산주의를 부정함)"은 아무것도 아닌 것을 짜 맞춘 것이다. 중국 공산당은 마르크스-레닌주의마저도 잘 알지 못하면서 그 속의 사악함만 그대로 물려받았고 또 그 기초 위에 더욱 사악한 자신들의 것을 끼워 넣었다.

여기서 특별히 주목할 것은 중국 공산당의 통일전선(統一戰線) 공작이다. 그들은 기만술책과 단기간에 매수하는 수법을 동시에 사용했다. '통(統·공동의 목표 아래 연합함)'은 공동전선을 구축하기 위한 것으로, 공산당을 외톨이에서 큰 세력으로 키워 힘의 열세를 뒤집어 놓을 수 있었다. '통(統)', 이른바 연합을 하려면 편을 잘 분별해야 한다. 누가 적이고 누가 아군이고 누가 우방인지 가려야 하고, 또 좌익과 중도와 우익을 구분해야 한다. 또 누구를 끌어들이고 누구를 공격할 것인지, 언제 끌어들이고 언제 공격할 것인지 판별해야 한다. 그리고 필요에 따라 먼저 적을 친구로 삼을 수도 있고 나중에는 친구를 적으로 만들 수도 있다.

예를 들면 민주혁명 시기에는 자산계급과 힘을 합쳤고 사회주의 혁명 시기에는 자산계급을 소멸(掃滅)했으며, 중국 공산당이 정권을 탈취할 시기에는 민주당파 지도자 장버쥔(章伯鈞·중국 민주동맹과 중국 농공민주당 창시자 중 한 명으로 교통부장을 역임했고 〈광명일보〉 사장으로 재직함, 반우파운동에서 제1호 우파로 분류돼 투쟁 받음), 뤄룽지(罗隆基·중국 민주동맹 중앙부주석, 정치협상상무위원, 전국인대상무위원 등 요직 역임, 반우파운동 기간에 제2호 우파로 분류돼 투쟁 받음) 등과 손잡고 정권을 탈취한 후에는 그들을 우파로 몰아 공격한 것이다.

3) 공산당은 더할 나위 없는 깡패

공산당은 유화책과 강경책 양면 전술에 능하다. 유화책 전술로는 선전, 통일전선, 이간질, 간첩, 모반(謀反·적 진영 내부에서 반란을 일으키도록 우리 측에서 묘계를 사용하여 비밀작업을 하는 것을 말함), 이중전술, 세뇌, 유언비어로 기만, 진상 은폐, 심리전, 공포분위기 조성, 공포증과 건망증 유발 등이 있다. 이런 전술은 착한 인간성을 말살하고 악한 내면을 표출시킨다. 강경책 전술로는 폭력, 무장투쟁, 탄압, 정치운동, 살인멸구, 납치, 때리고, 패고, 정기적으로 엄격하게 다스리는 것이 있다. 이런 강경책은 공산당이 공포를 조성할 수 있도록 보장하는 방법이다.

공산당은 유화책과 강경책을 잘 섞어 사용한다. 때로는 늦추고 때로는 옥죄고, 외적으로는 느슨하게 하고 안쪽으로는 옥죄고, 또는 풀어주었다가 당기고, 또 인사출동(引蛇出洞·동굴 속의 뱀을 밖으로 나오도록 유인) 수법을 잘 활용한다. 중국 공산당은 끊임없이 민주라는 이름을 내세워 국민당 군대를 항복시키려 했지만, 공산당 통치구역 내에서는 오히려 이견이 있으면 투쟁 대상으로 삼았다. 지식인 왕스웨이(王實味)도 그런 이유로 투쟁의 전형으로 몰려 결국에는 도끼에 맞아 죽었다. 이것이 그 유명한 '들백합꽃(野百合花) 사건'이다.

옌안정풍 운동에 참여했던 한 원로 간부는 자신이 정풍 대상이 돼 받았던 고통을 이렇게 회고했다.

"당시 나는 끌려가서 극도의 압박 하에서 자백을 강요당했고, 어쩔 수 없이 자신의 양심마저 팔아 거짓말을 했다. 그런 일을 처음 겪는 데다 연루된 동지에게 미안해 죽고 싶었다. 마침 책상 위에 총 한 자루가 놓여 있기에 들고 일어나 내 머리에 겨누고 방아쇠를 당겼는데 총알이 없었다! 그때 나를 조사한 간부가 들어와 '잘못을 인정하면 된다. 당의 정책은 관대하다.'고 했다."

"이렇게 '당'이 당신의 극한의 한계를 시험하고 '당'에 충성하리라는 것을 알게 되면 그는 바로 관문을 통과한 것이다. '당'은 늘 이렇게 당신을 사지에 몰아넣고 당신이 겪는 모든 고통과 굴욕을 감상한다. 당신의 고통이 극에 달해 울부짖을 때가 되면 당은 친절하게 다가가 당신에게 죽은 정승보다 산 개가 낫다는 식으로 살길을 열어주고 마치 목숨을 살려준 은인으로 당에 감지덕지하게 한다." 수년 후, 이 노간부는 홍콩에서 파룬궁 수련에 대하여 알게 됐는데, 매우 좋은 수련이라고 말했다. 하지만 중국당국의 파룬궁 탄압이 시작되자 예전의 자신의 모든 기억이 떠올라 더는 파룬궁이 좋다는 말을 감히 공개적으로 하지 못했다.

이와 유사한 예로 청나라 마지막 황제 푸이(溥儀)가 겪은 사례를 들 수 있다. 당시 감옥에 갇혀 있던 그는 다른 사람들이 끊임없이 처형당하는 것을 보면서 자신도 죽일 것이라고 여겼다. 그는 목숨을 부지하려는 본능이 생겨 자발적으로 협조하고, 스스로 세뇌하고, 결국 〈나의 전반생(我的前半生)〉이란 책을 씀으로써 중국 공산당이 '사상개조'를 성공적으로 마친 모범 사례가 됐다.

현대 의학연구 결과에 따르면 공포에 짓눌리고 격리된 환경에서 많은 피해자가 가해자에게 비정상적으로 의존하게 되고 또 심리적으로 동조하게 된다고 한다. 일단 가해자가 작은 은혜라도 베풀면 피해자는 감격의 눈물을 흘리고 심지어 '사랑'에 빠지기도 한다. 중국 공산당은 이런 심리학 현상을 적과 인민의 정신을 통제하고 사상을 개조하는 데 성공적으로 활용했다.

4) 공산당은 가장 사악한 '악성 종양'

중국 공산당 총서기 중 절대다수가 한때 반당분자(反黨分子·당을 반대하는 자)로 몰린 적이 있다. 분명히 이 공산당은 생명이 있는 존재로서 살아있는 독립적인 몸체를 갖고 있다고 봐야 한다. 당의 지도자가 결코 당의 방향과 운명을 결정하는 것이 아니며 당이 당 지도자의 운명을 결정하기 때문이다. 장시(江西) 소비에트 지역에서 국민당 정부군의 토벌로 당의 생존이 위태로운 상황에서도 한 점 거리낌도 없이 오히려 AB단(Anti-Bolshevik Corps의 약칭으로 볼셰비키에 반대하는 군대를 의미하며 중국 공산당 지도부와 다른 견해를 가진 집단을 지칭)을 색출한다는 명분으로 자기편 사람조차 밤에 끌어내 총살하거나 총알을 아끼려고 돌로 쳐 죽였다. 산베이(陝北)에서 일본군과 국민당 틈에서 생존을 걱정해야 할 때도 옌안정풍(延安整风)이란 명분으로 내부 대숙청을 감행해 수많은 사람을 살해했다.

이처럼 대규모로, 반복적으로 내부 대학살을 자행했지만, 중국 공산당은 세력 확장에 영향 받기는커녕 오히려 중국 대지를 지배했다. 일부 소비에트 지역에서 자기편끼리 서로 죽이는 이러한 방식을 전국으로 확대했다. 악성종양처럼 미친 듯이 자라는 과정에서 중심부위는 괴사하고 밖으로 끊임없이 원래의 건강한 신체로 종양이 퍼져 나간다. 이렇게 부분적으로 침투당한 원래의 몸은 새로운 종양이 된다. 좋은 사람이든 나쁜 사람이든 일단 중국 공산당에 들어가면 파괴 역량의 일부가 돼, 더 정직하고 진지할수록 그 파괴력이 더욱 크다. 이 몸이 완전히 파괴될 때에야 종양 자체도 죽게 된다. 이는 의심의 여지가 없는 사실이지만, 종양은 특성상 기어이 그렇게 하려고 한다.

중국 공산당 창립자로 잘 알려진 천두슈(陳獨秀)는 5.4운동을 이끈 문화인으로서 폭력을 좋아하지 않았다. 그는 공산당원들에게 '국민당 내 공산당의 정당(政黨) 의식을 강화하고 영도권(領導權)에 큰 관심을 끌게 되면 필연적으로 혁명 내부에 긴장을 초래할 것'이라고 경고했다. 5.4운동 세대에서 가장 격렬한 인물인 그는 여전히 관용지도(寬容之道)를 간직하고 있었다. 이로 인해 그에게는 최초로 '우경(右傾) 기회주의자'라는 딱지가 붙었다.

또 다른 지도자인 취추바이(瞿秋白)는 "공산당은 직접 가서 싸우고, 죽이고, 폭동을 조직하고, 그 어떤 파괴할 수 있는 정권은 모두 파괴하고, 극도로 무차별한 방법으로 중국 사회의 질서를 회복해야 한다."고 주장했다. 그러나 뜻밖에도 그는 죽음을 앞두고 이렇게 고백했다. "나는 결코 열사로 미화된 채 죽고 싶지 않다. 나는 사실 당신들의 대오에서 떠난 지 오래됐다. 참으로! 역사의 오해로 인하여 나 같은 '문인'이 억지로 혁명의 정치무대에서 여러 해 살아왔다. 나는 줄곧 나의 신사(紳士)다운 의식을 극복할 수 없었고, 나는 결국 프롤레타리아 전사가 될 수 없었다."

공산당의 초기 지도자 왕밍(王明·마오쩌둥의 주된 당내 경쟁자였으며 소련 유학파로서 레닌의 교조주의적 입장에서 중국혁명을 지도하려다 점차 당권을 잃고 1956년 건강을 핑계로 소련에 사실상 망명한 뒤 1974년에 소련에서 생을 마감)은 코민테른의 명령을 받들어 공산당 근거지를 확대하지 말고 국민당과 연합해서 항일할 것을 주장했다. 당 회의에서 마오쩌둥과 장원톈(張聞天 · 공산당 정권수립 후 외무부차관을 역임, 문화대혁명 시기 박해로 사망)은 그들의 동지를 설득할 수 없었다. 실상을 있는 그대로 밝힐 수 없어 괴로워했다. 왜냐하면 그 당시 홍군의 실력으로는 일본군 1개 사단도 상대할 수 없을 정도였다. 따라서 일시적인 충동으로 대오를 이끌고 필사적으로 싸웠다면 일본군에게 전멸됐을 것이고 중국의 역사는 분명 지금의 모습이 아닐 것이다. 마오쩌둥은 '정의를 위해서는 자신의 몸도 바친다(舍身取義)'는 전통문화가 주도하는 분위기장에서 침묵을 지킬 수밖에 없었다. 이로 인해 훗날 왕밍은 축출되고 좌경(左傾)이었다가 우경(右傾)으로 변한 기회주의자로 몰렸다.

전 중국 공산당 총서기 후야오방(胡耀邦 · 덩샤오핑을 측근에서 보좌한 인물로 공산당 개혁세력의 대표자이며 1982년에 당 총서기에 올랐으나 개혁을 반대하는 보수파들의 반대로 실각하여 1989년에 사망함. 그의 사망을 계기로 6.4 천안문 민주화 운동이 촉발)은 역대 정치운동 중에 발생한 억울한 사건을 바로잡고 공산당을 위해 민심을 수습했으나 여전히 공격받았고, 자오쯔양(趙紫陽 · 후야오방과 함께 덩샤오핑의 개혁정책을 추진한 인물로 1987년 당 총서기에 올랐으나 6.4 학생들에 대한 무력진압을 반대하다 실각당하고 줄곧 가택에서 연금돼 생활하다 2005년 1월 17일 사망)도 공산당을 살리기 위해 개혁에 나섰지만 결국 좋은 결말을 보지 못했다. 공산당은 매번 새 정치를 한다지만 무엇을 할 수 있겠는가? 진정으로 공산당을 개혁하면 공산당은 망할 것이고, 공산당이 그들에게 준 권력도 곧바로 합법성을 잃을 것이 분명하다. 한 조직이 자체적인 노력으로 그 조직을 개선하는 데는 틀림없이 한계가 있다. 따라서 공산당의 개혁은 결코 성공할 수 없다.

당의 지도자가 모두 불량한데 어떻게 혁명이 여전히 진행되고 확대될 수 있었는가? 가장 사악한 시기에 공산당 최고 지도자마다 실패하고 만다. 왜냐하면 그들의 사악한 정도가 수준에 미치지 못했기 때문이다. 가장 사악한 자만이 당의 필요에 부합하기 때문이다. 당의 지도자는 모두 비극으로 끝장나더라도 당 자체는 굳세게 생존한다. 살아남는 지도자는 당을 조종할 수 있는 자가 아니라 당의 흐름을 읽고 당의 사악한 기운을 따라가면서 당에 에너지를 주고 당이 위기를 넘기도록 도울 수 있는 자에 불과하다. 공산당원이 하늘과 싸우고 땅과 싸우고 사람과 싸우더라도 당과는 싸우지 못하는 것은 너무도 당연하다. 그들은 모두 당에 순종하는 도구이고, 최고의 경지에 서서도 기껏해야 당과 서로 이용하는 관계이다.

오늘날 공산당의 기이한 광경은 깡패 짓 그 자체다. '당의 이런 착오는 장궈타오(張國燾·중국 공산당 창시자 중 한 명으로 1938년에 공산당에서 추방됐고 1948년에 대만으로 건너간 후 1949년 홍콩으로 갔으며 1968년에 캐나다로 이민 간 뒤 1979년 12월 3일 생을 마감)에 의한 것이고, 저런 착오는 4인방(四人幇·마오쩌둥의 부인 장칭과 이외 정치국 국무위원 왕훙원, 장춘차오, 야오원위안 총 4명이 함께 문화대혁명을 주도했으며 마오 사후 유훈을 조작하여 권력을 독차지하려다 마오의 아들 화궈펑 주석에게 숙청됨)에 의한 것'이라고 하고, '마오쩌둥의 공(功)과 과실(過)은 7대 3, 덩샤오핑의 공과 과실은 6대 4'라고 하면서, 어디에도 당은 결코 잘못한 적이 없고, 당이 잘못하면 스스로 바로잡으니 '앞을 보고' 나아가고 '역사에 진 묵은빚에 얽매이지 말라.'고 한다. 당의 목표인 공산주의 지상낙원마저 사회주의 온포사회(溫飽社會·따뜻하게 입고 배불리 먹는 사회)로 낮춰졌고, 마르크스-레닌주의조차 '3개 대표론'에 밀려 폐기됐고 심지어 공산당원마저 공산당을 욕할 수 있게 됐다. 통치를 유지하기 위해서라면 공산당이 민주주의를 하고, 종교의 자유를 허용하고, 하룻밤 사이에 장쩌민을 버리고 파룬궁의 명예를 회복해 주어도 하등 이상할 것이 없다. 그러나 변하지 않는 것이 있다. 그것은 바로 당의 집단 목표, 집단 생존, 집단 권력의 근본 취지, 그리고 공산당을 수호하는 권력과 통치는 불변한다는 것이다.

공산당은 폭력공포와 강압을 당의 이론 강령에 주입해 당성(黨性)으로 만들었고 이것이 당의 최고 원칙이 됐고, 지도자의 영혼이 됐고, 당 전체의 작동 메커니즘과 모든 당원의 행동준칙이 됐다. 당은 강철 같은 조직이어서 강철 같은 규율과 통일된 의지가 있어야 하고, 전체 당원의 행동은 반드시 일치해야 한다.

맺음말

역사의 어떤 힘이 공산당을 선택했는가? 왜 하필 중국 공산당을 선택했는가? 우리는 모두 세상에 두 가지 세력, 두 가지 선택이 존재한다는 사실을 알고 있다. 하나는 낡고 사악한 세력으로, 그것은 악하고 부정적인 것을 선택하려 한다. 다른 하나는 바르고 좋은 세력으로, 그것은 아름답고 선한 것을 선택하려 한다. 바로 이 사악한 세력이 선택한 것이 공산당이다. 공산당을 선택한 이유는 그것이 동서고금의 사악함을 집대성한 것이고 사악한 것을 대표하기 때문이다. 그것은 사람들의 선량함을 가장 잘 이용하고 괴롭혀 오면서 한 걸음 한 걸음 오늘의 형세를 구축했다.

중국 공산당은 '공산당이 없으면 신(新)중국도 없다.'고 선전한다. 이것은 무엇을 의미하는가? 이는 1921년 중국 공산당이 창당하고 1949년 정권을 탈취할 때까지 공산당의 피비린내 나는 폭력과 간교함이 없으면 그것의 천하도 없음을 증명한다. 중국 공산당은 역사상 존재한 그 어떤 단체와도 다르다. 마르크스와 레닌이 지어낸 이론을 마음대로 해석하고, 멋대로 저지른 행동을 근사하게 포장했다. 또 일부 군중을 기만하고 선동하거나 이용하는 것에 제멋대로 해석을 곁들여 날마다 각종 선전을 통해 중국 공산당의 정책과 전략에 그럴싸한 이론의 탈을 덧씌워 실행했다. 이렇게 함으로써 '공산당은 영원히 정확하다.'는 주장을 증명하려 했다.

중국 공산당의 발전사는 사악함을 집대성한 과정일 뿐이다. 따라서 정말 떳떳하지 못하다. 중국 공산당의 발전사는 바로 중국 공산당 정권에 합법성이 없음을 보여준다. 중국 인민이 공산당을 선택한 것이 아니라 공산당이 교활한 간계를 부려 억지로 받아들이게 한 것이다. 비할 바 없이 사악한 유전자인 '사악(邪), 기만(騙), 선동(煽), 투쟁(鬪), 강탈(搶), 깡패(痞), 이간질(間), 소멸(滅), 통제(控)'에 의지해 외래의 사악한 악령(邪靈)을 중국 인민에게 강제로 갖다 안긴 것이다.

평론-1　공산당이란 무엇인가
평론-2　중국 공산당은 어떻게 창설됐는가

평론-3 중국 공산당의 폭정暴政을 논하다

평론-4　공산당은 반우주 세력이다
평론-5　장쩌민과 공산당이 결탁해 파룬궁을 박해하다
평론-6　중국 공산당의 민족문화 파괴를 논하다
평론-7　중국 공산당의 살인 역사를 논하다
평론-8　중국 공산당의 사교邪敎 본질을 논하다
평론-9　중국 공산당의 깡패 본성을 논하다

서두

폭정을 이야기하면 중국인은 흔히 진시황의 가혹한 정치와 분서갱유(焚書坑儒)를 연상한다. 〈한서(漢書)·식화지(食貨志)〉에는 "진시황이 천하의 자원과 돈을 모두 써서 나라를 다스렸다(竭天下之資財以奉其政)"는 기록이 있다. 이렇듯 가혹하고 포학한 그의 정책은 주로 '무절제하고 과중한 세금 징수', '백성의 노동력을 남용해 치적 쌓기', '가혹한 형벌과 이웃 연좌제', '사상 억압과 분서갱유' 등 네 가지 방면으로 표현한다.

진나라가 중국을 통치할 때 전체 인구 약 천만 명 중 2백만 명을 노역에 징발했다. 진시황은 더 나아가 사상영역에도 가혹한 형벌을 가해 사상의 자유를 속박했고, 조정을 비난하는 유생(儒生)과 방사(方士·도사의 일종으로, 신선술법을 닦는 사람)를 천여 명이나 죽였다.

그런데 공산당의 난폭하고 포학무도함은 진시황(秦始皇)보다 더하면 더했지 절대 덜하지 않다. 주지하다시피 공산당의 철학은 말

그대로 투쟁 철학이다. 공산당의 통치 또한 일련의 대내외적인 '계급투쟁', '노선투쟁', '사상투쟁'을 기반으로 한다. 마오쩌둥 자신도 솔직하게 털어놓은 적이 있다. "진시황이 다 무엇인가? 그는 유생 460여 명을 생매장했지만, 우리는 46,000여 명 지식인을 생매장했다. 어떤 이는 우리에게 '독재정치를 한다', '진시황이다'고 욕하는데, 우리는 모두 인정한다. 실제로 그렇다. 하지만 유감스럽게도 당신들이 말한 것은 여전히 부족해서 우리가 더 보충하고자 한다." (《동방문화》, 2000년 제4기 첸버청(錢伯誠)의 글에서 인용)

우리는 여기서 공산당 통치하에 중국이 힘겹게 걸어온 55년의 발자취를 돌아보고자 한다. 중국 공산당이 정권을 탈취한 후 정부의 기능을 이용해 '계급투쟁'이란 강령으로 계급을 말살하고, 또 '폭력혁명'이란 도구로 어떤 공포통치를 했는지 여기에서 살펴볼 것이다. 중국 공산당은 '살인'과 '세뇌' 수단을 함께 써서 공산당 외의 모든 신앙을 탄압했다. 분장하고 정치무대에 등장해 중국에서 공산당을 '신(神)으로 만들기' 위한 운동을 전개했다. 따라서 공산당의 계급투쟁 이론과 폭력혁명 학설에 따라 크고 작은 집단 속의 이색분자를 끊임없이 소멸(掃滅)했다. 이와 동시에 투쟁과 기만으로 전 인민이 중국 공산당의 폭력통치에 복종하게 했다.

1. 토지개혁: 지주계급을 말살한 운동

중국 공산당은 정권수립 3개월 만에 전국적으로 토지개혁에 돌입했다. '농사짓는 자가 토지를 소유해야 한다(耕者有其田).'는 구호로 토지가 없는 농민들을 선동해 토지를 소유한 지주와 투쟁하게 했다. 또한, 농민들의 인성 중에서 가장 이기적이고 제멋대로 하려는 욕망과 도덕도 따지지 않고 못된 짓을 일삼는 자들을 부추기고 방종했다. 동시에 토지개혁 총노선 중에서 '지주계급을 소멸해야 한다.'고 명확하게 제시해 농촌에서 광범위하게 계급을 나누고 계급성분을 정했다. 이로 인해 전국적으로 2천만 명 이상이 '지주, 부농, 반혁명, 불순분자'라는 모자를 쓴 채 사회적 차별과 공격을 받았고 정당한 시민권이 없는 '천민'으로 전락했다.

이와 동시에 토지개혁이 변방지역과 소수민족에까지 파급됨에 따라 향(鄕)에는 당 위원회가 있고 촌(村)에는 당지부가 있을 정도로 공산당 조직도 급속히 확장됐다. 당지부는 상명하달 식으로 당의 지시를 관철했다. 그들은 종종 계급투쟁의 일선에서 앞장서 지주와 투쟁하도록 농민을 선동해 거의 10만 명에 가까운 지주를 죽음으로 몰았다. 게다가 어떤 지역에서는 지주 일가족을 모두 죽이고 재산을 빼앗아 지주계급을 철저히 말살했는데, 부녀자와 어린아이도 화를 면치 못했다.

이 시기에 공산당은 전국의 농촌에서 '마오 주석은 인민의 구세주다.', '오직 공산당만이 중국을 구할 수 있다.'고 첫 선전을 시작했다. 토지개혁 과정에서 불로소득을 올리고, 힘으로 착취하고 마음대로 할 수 있는 정책 덕에 일부 소수 농민이 혜택을 봤고 또 적지 않은 빈곤한 농민이 공산당에 감지덕지했다. 그리하여 농민들은 '공산당은 인민을 위한다.'는 설교를 받아들였다.

농민은 토지를 분배받았지만, 농사짓는 자가 토지를 소유해야 한다는 '경자유전(耕者有田)'의 좋은 시절은 그리 오래가지 못했다. 2년도 안 돼 공산당은 농민을 상대로 호조조(互助組 · 서로 돕는 팀이라는 명분에 따라 개인에게 분배한 토지를 회수하여 집단 공유제로 변화시킴), 초급사(初級社 · 초급 사회주의 집단농장 공유제), 고급사(高級社 · 고급 사회주의 집단농장 공유제), 인민공사(人民公社 · 인민이 공동으로 경작하는 사회주의 집단농장 공유제) 등 일련의 운동을 개시했다. 공산당은 해마다 목표를 높였는데, 농민들을 '전족(纏足)을 한 여자'의 뒤뚱거리는 걸음처럼 느리다고 비판하면서 '뛰어서' 사회주의에 진입하도록 요구했다.

또한, 전국적으로 식량과 면(棉), 기름을 일괄 구매해 일괄 배급제로 판매함으로써 전국의 주요 농산물이 시장에서 물류교환이 되지 못하도록 했다. 또 호적제도까지 만들어 농민들이 도시에 들어가 일하거나 거주하지 못하게 했다. 호적을 농촌에 둔 사람은 국가 양곡 판매점에서 양식을 살 수 없고 자녀가 도시 학교에 다닐 수도 없다. 결국 농민 자녀는 다시 농민이 될 수밖에 없는 구조가 됨으로써 3억 6천만 중국 농민은 중국 사회의 2등 시민으로 전락했다.

개혁개방을 하면서부터 '일부 극소수 사람들이 먼저 부유해지기' 시작했다. 9억 농민은 가족도급제(家庭承包制 · 중국식 사유제도)가 인민공사(人民公社)를 대체한 초기 5년 동안 소득이 높아져 사회적 지위가 상대적으로 개선됐지만, 농산물 가격이 급락하면서 다시 빈곤 속으로 빠져들었다. 도시와 농촌 간 소득격차가 급격히 벌어지고 빈부격차가 커지면서 농촌에는 다시 새로운 형태의 지주와 부농이 나타났다. 〈신화사(新華社)〉가 발표한 자료에 따르면 1997년 이래 주요 양곡 생산지역과 다수의 농가는 소득이 줄곧 정체돼 있거나 심지어 줄어들었다. 다시 말하면 농민이 농업활동 중에서 얻은 소득은 도리어 감소했다. 1980년대 중반에 1.8 대 1이었던 도시와 농촌 주민의 소득 격차가 3.1 대 1로 벌어졌다.

2. 상공업 개조: 자산계급을 말살한 운동

공산당이 말살한 또 다른 한 계급은 바로 도시와 농촌의 민족자산계급이었다. 공산당은 상공업을 개조하는 과정에서 "자산계급과 노동자계급은 본질적으로 다르다. 전자는 착취계급이고 후자는 비(非)착취 또는 반(反)착취 계급이다. 자산계급의 착취는 타고나는 것이기에 죽어야 멈춘다. 따라서 자산계급은 소멸돼야 할 뿐, 개조할 수는 없다."고 공언했다. 이런 전제하에 자본가와 상인을 개조하는 과정에서 '살인'과 '속마음을 까발리는' 수단을 병용하여 말살정책의 강도를 더욱 높였다. 그들의 원칙은 바로 '따르는 자는 살고 거스르는 자는 죽는다.'는 것이다.

누군가 재산을 상납하고 공산당을 옹호하면 인민 내부의 모순(공산당의 직접적인 적은 아니라는 의미)으로 규정하고, 공산당에 반감을 갖거나 불평을 하면 반혁명으로 분류해 국가가 전문적으로 관리하는 대상으로 삼는다. 상공업을 개조하는 피비린내 나는 참혹한 실행과정에서 자본가, 업주, 소상인은 모두 자신의 전 재산을 국가에 갖다 바쳤다. 그 과정에서 적지 않은 사람이 굴욕을 견디지 못하고 자살했다. 당시 상하이 시장 천이(陳毅)는 날마다 "오늘은 낙하

산병이 몇 명이나 나왔는가?" 하고 물을 정도였다. 이는 그날 투신 자살한 자본가의 숫자를 물은 것이다. 이렇게 몇 년 사이에 공산당은 중국에서 사유제를 전면적으로 없애버렸다.

토지개혁과 상공업을 개조하는 동시에 공산당은 진반(鎭反·반혁명분자 색출과 진압), 사상개조, 가오강-라오수스(高崗-饒漱石·모두 중국 공산당 중앙위원회 위원이었으며 1954년 권력투쟁에서 실각한 후 당을 분열시키려는 음모를 꾸몄다는 죄목으로 당에서 추방당함) 반당집단 타도, 후펑(胡風·학자이며 문학평론가로서 중국 공산당의 무미건조하고 독창성이 없는 문학정책을 반대했다는 이유로 1955년 당에서 추방되고 14년 형을 선고받음) 반혁명집단 조사, 삼반(三反·정치개혁 운동으로 부패, 낭비, 관료주의 세 가지를 반대하는 운동), 오반(五反·부르주아 계급과 투쟁하기 위해 제창한 정치개혁 운동으로 뇌물, 탈세, 국유재산 강탈, 정부 계약사기, 국가 경제정보 누설 등 다섯 가지를 반대하는 운동), 숙반(肅反·반혁명분자 숙청운동) 등 일련의 대대적인 숙청운동을 전개했다.

공산당은 매번 숙청운동을 벌일 때마다 그들이 장악한 정부 시스템, 당 위원회, 총 지휘부, 지부를 모두 동원하고 무릇 세 사람만 되면 하나의 전투 보루(堡壘·감시를 위한 망루)를 형성해 농촌과 도시 지역사회 곳곳에 깊숙이 들어가 무슨 일이든 다 관여했다. 전쟁 시기부터 이어져 온 '한 연대(連隊)마다 당 지도부를 세운다.'는 네트워크식 통제구조가 이후 일련의 정치운동에서도 줄곧 중요한 작용을 했다.

3. 회도문(會道門) 단속과 종교 탄압

공산당 정권 초기에 발생한 또 하나의 중대한 사건이 바로 종교에 대한 포학한 탄압과 전면적인 회도문(會道門·중국의 민간에 있는 종교나 수련단체 이름 뒤에 붙는 會, 道, 門 조직을 함께 지칭) 단속이다. 1950년, 공산당은 각 지방정부에 지시를 내려 회도문, 즉 지방 종교와 방회(幇會·민간 비밀결사의 총칭) 조직을 전면적으로 단속할 것을 요구했다. 이 지시문에는 봉건 회도문 조직은 국민당 특무와 지주, 부농, 반혁명분자가 조종하는 도구라고 지적했다. 전국 농촌에까지 파급된 이 운동에서 정부는 자신들이 믿을만하다고 인정하는 계급계층을 동원해 회도문 구성원들을 적발하고 공격했다. 각급 정부는 또 기독교, 천주교, 도교(특히 一貫道·일관도), 불교와 같은 조직을 '미신' 조직이라고 규정하고 해체하는 데 참여했다. 또 이런 교회, 불당(佛堂), 방(幇), 회(會) 집단의 구성원들에게 정부에 이름을 등록하고 잘못을 뉘우친 후 새롭게 출발할 것을 요구하며 기한 내에 등록하지 않았다가 들키면 엄하게 처벌했다. 1951년 정부는 회도문 활동을 계속하는 자는 사형이나 무기징역에 처한다고 공포했다.

이 운동은 신을 믿고 선(善)을 추구하며 법과 규율을 준수하는 수많은 일반 백성에게 큰 타격을 주었다. 일부 통계에 따르면 교의 신도, 방, 회 구성원 300만 명을 체포하거나 살해했다. 도시와 농촌을 가리지 않고 거의 모든 집을 샅샅이 뒤졌고 심지어 농민들이 모시는 조왕신(竈王神·부뚜막신)마저 부숴버렸다. 살인도 모자라 공산당의 사상체계만이 유일한 합법적인 사상체계이고 공산주의만이 유일한 합법적인 신앙이라는 인식을 확립해 나아갔다.

그 이후로 이른바 '애국(愛國·중국에서는 공산당에 대한 맹목적인 추종과 복종을 의미)' 신도가 나타났는데, 애국 신도여야만 국가 헌법의 보호를 받을 수 있었다. 실제로 백성이 무슨 교를 믿든 상관없지만, 그 기준은 단 하나, 바로 공산당이 모든 종교보다 높다는 것을 인정하고 모든 행위는 당의 지휘에 복종해야 한다는 것이다. 당신이 기독교를 믿으면 공산당은 바로 하나님 위의 하나님이고, 당신이 불교를 믿으면 공산당이 바로 부처님 위의 부처님이다. 또 이슬람교를 믿는다고 하면 공산당이 바로 알라신 위의 알라이고, 생불(生佛)을 언급하면 공산당이 직접 누가 생불이라고 지명 허락해야 한다. 결국 교회 신도들은 공산당이 요구하는 말만 하고 시키는 것만 해야 했다. 그리고 각자의 신앙을 높이 치켜들고 당의 뜻을 따라야 한다. 그렇게 하지 않으면 바로 공격 대상이 되고 전문적인 정치투쟁을 받아야 하는 대상이 된다.

2만여 기독교 신자가 중국의 22개 성(省)을 비롯해 207개 크고 작은 도시에 분포된 가정교회 신도 56만 명을 대상으로 방문 조사한 결과, 그들 중 13만 명이 가택연금 상태인 것으로 확인됐다. 1957년 전까지만 해도 1만 천여 명이 살해됐고 또 많은 신도가 체포되거나 벌금형을 선고받았다(Humanity and Human Rights, 2002년 2월호 보고서에서 인용).

이렇듯 공산당은 중국에서 지주계급과 자산계급을 말살하고, 도시와 농촌에서 신을 공경하고 법을 준수하는 수많은 인민을 박해함으로써 공산당 유일교가 중국 천하를 통치하는 데 필요한 기초를 구축했다.

4. 반(反)우파 운동: 전국적으로 사람마음을 벌한다(誅心)는 명목으로 지식인을 타도한 운동

1956년에 '헝가리 혁명'이 일어났다. 이는 헝가리 지식인들이 '페퇴피(헝가리 시인이자 혁명가) 서클'이라는 포럼을 만들어 공산당 일당 독재에 항거한 민주화 운동이었으나 소련군의 파병과 진압에 실패로 끝났다. 이 사건을 교훈 삼아 1957년, 마오쩌둥은 '백화제방, 백가쟁명(百花齊放, 百家爭鳴·온갖 꽃이 다투어 피고, 수많은 사람들이 앞다퉈 자신의 주장을 편다는 의미)'이라는 구호를 내걸고 지식인들과 민중에게 '공산당을 바로잡는 정풍(整風)을 하도록 도와 달라.'고 호소했다. 겉으로는 공산당의 모순을 바로잡기 위함이라며 당의 정책을 자유롭게 비판하라고 했지만, 속셈은 '반당분자'를 색출하는 데 그 목적이 있었다. 1957년 초, 마오쩌둥은 각 성의 당 위원회 서기에게 보낸 편지에서 '백화제방, 백가쟁명'과 정풍을 빌려 '뱀을 굴에서 나오게 유인하는 것(引蛇出洞)'이 목적이라고 했다.

당시에 공산당은 '백화제방, 백가쟁명' 운동에 참여하는 자에게 '약점을 잡지 않고, 공격하지 않으며, 죄를 씌우지 않고, 책임추궁을 하지 않는다.'고 하며 마음대로 목소리를 내도록 독려했다. 그러나 결과는 정반대로 한 차례 반우파 투쟁을 벌여 55만 명이 '우파분자'로 분류됐고, 23만 명이 '중도 우파분자' 또는 '반당(反黨), 반사회주의분자'로 낙인찍혔으며, 27만 명이 공직을 잃었다. 공산당이 숙청할 때 쓰는 권모술수를 다음과 같이 네 가지로 정리할 수 있다. 첫째: 뱀을 굴에서 나오게 하듯 유인하기, 둘째: 죄상을 꾸며내 기습적으로 타격하고 말 한마디로 생사를 결정짓기, 셋째: 겉으로는 병을 치료하고 사람을 구원한다지만 실제로는 무자비하게 타격하기, 그리고 넷째: 자아비판을 강요하고 무한대로 사상노선의 고도를 높여 죄인으로 몰아붙이기이다.

그렇다면 그렇게 많은 우파분자·반당분자를 30년 가까이 궁핍한 변방지역의 벽지로 추방하게 한 '반동언론'의 내용은 도대체 무엇이었는가? 당시 집중적으로 비난의 화살을 받고 또 비판의 대상이 됐던 우파분자 뤄룽지(羅隆基), 장버쥔(章伯鈞), 추안핑(儲安平)이 몇 차례 토론회에서 한 발언들을 모아 '3대 반동이론'으로 만들었다. 그렇다면 과연 그들은 어떤 발언을 했을까? 그들이 제기한 의견과 건의를 자세히 보기로 하자. 간략하게 이야기하자면 뤄룽지가 '공산당과 민주당파가 공동으로 위원회를 세워 삼반(三反), 오반(五反), 숙반(肅反) 운동에서 범한 잘못을 반드시 심사해야 한다.'고 건의한 것밖에 없다.

그리고 장버쥔은 '국무원은 항상 이미 결론을 지은 정책안을 내놓고 정협(政協·정치협상회의), 인대(人大·인민대표대회) 등 상임기구에 입장을 표명하라 하는데 차라리 정책 형성과정에서 정협과 인대의 사람들을 참여시켜야 한다고 본다.'고 건의했다.

또 추안핑은 '당 밖의 사람들도 견해가 있고 자존심이 있으며 국가에 대한 책임감도 있다. 그러니 전국적으로, 그리고 작은 기관, 심지어 일개 과(科)나 조(組)에까지 당원을 책임자로 배치하지 말라. 그러면 큰일이든 작은 일이든 모두 당원의 눈치만 봐야 한다.'고 건의했다.

물론 이들은 모두 공산당을 따르겠다는 의사를 분명히 밝혔다. 그들이 제시한 의견 또한 루쉰(魯迅·중국 구어체 백화(白話)문학의 창시자로 중국의 대표 좌익 문학가)이 소설에서 "나으리, 두루마기가 더러워졌으니 부디 벗어서 세탁하십시오." 하고 묘사한 지극히 타당한 범위를 벗어나지 않았다.

'우파'로 분류된 사람 중에 공산당 전복을 꾀한 사람은 없었다. 그들은 단지 비평과 건의를 한 것뿐인데, 바로 이 때문에 수십만 명이 인신의 자유를 잃고 수백만 가정이 고통 받았다. 또 이어서 '당에 마음 바치기', 백기(白旗·부르주아 반혁명 세력을 지칭) 뽑아내기, 신삼반(新三反·관료주의, 명령주의, 법을 어기고 기율을 어지럽히는 것을 반대한 운동), 하방(下放·상급간부나 국가공무원을 낙후된 농촌이나 공장, 광산 등지로 내몰아 강제로 육체노동을 시킨 운동), '우파 잔당 색출하기'와 같은 운동이 연속 뒤따랐다. 직장 상사, 특히 당 위원회 서기에게 불만을 품는 것은 곧 당을 반대하는 것이 된다. 그 결말은 가벼우면 비판을 받고, 무거우면 노동교육을 받거나 전 가족이 농촌으로 추방된다. 이들의 자녀는 대학 진학이나 군 입대 기회가 박탈되고, 도시에서는 직장을 구할 수 없다. 이때부터 그들은 노동보험, 무상 의료서비스 혜택도 잃고, 농민 대열에 들어가 2등 공민 중의 천민이 됐다.

이런 상황이 되자 일부 학자는 담장 위의 풀처럼 바람 부는 대로 쏠리는 이중인격자가 됐다. 그들은 '붉은 태양'을 바짝 따르며 맹목적으로 공산당을 추종하는 '어용 지식인'이 돼 스스로 헤어나지 못했다. 또 일부 인사는 정책 문제에 관해 스스로 고결한 척 거리를 두고 입을 다물었다. 천하의 일을 자신의 소임으로 삼았던 지식인은 마치 유비를 섬기던 서서(徐庶)가 조조(曹操) 진영에 들어가 유비를 도와 평생 한마디도 하지 않은 것처럼 침묵할 수밖에 없었다.

5. 대약진: 지록위마(指鹿爲馬)로 충성심을 테스트

반(反)우파 운동 이후, 중국은 '사실'을 두려워하는 상태에 빠져들었다. 거짓말을 따르고, 거짓말을 하고, 속임수를 쓰고, 사실을 회피하고, 사실을 왜곡하는 일이 사회기풍이 됐다. 집단으로 날조한 거짓말이 나라 전체에 대규모로 전개된 운동이 바로 대약진(大躍進)이다. 대약진은 크게(大) 비약(躍)하여 전진(進)한다는 의미로서 이 운동은 공산당이 전 국민에게 생산대대마다 강철생산을 강요하고 고속으로 경제성장을 이루겠다고 떠벌렸지만, 오히려 중국의 경제성장을 파탄 냈고 이 과정에서 지록위마(指鹿爲馬·사슴을 가리켜 말이라고 하는 억지 주장으로 사람을 농락하고 권세를 자기 마음대로 휘두르는 것을 비유)로 국민의 충성심을 테스트했다. 사람들은 공산당 악령의 지도하에 황당하고 어리석은 짓을 수없이 했다. 속이는 자와 속는 자가 따로 없을 정도로 서로 속고 속였다. 거짓말과 어리석은 행동이 난무하는 가운데 공산당은 그들의 포악하고 삿된 기운을 전 인민의 정신세계에 주입했다. 사람들은 "내가 곧 옥황상제요, 내가 곧 용왕이니라. 삼산오령(三山五嶺)에 명하노니, 길을 열어라."는 약진 가요(歌謠)를 소리 높여 부르면서 '1무(畝: 0.067ha)당 만 근(斤)의 양곡을 생산하고, 철강 생산을 두 배로 늘리며, 10년 안에 영국을 추월하고 15년 안에 미국을 따라잡는다.'는 황당무계한 계획을 기세 높게 실행했다. 백성들은 수년이 지나도록 거짓에서 깨어나지 못했고, 대기근이 전국을 휩쓸어 굶어죽은 자의 시체가 황야에 널릴 정도로 백성의 삶은 편안할 수 없었다.

1959년, 루산(盧山)회의 참석자 중에 펑더화이(彭德懷·중국 공산당의 군사 지도자이자 정치지도자로 6.25 한국 전쟁 당시 총사령관으로 참전, 국방부장을 역임. 1959년 루산회의에서 마오쩌둥의 극좌적인 방식에 동의하지 않는다는 이유로 공직을 박탈당하고 문화대혁명 기간 박해로 사망)의 의견이 옳다는 것을 모르는 사람이 없었다. 또 마오쩌둥의 대약진 운동이 황당하고 독단적으로 결정됐다는 것도 모르는 사람이 없었다. 하지만 '마오쩌둥의 노선을 옹호하느냐 하지 않느냐'는 충신(忠)과 간신(奸)을 가르고 생(生)과 사(死)를 결정짓는 잣대였다. 그 옛날 조고(趙高)가 사슴을 가리켜 말이라고 한 것은 사슴과 말을 구별하지 못해서가 아니라 여론을 지배하고, 서로 모여 사익을 추구하며 나쁜 짓을 하고, 온 천하 사람을 맹목적으로 복종시켜 논쟁하지 못하게 하기 위해서였다. 결국 펑더화이(彭德懷) 자신도 어쩔 수 없이 자신을 타도하려는 '펑더화이 타도 결의서'에 자신이 직접 서명했다. 이는 문화대혁명 후반기에 덩샤오핑이 자신에 대한 비판 투쟁을 심적으로 내키지 않으면서도 별수 없이 '영원히 원래의 결정을 뒤집지 않겠다.'고 보증서에 서명한 것과 같은 사례다.

인류사회는 항상 세상을 인식하고 사유를 넓히기 위해 과거의 경험에 의존한다. 하지만 공산당은 사람들이 사회 전반에 대한 경험과 교훈에서 아주 적게 배우도록 했다. 게다가 관영 대중언론도 소식을 봉쇄해 사람들은 옳고 그름을 분별하는 능력이 날로 저하됐다. 다음 세대는 과거 운동 과정에서 '강개가연시(慷慨歌燕市)'란 시구(詩句)를 남긴 왕정위(汪精衛·국민당 지도자 중 한 사람으로, 우국지사였으나 나중에 친일 매국노로 매도됨)와 같은 탁월한 식견을 가진 이들의 이념과 이상(理想), 그리고 과거의 경험에 관해서는 아는 것이 아무것도 없어 오로지 토막 난 단편적인 것에서 역사를 이해하고 새로운 사물을 판단할 수밖에 없었다. 그러므로 다음 세대는 스스로 정확하고 착오가 없다고 여기겠지만, 사실은 오류투성이다. 공산당의 우민(愚民) 정책은 바로 이런 방식으로 활개 치며 그들만의 길을 걸어왔다.

6. 문화대혁명: 하늘땅을 뒤덮은 악령 부체의 광란

문화대혁명은 공산당이라는 악령 부체가 중국 전역에서 펼친 한 차례 대공연이었다. 1966년 중화 대지에 또 한 차례 포학한 광풍이 몰아쳤다. 적색 테러의 광풍은 미쳐 날뛰는 요괴 같았고 고삐 풀린 야생마 같았다. 뭇 산은 진동하고 강하(江河)는 겁에 질렸다.

작가 친무(秦牧)는 일찍이 문화대혁명을 이렇게 묘사했다. "이것은 정말로 전례가 없는 한 차례 큰 재난이었다. 연좌제로 곤욕을 치른 자가 몇 백만 명이며 원한을 품고 죽은 자가 어찌 몇 백만 명이겠는가? 얼마나 많은 가정이 풍비박산이 났고, 또 얼마나 많은 아이가 불량배가 됐는가? 얼마나 많은 서적이 불태워졌고, 얼마나 많은 명승고적이 파괴당했는가? 또 얼마나 많은 선현(先賢)의 무덤이 파헤쳐졌고, 얼마나 많은 죄악이 혁명이라는 이름으로 저질러졌는가?" 전문가들의 보수적인 추정에 따르면 문화대혁명 기간에 비정상적으로 사망한 사람이 7,730,000명에 달한다.

사람들은 흔히 문화대혁명 과정에서 자행된 폭력과 도살(屠殺)에 대해 착각을 한다. 이런 것은 대부분 무정부 상태에서 반란운동이 일어나 빚어졌고, 살인한 주체도 홍위병(紅衛兵·문화대혁명 당시 조직된 극좌 대중운동의 구성원으로 주로 중학생에서 대학생 사이 젊은이들로 구성돼 마오쩌둥과 그의 이념을 종교적으로 숭배하고 폭력을 행사하며 철저히 파괴하는 급진성을 띤 학생조직)과 조반파(造反派·홍위병의 분파로 혁명파로 분류되며 노동자와 농민 자녀들의 비중이 컸고 마오쩌둥 인물 자체보다는 마오쩌둥주의에 입각한 농촌지역의 문화대혁명 운동을 전개)라고 여긴다. 하지만 중국에서 출판된 수천 권의 현지(縣志·한 현(縣)의 역사·지리·풍속·인물·산물 등을 기재한 지방지)에 따르면 문화대혁명 기간에 사망자가 가장 많이 발생한 시기는 홍위병들이 반란을 일으킨 때가 아니다. 그들이 '조반유리(造反有理·모든 반란에는 이유가 있다는 뜻으로 문화혁명 때 조반파가 쓰던 구호)'를 외치며 공격해 중앙의 각급 정부가 마비됐던 1966년 말도 아니고, 그들의 무력투쟁이 한창이던 1967년도 아니다. 오히려 '각급 혁명위원회'가 설립되고 마오쩌둥이 국가 체제에 대한 통제력을 전면적으로 회복한 1968년에 가장 많이 죽었다. 전국의 유명한 대학살 사건 가운데 폭력과 피비린내 나는 학살을 자행한 자는 대부분 정부가 통제하는 군대와 무장 민병, 그리고 각급 당원 간부들이었다.

아래의 사례를 통해 우리는 문화대혁명 때 자행된 폭행은 홍위병과 조반파의 일시적인 과격행위가 아니라 공산당과 지방정권이 정책적으로 저지른 범행임을 알 수 있다. 문화대혁명 시기에 지도자와 각급 권력기관이 폭정에 직접 참여하고 지휘한 사실은 줄곧 묻혀 있었고 사람들에게 잘 알려지지 않았다.

1966년 8월, 베이징 홍위병은 지난 몇 차례 운동 과정에서 지주, 부농, 반혁명, 불순분자, 우파 등으로 분류된 시민을 '송환'이라는 이름으로 농촌으로 추방했다. 당국의 불완전한 통계에 의하면 당시 베이징 시민 33,695명 가구가 재산을 몰수당했고, 85,196명이 도시에서 쫓겨나 원래 호적지로 송환됐다. 이 물결은 곧 전국 각 대도시로 퍼져 나갔고, 결국 400,000명이 농촌으로 송환됐다. 공산당 고위 간부의 부모라 할지라도 출신 성분이 지주라면 화를 면치 못했다.

사실 이러한 강제송환 조치는 중국 공산당이 문화대혁명 전에 이미 계획한 것이다. 당시 펑전(彭眞)은 베이징 시장을 맡으면서 '베이징 주민의 성분을 유리나 수정처럼 정화하기 위해서는 성분이 나쁜 시민을 전부 쫓아내야 한다.'고 했다.

1966년 5월 마오쩌둥은 '수도를 보위하자.'는 지시를 내리고 예젠잉(葉劍英), 양청우(楊成武), 셰푸즈(謝富治)를 책임자로 하는 공작조(工作組)를 설립했다. 이 공작조의 임무 중 하나가 공안국을 통해 '성분이 좋지 않은' 주민들을 대거 송환하는 것이었다. 이 사실 하나만으로도 홍위병들이 베이징 시민 중 2% 이상을 농촌으로 송환하고 재산을 몰수했는데도 정부의 제재를 받기는커녕 오히려 시(市)·구(區) 공안국과 가도(街道) 파출소의 지원을 전폭적으로 받았음을 쉽게 알 수 있다.

당시 공안국 국장 셰푸즈는 공안 간부와 경찰들에게 홍위병을 제지하지 말고 '참모'가 돼 정보를 제공해야 한다고 했다. 알고 보면 홍위병은 당국에 이용당한 것에 불과하다. 1966년 말에 이르러서 홍위병들 또한 공산당에 버림받아 상당수가 '연동(聯動)분자'로 몰려 감옥에 갔다. 그 밖의 홍위병은 '지식청년(知識靑年)'으로 농촌에 파견돼 노동에 참여하고 사상개조를 받았다. 당시 송환 활동을 주관한 베이징 시청(西城) 홍위병 조직은 바로 공산당 지도자의 '직접적인 배려 하'에 결성됐다. 그들의 훈령 역시 당시 국무원 비서장이 직접 수정해 발표한 것이다.

지주와 부농을 베이징에서 농촌으로 송환한 데 이어 농촌에서도 송환된 지주와 부농에 대한 또 한 차례 박해가 진행됐다. 1968년 8월 26일, 베이징시 소속 다싱(大興)현 공안국 국무(局務)회의에 공안부장 셰푸즈의 지시가 전달됐다. 그 지시의 요점 중 하나는 공안 간부와 경찰은 홍위병의 참모가 돼 그들이 흑오류(黑五類·지주, 부농, 반혁명분자, 불순분자, 우파)의 재산을 몰수하는 데 필요한 정보를 제공하라는 것이었다. 다싱현 학살은 현(縣) 공안국이 직접 지령을 내렸고, 공안국 주임과 당서기가 살인 행동대를 조직했다. 그들 대부분은 민병(民兵)이었고 살인을 하기 시작하면 아이들조차 놓아주지 않았다.

문화대혁명 기간 중 많은 사람이 학살 과정에서 '아주 적극적이었다(表現好).'는 이유로 공산당에 입당할 수 있었다. 불완전한 통계에 따르면 광시(廣西)성에서만 2만 9천여 명이 입당했는데, 그중 9천여 명은 살인을 한 후에 입당하고 2만여 명은 입당을 한 후에 살인을 저질렀다. 또 살인에 연루된 기타 사람도 1만 9천여 명이나 됐다. 광시성의 통계만으로도 공산당원 근 5만 명이 살육 만행에 참여했다.

문화대혁명 기간에는 '사람을 때리는 것'도 계급을 따져서 했다. "좋은 사람이 나쁜 사람을 때리는 것은 당연하고, 나쁜 사람이 좋은 사람을 때리는 것은 영광이며, 좋은 사람이 좋은 사람을 때리는 것은 오해다." 마오쩌둥이 한 이 말은 반란운동이 기승을 부리던 시기에 널리 퍼져 나갔다. 계급의 적들에 대한 폭력은 그들이 '맞아도 싸다(活該).'는 논리로 간주해 폭력과 살육이 광범위하게 자행되고 퍼져 나갔다.

1967년 8월 13일에서 10월 7일 사이에 후난(湖南)성 다오(道)현 인민무장부 말단 민병들이 '상강풍뢰(湘江風雷·후난의 가장 큰 군중 조직)'의 조직원과 흑오류(黑五類)를 학살했다. 66일 동안 10개 구역 36개 공사(公社), 468개 대대(大隊), 2,778개 가정에서 총 4,519명이 학살됐다. 전 지역 10개 현에서 총 9,093명이 사망했고 그중 '지주·부농·반혁명분자·불순분자'가 38%, 지주와 부농의 자녀가 44%를 차지했다. 그리고 최고령자는 78세 노인이고 최연소자는 생후 10일밖에 안 된 갓난아기였다. 이는 문화대혁명이 조성한 폭력 중 일부로, 단지 한 지역에서 발생한 사건에 불과하다. 1968년 초에 '혁명위원회'가 설립되고 나서 계급 대오(隊伍)를 조사하는 운동을 폈는데, 그 과정에서 살해된 네이멍구(內蒙古)의 '내인당(內人黨·네이멍구 인민혁명당)' 관련자는 35만이 넘었다. 1968년 광시(廣西)에서는 수만 명이 '4.22(광시 4.22혁명행동지휘부)' 군중 단체에 대한 무장 대학살에 참여했는데, 이때 11만 명이 죽임을 당했다.

이로써 문화대혁명 때 발생한 주요 폭력·학살 사건이 모두 국가 기구의 소행임을 알 수 있다. 즉, 공산당 지도자들이 폭력을 종용하고 이를 이용해 백성을 박해하고 학살한 것이다. 이런 학살을 직접 지휘하고 집행한 살인범 중 다수가 군대, 경찰, 무장 민병과 공산당과 공청단 간부들이다. 토지개혁의 목적은 지주의 땅을 빼앗고자 한 것으로 농민에게 의지해 지주를 타도했다. 상공업 개조의 목적은 자본가의 돈을 빼앗고자 한 것으로 노동자에게 의지해 자본가를 타도했다. 또 반우파 운동의 목적은 지식인의 입을 다물게 하고자 한 것으로 지식인을 타도했다. 문화대혁명 과정에서는 서로서로 상대해 투쟁했기에 어느 계급에도 감히 의지할 수 없었다. 공산당이 의지했던 노동자, 농민이라고 할지라도 관점이 일치하지 않으면 죽일 수 있었다. 그렇다면 문화대혁명의 궁극적 목적은 도대체 무엇이었는가?

문화대혁명의 목적은 공산당 일교(一敎)가 천하를 통제할 수 있도록 대세를 굳히기 위함이었다. 국가뿐만 아니라 모든 사람의 사상도 통치하려 했다. 문화대혁명은 공산당과 마오쩌둥을 '신(神)으로 만드는' 운동의 절정이었다. 반드시 마오쩌둥의 이론으로 모든 것을 독단으로 처리하고 한 사람의 사상을 억만(億萬) 민중의 머릿속에 주입하려 했다. 역사적으로 전무후무한 것은 문화대혁명은 하지 말아야 할 일에 대하여 그 어떤 규정도 하지 않았다는 점이다. 오로지 할 수 있는 일이 무엇인지, 어떻게 해야 하는지만 생각해야 했다. 그 외에는 아무것도 할 수 없고 생각할 수도 없었다.

 문화대혁명 시기에 온 국민이 마치 종교 숭배처럼 '아침에 지시 받고 저녁에 보고하는' 형식을 실행했다. 매일 여러 차례 마오쩌둥의 만수무강을 기원하고, 아침저녁 두 차례 정치 기도를 했다. 글을 아는 사람은 거의 자아비판과 사상보고서를 썼다. 말을 할 때마다 "사(私) 자가 갑자기 떠오르면 단호하게 싸워야 한다."거나 "이해해도 집행하고 이해하지 못해도 집행해야 하며, 집행 중에 깊이 이해해야 한다."는 등 마오쩌둥의 황당한 어록을 주워섬겨야 했다.

 문화대혁명 중에는 하나의 '신(神)'만 숭배하고 하나의 '경(經)', 즉 마오 주석의 어록만 읽어야 했다. 나중에는 어록을 암송하지 못하거나 축원을 하지 않으면 식당에서 밥을 먹을 수도 없었다. 물건을 사거나 차를 타거나 전화를 할 때도 전혀 관련이 없는 어록 한 구절을 외워야 했다. 사람들은 이런 일을 할 때 열광적으로 흥분하거나 무감각한 상태가 되는데, 이미 공산당 악령에게 완전히 통제된 것이다. 거짓말을 날조하고, 거짓말을 용인하며, 거짓말에 의존하는 것은 이미 중국인들의 생활방식이 됐다.

7. 개혁개방(改革開放): 변함없는 폭정이 단지 시류에 편승한 정책

문화대혁명 시기는 선혈이 낭자하고, 원혼이 떠돌아다니고, 양심을 저버리고, 흑과 백이 뒤바뀐 시대였다. 문화대혁명 이후 성루에 꽂힌 왕의 깃발이 바뀌듯 공산당과 공산당 지도하의 정권은 20여 년 사이에 지도자를 여섯 번 교체했다. 사유제가 중국에 되살아나자 도시와 농촌의 격차가 커졌다. 사막화가 급증하고 하천이 말랐으며, 마약 밀매와 매춘이 늘어났다. 중국 공산당이 한때 쓸어 없애야 한다고 제시한 모든 '죄악'이 중국 공산당에 의해 되살아났다.

공산당의 '늑대 본성, 독사 성질, 요괴의 음흉함, 국가에 재앙을 안기는 수법'은 늘어날 뿐 줄어들지 않았다. 1989년 6월 4일 천안문 사태 당시 탱크로 천안문 광장에 진입해 총탄으로 학생을 사살하고, 1999년 7월 20일부터 파룬궁(法輪功) 수련자에 대한 전국적 박해 시작은 공산당의 죄상이 너무 많아 필설로 다 표현하기 힘들 정도다. 2004년 10월, 산시(陝西)성 위린(楡林)시 시정부는 농민의 토지를 징발하기 위해 전투경찰 1,600여 명을 동원해 농민을 체포하면서 50여 명에게 총상을 입혔다.

지금도 중국은 여전히 공산당의 투쟁 철학과 폭력 숭배에 기반을 둔 정책으로 통치되고 있다. 유일하게 다른 점은 사기성이 더욱 짙어졌다는 것이다. 아래에 공산당의 통치수법과 정책을 분야별로 짚어 보고자 한다.

법률

공산당 정권이 끊임없이 인위적으로 투쟁을 조장해 많은 사람을 반혁명분자, 반사회주의분자, 불순분자, 사이비종교 신자로 몰아붙임으로써 공산당 독재집단과 각종 민중단체 사이에 첨예한 갈등이 일어났다. 공산당은 '질서를 유지하고 사회를 안정시킨다.'는 구실로 끊임없이 '법률'과 '규칙'을 수정하면서 인민의 불만 표출을 반혁명 행위로 몰아 진압했다. 1999년 7월, 장쩌민은 정치국 위원 대다수가 반대하는 상황에서 독단으로 '3개월 이내에 파룬궁(法輪功)을 소멸(掃滅)한다.'는 결정을 내렸다. 이로 인해 한동안 파룬궁 관련 유언비어가 온 천지를 뒤덮었다.

장쩌민이 프랑스의 르피가로(Le Figaro) 매체를 통해 파룬궁을 '사교(邪敎)'로 규정한 후 관영매체가 서둘러 문장을 발표해 전국 각계에 압력을 가했다. 또한, 전인대(전국인민대표대회)를 협박해 말도 안 되는 '결의'를 만들어 사교로 처리하도록 했다. 뒤이어 최고인민법원과 최고인민검찰원에서 전인대의 '결정'에 대한 '해석'을 발표했다. 1999년 7월 22일, 〈신화사(新華社)〉는 중공중앙(中共中央) 조직부 책임자와 중공 중앙선전부 책임자의 연설을 발표하면서 공개적으로 장쩌민의 파룬궁 박해를 지지했다. 따라서 광대한 인민대중이 천인공노할 이번 박해에 휩쓸려 들어가게 됐고, '중공중앙'이 규정했기에 그들은 지지하고 집행할 뿐 감히 이의를 제기하지 못했다.

중국 공산당은 5년간 국가 재정의 4분의 1을 투입해 파룬궁을 탄압했다. 전 국민이 심사를 통과해야 했는데, 파룬궁 수련자로서 수련을 포기하지 않는 사람은 공직에서 쫓겨나고 수감돼 노동개조를 받았다. 그들은 법을 위반한 것도 아니고 나라를 배반하거나 정부를 반대한 것도 아니다. 다만 '진(眞)·선(善)·인(忍)'을 믿는다는 이유로 수많은 사람이 감금됐다. 중국 공산당이 탄압과 학살 소식을 겹겹이 봉쇄했지만, 이미 4,565명(2020년 10월 1일까지 통계)이 살해됐음을 그들의 가족을 통해 확인했다. 하지만 알려지지 않은 사망자는 이보다 훨씬 더 많다.

언론 보도

2004년 10월 15일 자 홍콩 '문회보(文滙報)'의 보도에 따르면 중국의 20번째 과학실험 위성이 지구로 돌아올 때 쓰촨(四川)성 다잉(大英)현 펑라이(蓬萊)진의 한 민가를 덮쳤다. 이 신문은 다잉현 정부 사무실 주임 아이위칭(艾裕慶)의 말을 인용해 "훠지위(霍積玉) 씨의 집에 떨어진 이 '검은 물체'는 과학실험위성이 분명하다."고 했다. 사실 아이위칭은 위성을 회수할 때 현장의 부지휘자였다. 하지만 〈신화사〉가 운영하는 〈신화망〉은 위성 귀환시간을 발표하고 20번째 과학기술 실험 위성이라고 강조했을 뿐 위성이 민가를 파괴한 사실은 일절 언급하지 않았다. 이처럼 '좋은 소식은 전하고 나쁜 소식은 보도하지 않는' 수법이 중국 언론매체들이 공산당의 지시에 따라 일관되게 준수하는 원칙이다. 여러 차례 운동과정에서 신문과 TV가 유언비어를 퍼뜨려 공산당의 방침과 정책이 실행될 수 있도록 도왔다.

공산당의 지시가 떨어지면 전국 언론은 즉각 집행한다. 공산당이 우파를 반대해야 한다고 하면 전국 언론은 하나같이 우파의 죄악을 보도하고, 당이 인민공사를 세워야 한다고 하면 전국 언론은 일제히 인민공사의 우월함을 찬양한다. 파룬궁 탄압을 개시하자 그 첫 달에 언론 매체는 날마다 뉴스 황금시간대에 거짓말로 전 국민을 반복적으로 세뇌했다. 이때부터 장쩌민은 '분신자살 사건', '살인 사건' 등 가짜 뉴스, 가짜 사건을 날조하고 이를 모든 대중매체를 동원해 끊임없이 보도하게 함으로써 파룬궁에 대한 증오심을 불러일으켰다. NGO 단체인 국제교육개발(IED) 조직은 "중국 정부가 앞장서서 중국 민중을 기만했다."고 발표하며 '천안문 분신자살 사건'이 날조된 사건임을 밝히고 중국 공산당을 비난했다. 그 후 5년이 지난 지금까지도 중국 국내의 신문·TV를 포함한 그 어떤 매체도, 모두 파룬궁의 진실한 상황을 보도하지 않는다.

이제 사람들은 가짜 뉴스를 보도해도 아무렇지 않게 생각한다. 〈신화사〉의 한 베테랑 기자마저 "신화사의 보도를 어떻게 믿는단 말인가?"하고 말할 정도다. 민간에서는 중국의 언론기관을 '공산당의 개'라고 표현하기도 한다. "그것(언론)은 당의 개, 당의 대문을 지키고 있네. A를 물라면 A를 물고, 몇 번을 물라면 그만큼 문다."고 비꼬는 민요까지 불리는 지경이다.

교육

교육은 인민을 통치하기 위한 또 다른 족쇄다. 교육은 본래 지식인을 양성하기 위한 것이다. 지식은 '지(知)'와 '식(識)' 두 부분으로 구성된다. '지(知)'는 정보, 자료, 전통문화, 시사(時事)에 관한 이해를 가리키며, '식(識)'은 이미 알고 있는 것을 분석하고 연구하고 비판하고 재창조하는 과정, 즉 정신을 계발하는 과정이다. 지(知)만 있고 식(識)이 없으면 책벌레일 뿐 사회적 양심이라고 불리는 진정한 지식인이 아니다. 이것이 바로 역대로 중국이 줄곧 '유지지사(有知之士·지식이 있는 사람)'보다 '유식지사(有識之士·식견이 있는 사람)'를 숭상하는 이유다. 공산당 치하의 중국 지식인 중에는 지식만 있고 식견이 없는 사람과 식견이 있어도 감히 드러내지 못하는 사람이 허다하다. 학교에서 학생들을 교육할 때도 해서는 안 됨을 미리 일깨워줘 그들이 하지 않게 해야 한다. 지금까지 모든 학교가 정치과목과 당사(黨史)를 개설하고 통일된 교재를 사용한다. 교사는 교과서의 일부 내용은 믿지 않지만, '규율' 때문에 어쩔 수 없이 가르친다. 학생들 또한 교과서와 교사의 강의 내용을 믿지 않지만, 시험에 대비해 무턱대고 외워야 한다. 중고등학교와 대학교의 기말시험과 입학시험 문제 중에 파룬궁을 비판하는 문제가 나올 경우 표준 답안을 외우지 못한 학생은 높은 점수를 받을 수 없다. 만약 학생이 진실을 답안으로 적으면 바로 퇴학당하거나 진학 자격이 취소된다.

민중교육에서 신문과 각종 지시 문건의 영향으로 너무 자주 들어 뇌리에 각인될 정도로 집집마다 모두 다 아는 말이 수두룩하다. 이를테면 '적이 반대하는 것이면 우리는 지지하고, 적이 지지하는 것이면 우리는 반대해야 한다.'는 식의 황당무계한 어록을 '진리'로 삼음으로써 널리 독해(毒害) 됐고 무의식중에 이런 논리에 물들어, 저도 모르는 사이에 선(善)을 향하는 마음과 서로 화목을 도모하는 이화위귀(以和爲貴)와 같은 윤리도덕을 대체했다.

2004년 중국자문센터가 중국의 시나닷컴(新浪網)이 실시한 조사를 분석한 결과, 중국 청년 중 82.6%가 전쟁 중에 부녀자와 포로를 학대하는 데 찬성했다. 예상을 뒤엎는 이런 결과는 중국 민중, 특히 젊은 세대가 전통적인 인정(仁政·어진 정치)과 인성(人性)에 대한 최소한의 이해조차 결여돼 있음을 반영한다. 2004년 9월 11일, 쑤저우(蘇州)의 한 강도가 어린이 28명을 칼로 찌르고, 9월 20일 산둥(山東)의 한 남자는 초등학교에서 칼을 휘둘러 학생 25명에게 상해를 입혔다. 또 어느 한 초등학교에서는 교사가 학생들에게 학교에 자금을 보탠다며 강제로 폭죽을 만들게 하는 과정에서 폭발 사고가 발생해 여러 명이 다쳤다.

정책 집행

공산당은 정책을 집행하는 과정에서 늘 강요하고 위협하는 수단을 쓴다. 정치 표어는 바로 이런 수단의 일종이다. 오랫동안 공산당 정권은 밖에 붙인 표어(標語·플래카드) 수량을 정치적 업적의 기준으로 삼기도 했다. 문화대혁명 기간에 베이징은 하룻밤 사이에 밖에 표어가 가득 나붙어 '붉은 바다'로 변했다. '당내에서 자본주의 길을 가는 집권파를 타도하자.'는 표어가 곳곳에 넘쳐났다. 농촌에서는 이것을 줄여 '집권파를 타도하자.'고 썼다.

최근 임업국(林業局)의 각 임업사업소와 삼림보호판공실(辦公室)

에서는 '삼림법(森林法)'을 홍보하기 위해 실무부서에 강제적인 표어 부착 책임제를 지시하고 수량을 채우지 못하면 임무를 완수하지 못한 것으로 간주했다. 그러자 정부의 말단 부서에서는 '산불을 내면 구속한다.'와 같은 표어를 대량으로 붙였다.

최근 중국의 계획생육(計劃生育·한 가족 한 자녀 출생으로 인구 통제를 시행한 정책) 운동 기간에는 더욱 사람들에게 놀라움과 충격을 주는 표어가 생겼는데 이른바 "한 사람이 출산을 더 하면 온 마을을 모두 절육수술(節育手術·정관수술과 피임수술을 지칭)을 한다.", "무덤을 하나 더 늘릴지언정 사람 한 명을 더 늘리지 않는다.", "절육수술을 하지 않으면 집을 부수고 낙태하지 않으면 밭과 소를 몰수한다."는 것이다. 인권을 위반하고 헌법마저 위반하는 표어로는 "오늘 세금을 내지 않으면 내일은 감옥에서 자야 한다."는 것이다.

표어는 반복효과가 크고 직관적인 홍보수단이다. 따라서 중국 정부는 정치적 동향이나 의지를 나타내고 호소하는 데 자주 사용한다. 정치 표어는 또 정부가 인민에게 하는 말로 볼 수 있다. 정책을 홍보하는 이런 표어들에서 그들이 가지고 있는 폭력성향과 피비린내 나는 기운을 쉽게 느낄 수 있다.

8. 전 국민을 세뇌하고 전국을 감옥으로 만들다

중국 공산당의 가장 잔혹한 통치 도구는 네트워크식 통제다. 조직적인 형식으로 견유주의(犬儒主義·관습이나 도덕, 제도 등을 부정하면서 인간의 본성 혹은 본능에 따라 사는 삶을 추구하는 주의)를 개개인의 몸에 이식한다. 또 앞뒤가 맞든지 맞지 않든지, 언행이 일치하든지 일치하지 않든지 개의치 않고 조직 형식으로 개인의 권익과 타고난 인권을 박탈한다. 그리고 정부의 통치를 위한 촉수가 뻗치지 않는 곳이 없다. 도시와 농촌은 물론이고 중국 인민은 모두 가도(街道 · 지역 사무소) 위원회 혹은 향(鄕) 위원회의 관리를 받는다. 최근까지도 결혼, 이혼, 출산조차 그들의 동의를 거쳐야 한다. 당의 이데올로기, 사상체계, 조직방식, 사회구조, 선전 시스템, 운영체계는 모두 이러한 강권통치를 위해 봉사해야 한다. 당은 정부 시스템을 통해 개개인의 생각과 행동을 통제한다.

공산당 통제의 잔혹성은 육체적으로 고통을 주는 것에 그치지 않는다. 그것은 사람을 점차 독립적인 견해가 없거나 설령 독립적인 견해가 있더라도 감히 말하지 못하게 하고 몸만 사리는 겁쟁이로 만든다. 공산당의 통치 목적은 모든 사람들에게 세뇌를 통해 공산당이 원하는 것을 생각하게 하고, 공산당이 말하는 것을 말하게 하고, 공산당이 제창하는 일을 하게 하는 데 있다. 사람들은 '공산당의 정책은 달(月)과 같아 초하루에 다르고 보름에 다르다.'고 한다. 하지만 공산당이 어떻게 변하든 전 인민은 그에 바짝 따라야 한다. 당신이 공산당이 의지하는 힘이 돼 다른 사람을 공격할 때 당신은 공산당이 당신을 '알아주는 은혜'에 감사해야 하고, 당신이 공격을 받을 때는 공산당이 당신을 '교육해 주는 은혜'에 감사해야 한다. 또 공산당이 당신을 공격한 것이 잘못됐음을 알고 바로잡아줄 때 당신은 공산당이 '도량이 넓고, 잘못을 알고 시정하는 은혜'에 감사해야 한다. 공산당의 폭정은 끊임없이 공격하고 끊임없이 누명을 벗겨주는 과정에서 펼쳐진다.

55년간 이어진 포학한 통치로 전 인민의 사상은 '화지위뢰(畵地爲牢·땅에 금을 긋고 감옥으로 삼다)'의 지경이 돼 스스로 공산당이 허락하는 사상범위 안에 갇혀버렸다. 그 틀에서 한 걸음이라도 벗어나기만 하면 죄가 된다. 여러 차례 투쟁을 겪는 과정에서 우매함이 지혜인 양 칭송받고 비겁함이 생존의 주요 방편으로 자리 잡았다. 인터넷이 정보교류의 주요 수단이 된 정보사회에서 서민들은 인터넷에 접속할 때조차 자신을 단속해야 하고, 외부 소식을 보지 말아야 하며, '인권·민주'와 관련된 웹사이트도 보지 말아야 한다.

공산당의 세뇌 운동은 이처럼 황당하고 잔인하고 졸렬할 뿐만 아니라 닿지 않는 곳이 없을 정도로 널리 진행됐다. 그것은 중국 사회의 가치관과 윤리도덕을 변화시켰으며, 중화민족의 행동양식과 생활방식을 철저히 뜯어고쳤다. 아울러 끊임없이 육체와 정신을 박해함으로써 공산당 일당독재의 절대적인 권위를 더욱 공고히 다졌다.

맺음말

공산당은 왜 해마다 투쟁하고, 달마다 투쟁하고, 날마다 투쟁하는가? 무엇 때문에 생명이 다할 때까지 투쟁을 멈추지 않는가? 목적 달성을 위해서라면 살인도 불사하고, 생태환경 파괴도 불사하고, 중국 농민과 도시 주민 대부분을 장기간 빈곤 속에 빠뜨리는 것도 불사하는가?

이는 공산주의 이상(理想)을 위해서인가? 아니다. 공산주의 원칙 중 하나가 사유제를 폐지하는 것이다. 왜냐하면 사유제가 모든 죄악의 근원이라고 생각하기 때문이다. 공산당은 정권을 탈취하고 나서 곧바로 사유제를 전면적으로 없애려고 했다. 그러나 개혁개방 이후 사유제는 되살아났다. 헌법 또한 사유재산을 보호한다고 규정했다. 공산당의 속임수에서 벗어나면 55년간 공산당이 추진한 일이 다만 재산을 재분배하기 위한 인간사회의 광대극 연출에 불과하며 몇 번을 왔다 갔다 하다 결국은 남의 재산을 저들의 사유재산으로 둔갑시킨 것에 불과하다는 사실을 똑똑히 알 수 있다. 공산당이 표명하는 또 다른 원칙은 공산당이 '노동자 계급의 선봉대'로서 자산계급을 소멸하는 것을 임무로 삼는다는 것이다. 그러나 현재 공산당의 당장(黨章)에는 "자본가도 입당할 수 있다."고 명확히 나와 있다. 공산당 내부에도 더는 공산당과 공산주의를 믿는 사람이 없다. 공자는 "명분이 바르지 않으면 말이 순리에 맞지 않는다(名不正則言不順)."고 했다. 공산당은 이제 껍데기만 남았고 실체는 없다고 할 수 있다.

그렇다면 이런 장기적인 투쟁은 공산당 집단의 청렴성을 보호하기 위함인가? 아니다. 공산당이 집권한 지 55년이 지난 오늘날 전국의 많은 공산당 간부가 횡령하고, 뇌물을 받고, 불법을 저지르고, 나라를 망치고 인민을 해치는 일이 속출하고 있다. 중국에는 당정 관리가 약 2천만 명 있다. 최근 몇 년 사이에 그들 중 8백만 명이 부패 혐의로 처벌받은 사실이 드러났고, 매년 100만 명에 가까운 민중이 부패 관리를 고발하기 위해 청원한다. 중국 국가외환관리국은 2004년 1월에서 9월 사이에 35개 은행과 41개 기업이 1억 2천만 달러 규모로 불법 외환거래를 한 사실을 적발했다. 통계에 따르면 최근 몇 년 사이에 공금을 횡령하고 도주한 정부 관료가 4천 명이 넘으며, 금액도 수백억 달러에 이른다.

그러면 이런 투쟁은 인민의 자질과 의식을 높여 국가 대사에 관심을 끌게 하려는 것인가? 그런 것도 아니다. 오늘날의 중국에는 물욕이 넘쳐나고, 인심이 옛날 같지 않으며, 부모를 속이고 친인을 등치는 일이 곳곳에 허다하다. 중국인은 대부분 근본적인 시비와 선악에 관해서는 입을 다무는데, 몰라서도 말하지 않고 알아도 말하지 않는다. 이렇듯 속내를 드러내지 않는 것이 중국에서 무사히 살아남는 가장 기본적인 소양이 됐다. 이와 동시에 민족주의 정서가 한 차례 한 차례 전혀 근거 없는 헛소문에 의해 선동되고 있다.

중국인은 정부 조직 하에 중국 주재 미국대사관에 가서 돌을 던지고 미국 국기를 불태울 수 있다. 그러나 이런 사람은 공산당에 순종하는 '순민(順民)'이 되거나 보편적인 질서를 뒤엎는 '폭도'가 될 수는 있어도 인권을 보장받는 공민은 될 수 없다. 문화 수양은 자질 향상의 근본이다. 청나라 말기와 중화민국 초기의 학자이자 정치가인 캉유웨이(康有爲)는 이렇게 지적했다. "중국은 건국 이래 수천 년 동안 공맹지도(孔孟之道・공자와 맹자가 주장한 仁義의 道)가 중국인들에게 예의와 기강(紀綱)을 확립해 주었다. 만약 이런 것들을 버리면 사람은 주체의식이 없어지고, 옳고 그름을 가리지 못하며, 나아가고 물러설 때를 모르고, …이것이 큰 혼란을 일으키는 길이다."

공산당의 투쟁 철학은 '일당(一黨) 천하'의 교주 지위를 세우기 위해 큰 혼란을 조성하고 동란이 그치지 않게 한다. 그것은 또한 한 당의 사상이 전 국민을 통치하게 하고, 정부기구와 군대, 신문, 방송이 모두 공산당의 폭정도구가 되게 한다. 공산당이 중국에 가져다준 위해(危害)는 병이 고황에 들 듯 손쓸 수 없을 정도로 심각하다. 공산당은 이미 멸망을 코앞에 두고 있으며, 그것의 해체는 이미 피할 수 없다.

어떤 사람은 "공산당 정권이 해체되면 천하에 대란(大亂)이 일어날 것인데 누가 공산당을 대신해 중국을 통치할 수 있겠느냐?"며 걱정한다. 5천 년 중국 역사에서 공산당이 통치한 55년은 눈앞에 한 점 구름이 일었다 사라진 것에 불과하다. 55년이란 짧디짧은 시간에 전통신앙과 가치관은 공산당에 의해 무참히 파괴됐고, 고유의 윤리관과 사회체계는 강제로 해체됐다. 또한 사람과 사람 간의 사랑과 조화는 증오와 투쟁으로 일그러졌고, 하늘과 땅과 자연을 경외하고 소중히 여기는 마음은 '인간이 대자연을 이긴다.'며 오만방자하게 우쭐대는 마음으로 변했다. 이로 인해 사회도덕 체계와 생태계가 전면적으로 붕괴함으로써 중화민족 전체가 심각한 위기에 빠졌다.

중국 역사를 두루 살펴보면 어진 정치는 모두 백성을 사랑하고, 백성을 부유하게 하고, 백성을 가르치는 것을 정부의 기본 임무로 여겼다. 인간은 선(善)을 지향하는 본능이 있고, 정부는 이런 본능을 실현하도록 인민을 도울 책무가 있다. 맹자(孟子)는 "백성이 살아가는 방도를 보면 일정한 생산이 있는 사람은 변하지 않는 선한 마음이 있고 일정한 생산이 없는 사람은 변하지 않는 선한 마음이 없다(〈맹자·등문공상〉: 民之爲道也, 有恒産者有恒心, 無恒産者無恒心)."고 했다. 따라서 백성이 부유하지 않은데 가르침만 주창하는 것은 비현실적이며, 백성을 사랑하지 않고 무고한 사람을 마구 죽이는 것은 결코 어진 정치라고 할 수 없다. 5천 년 중국 역사에서 어진 정치를 편 제왕이 적지 않다. 고대에는 요(堯)임금과 순(舜)임금, 주(周)나라에는 문왕(文王)과 무왕(武王), 한나라에는 문제(文帝)와 경제(景帝), 당나라에는 정관(貞觀·당 태종의 연호), 청나라에는 강희(康熙)와 건륭(乾隆) 황제가 있었다. 이런 조대(朝代)의 융성기에는 왕도(王道)를 행하지 않거나 중용을 지키지 않거나 안정을 이루지 않음이 없었다. 어진 정치의 특징은 현명하고 유능한 인재를 등용하고, 언로(言路)를 활짝 열고, 의리와 화목을 중시하고, 널리 베풀고 구제한다. 이로 인해 백성은 예의와 법을 지키고 편안하게 살면서 즐거이 일할 수 있다.

 천하의 형세를 살펴보면 흥망은 누가 정하고, 성쇠에 어찌 근원이 없으랴. 공산당이 없는 그 날에 반드시 세상은 상서롭고 온화한 분위기를 되찾고, 백성은 진실하고 선량하며 겸손하고 양보할 것이다. 또 국가는 백성이 생업에 전념토록 해 경제를 부흥시킬 것이다.

평론-1 공산당이란 무엇인가
평론-2 중국 공산당은 어떻게 창설됐는가
평론-3 중국 공산당의 폭정暴政을 논하다

평론-4 공산당은 반우주 세력이다

평론-5 장쩌민과 공산당이 결탁해 파룬궁을 박해하다
평론-6 중국 공산당의 민족문화 파괴를 논하다
평론-7 중국 공산당의 살인 역사를 논하다
평론-8 중국 공산당의 사교邪敎 본질을 논하다
평론-9 중국 공산당의 깡패 본성을 논하다

서두

중국인은 '도(道)'를 매우 중시한다. 고대에는 포학한 제왕을 '무도혼군(無道昏君·무도하고 어리석은 군주)'이라 했고, 보편적인 '도덕' 표준에 부합하지 않는 일을 하면 "도리(道理)에 어긋난다."고 했으며, 농민이 반란을 일으킬 때조차 '하늘을 대신해 도를 행한다(替天行道).'는 기치를 내걸었다.

노자(老子)는 "우주의 혼돈 속에서 만들어진, 도라고 부르는 그 무엇이 있으니, 그것은 천지자연보다 앞서 생성된 것이다. 그것은 적막하고 고요하다. 홀로 서서 함부로 변하지 아니하고, 주행함이 위태롭지 아니하니, 천하의 어머니라 부를 만하다. 나는 그것의 이름을 알지 못하나, 도라고 부르겠다(〈도덕경〉 제25장: 有物混成, 先天地生. 寂兮寥兮獨立不改, 周行而不殆, 可以爲天下母. 吾不知其名, 强字之曰道)."고 했다. 한마디로 도(道)에서 천지가 생겨났다는 것이다.

근 100년간 공산 유령은 요란스레 이 세상을 침입한 후, 자연과 인성(人性)에 어긋나는 힘을 형성해 수많은 고통과 비극을 초래하고 인류문명을 파멸의 문턱까지 밀어붙였다. '도(道)'에 위배되는 그러한 갖가지 폭력은 자연적으로 하늘에 반하고 땅에도 반하는 것이기에 반(反) 우주적이고 극악한 세력이 됐다.

노자는 "인간은 대지를 따르고, 대지는 하늘을 따르며, 하늘은 도를 따르고, 도는 있는 그대로를 따른다(〈도덕경〉 제25장: 人法地, 地法天, 天法道, 道法自然.)."고 했다. 중국인들은 예부터 천인합일(天人合一)을 믿고 따르면서 인간과 천지가 하나가 돼 서로 의지하며 살아왔다. 천도(天道)는 불변하기에 규칙적으로 순환하고, 땅은 천시(天時)를 따르기에 사계절이 분명하고, 사람은 하늘과 땅을 존중하기에 감사하는 자세로 분수에 맞게 처신한다. 이른바 '천시(天時), 지리(地利), 인화(人和)'이다. 중국인의 관념 속에는 천문, 지리, 역법(曆法), 의학, 문학, 사회구조에 이르기까지 모두 이 이념(理念)이 관통하고 있다.

하지만 공산당은 '사람은 반드시 하늘을 이긴다.'고 하며 '투쟁철학'을 선양하고 천지와 자연을 멸시했다. 마오쩌둥은 "하늘과 싸우니 그 즐거움이 끝이 없고, 땅과 싸우니 그 즐거움이 끝이 없으며, 사람과 싸우니 그 즐거움이 끝이 없다."고 했다. 공산당은 그 속에서 진실한 즐거움을 얻었는지 몰라도 인민은 참담한 대가를 치러야 했다.

1. 사람과 싸우고 인성(人性)을 말살하다

1) 선과 악을 뒤바꿔 인성을 말살하다

사람은 사회적 인간이기에 앞서 자연적 인간이다.

'인간이 태어날 때의 성품은 본디 선(善)하다.'거나 '누구나 측은지심(惻隱之心·불쌍히 여기는 마음)을 가지고 있다.'는 말은 시비선악(是非善惡·옳고 그름과 착하고 악함)을 판단하는 기준으로 대부분 태어날 때 지니고 옴을 의미한다. 하지만 공산당은 사람을 동물로, 심지어 기계로 간주하고, 자산계급과 무산계급을 막론하고 모두 물질적 힘으로 본다.

공산당의 목적은 사람을 조종해 점차 반란을 일으키는 혁명 폭도로 개조하는 것이다. 마르크스는 "물질적 힘은 반드시 물질적 힘으로 타도해야 한다.", "이론이 일단 대중을 장악하면 물질적 힘으로 변할 수 있다.", "전 인류의 역사는 별다른 것이 아니라 인성(人性)을 끊임없이 개변하는 과정이다.", "인성이 바로 계급성이다."고 말했다. 그는 모든 것에는 내재된 선천적인 것이 없고, 모두 환경의 산물이며, 모두 '사회인'이라고 주장하면서 유물론적 철학자인 포이에르바하의 '자연'적 인간에 대한 견해를 반대했다.

레닌은 "마르크스주의는 노동자 계급 내부에서 자발적으로 생겨날 수 없다. 따라서 반드시 외부에서 주입해야 한다."고 했다. 레닌은 별별 수를 다 써도 노동자들이 경제투쟁에서 권력을 빼앗는 정치투쟁으로 넘어가도록 유도할 수 없었다. 그는 이때부터 노벨상 수상자인 파블로프의 '조건반사 학설(일정한 훈련을 받으면 동일한 반응이나 새로운 행동의 변용을 가져온다는 이론)'에 기대를 걸면서 "(이 학설은) 전 세계 노동자 계급에 큰 의미를 부여한다."고 했다.

레온 트로츠키 본인도 망상에 빠져 조건반사가 심리뿐만 아니라 생리적으로도 사람을 변화시킬 수 있다고 생각했다. 그래서 그는 점심때를 알리는 종소리만 들으면 침을 흘리는 개처럼 병사들이 총소리를 들으면 곧바로 용감하게 앞으로 나아가 공산당에 헌신하게끔 했다.

예부터 사람들은 노력과 노동을 통해 보상을 받을 수 있다고 여겼고, 근면을 통해 부를 쌓아 동경의 대상이 되려 했다. 또 놀고먹기를 좋아하고 불로소득을 바라는 사람을 몹시 나쁘게 보았다. 공산당이 역병처럼 중국에 전파된 후, 중국 사회의 건달 게으름뱅이들은 공산당의 격려 하에 토지를 분배받고, 재산을 빼앗고, 남자를 업신여기고 여자를 강점하는데 이를 모두 떳떳한 합법적 행위로 간주했다.

사람이 윗사람을 존경하고 아랫사람에게 아량을 베푸는 것은 좋은 일이며 스승을 우러러보지 않는 것은 좋지 않다는 이치를 알고 있다. 고대의 유가(儒家) 교육은 대학(大學) 교육과 소학(小學) 교육으로 나뉘었다. 15세 전에는 소학 교육을 통해 일상생활 속에서 지켜야 할 쇄소(灑掃·위생을 말함), 진퇴(進退·행동거지를 말함), 응대(應對·말씨를 말함) 등 교양을 가르쳤다. 그 후의 대학 교육은 존덕성(尊德性·타고난 덕성을 귀히 여겨 보존하는 데 중점을 두는 법)과 도문학(道問學·학문을 통해 선한 덕성을 기르는 데 중점을 두는 법) 등을 가르치는 데 치중했다. 그러나 공산당의 비림비공(批林批孔·린뱌오가 소련으로 도주하다 죽은 후 그의 집에서 나온 공자어록을 보고 마오쩌둥이 린뱌오와 공자를 함께 비판한 운동) 운동과 스승의 존엄을 비판하는 운동과정에서 중국 공산당은 이런 도덕규범을 청소년들의 머릿속에서 철저히 지워버렸다.

옛사람들은 "하루의 스승도 한평생 부모만큼 큰 존재다(一日爲師, 終生爲父)."고 했다. 1966년 8월 5일, 베이징사범대학 여자부속중학교 여학생들은 교사 볜중원(卞仲耘)에게 고깔모자를 씌우고, 몸에 먹물을 뿌리고, 쓰레받기를 두드리며 거리를 돌게 하고, 검은 팻말을 목에 매달고, 무릎을 꿇리고, 못이 박힌 막대기로 때리고, 끓는 물을 끼얹는 등 갖은 폭행을 가해 죽였다. 베이징대 부속중학교 학생들도 여교장에게 헌 세숫대야를 두드리게 하면서 "나는 우귀사신(牛鬼蛇神 · 소귀신과 뱀귀신을 뜻하지만 문화대혁명 기간에는 나쁜 사람을 비하하는 말로 널리 사용됨)이다."고 외치게 하고, 머리카락을 마구 자르고, 피가 나도록 머리를 때리고, 땅에 넘어뜨려 기어 다니게 했다.

누구나 깨끗한 것을 좋아하고 더러운 것을 싫어한다. 하지만 공산당은 "온몸이 흙투성이가 되고 손에 굳은살이 박여야 한다."거나 "손은 검고 발은 쇠똥이 묻어야 한다."고 하며 이런 사람이야말로 사상이 붉어서 대학에 갈 수 있고, 입당할 수 있고, 승진할 수 있고, 공산당의 홍색 후계자가 될 수 있다고 선전했다.

인류의 진보는 지식의 진보와 궤를 같이한다. 그러나 공산당 통치하에서 지식은 오히려 더러운 것으로 간주했다. 지식인은 '처우라오주(臭老九 · 중국 사회에서 지식인들을 지주, 부농, 반혁명분자, 불량분자, 우파, 반역자, 간첩, 자본주의 추종자 다음에 놓아 '더러운 아홉 번째 놈들'이라고 비하함)'로 불렸고, 지식이 있는 사람은 지식이 없는 사람에게 배우고 빈농(貧農)과 하층 중농(中農)에게 재교육을 받아야 새로운 사람이 될 수 있었다. 따라서 베이징 칭화대학(淸華大學)의 교수들은 지식분자 재교육 차원에서 장시(江西)성 난창(南昌)시의 리위저우(鯉魚洲)로 강제 이송됐다. 그곳은 흡혈충 병이 유행해 원래 있던 노동개조 수용소마저 이전한 상태였다. 교수들은 강물에 닿기만 해도 곧바로 병에 걸렸다. 하나둘 간경화(肝硬化), 간복수(肝腹水) 증상이 나타났고, 결국 많은 사람이 생활노동 능력마저 상실했다.

캄보디아의 크메르루주(캄보디아 공산당)는 저우언라이(周恩來)의 종용 하에 가장 잔혹하게 지식인들을 박해했다. 독립사상이 있으면 개조하기 위해 정신뿐만 아니라 육체까지 말살했다. 이로 인하여 1975년부터 1978년 사이에 캄보디아인 4분의 1이 살해됐다. 심지어 어떤 사람은 안경을 쓴 흔적이 있다는 이유만으로 화를 당했다.

크메르루주가 1975년에 승리한 후, 폴 포트는 전례가 없는 사회주의 건설을 시작했다. 계급 차별이 없고, 도농(都農) 간 차별이 없고, 화폐가 없고, 상품 교역이 없는 '인간 세상의 천당'을 건설하고자 했다. 마지막에는 가정도 해체하고, 남자 노동 대오와 여자 노동 대오를 조직해 일률적으로 강제노동을 시키고, 함께 한솥밥을 먹게 하고, 똑같이 검은 혁명복과 군복을 입게 했다. 또 부부도 허가를 받아야만 일주일에 한 번 만날 수 있게 했다.

공산당은 하늘도 두렵지 않고 땅도 두렵지 않다고 외치면서 하늘과 땅을 개조하려고 했다. 이는 사실상 우주의 일체 바른 요소와 역량을 철저히 부정하려는 것이었다. 마오쩌둥은 이렇게 말했다. "세기(世紀)마다 각 민족은 각종 대혁명을 일으켜 수시로 낡은 것을 척결하고 색을 입히면 새것으로 되는데, 이 모든 것이 생사성훼(生死成毁·생겨나고 죽고 이뤄지고 허물어짐)의 대변화다. 우주의 훼멸도 마찬가지로 완전히 훼멸 되는 것이 아니고 이쪽에서 훼멸하면 저쪽에서 생겨나는데 이는 의심할 바가 없다. 나는 오히려 훼멸하기를 바란다. 낡은 우주가 없어지고 새로운 우주를 얻는다면 (새 우주가) 낡은 우주보다 나은데 어찌 좋지 않으랴!"

혈육의 정은 지극히 당연한 이치로서 끊을 수 있는 것이 아니다. 부부, 자녀, 부모, 친구를 비롯해 사람과 사람이 정상적인 소통관계를 유지함으로써 인간사회를 형성했다. 하지만 중국 공산당은 끊임없는 각종 정치운동을 통해 사람을 늑대로 만들었는데, 심지어 늑대와 호랑이보다 더 흉악하고 잔인하게 바꿔 놓았다. 호랑이도 제 새끼는 잡아먹지 않거늘 중국 공산당 통치하에서는 부모, 자녀, 부부 사이에 서로 고발하는 일이 비일비재했다. 친족 관계마저 끊는 비정한 사회가 된 것이다.

1960년대 베이징의 한 초등학교 여교사가 새로운 단어 받아쓰기 수업을 하면서 무심코 학생들에게 '사회주의'와 '붕괴'라는 단어를 나란히 받아 적게 했다. 학생들이 그것을 문제 삼음으로써 날마다 투쟁을 당하고 남학생들에게 뺨을 맞기도 했다. 이로 인하여 여교사의 딸은 모녀 관계를 끊었고, 어머니에게 조그마한 변화만 있어도 반 학우들 앞에서 어머니의 '계급투쟁의 새로운 동향'을 폭로했다. 그 후 몇 년간 이 교사는 날마다 학교 청소를 하거나 화장실 바닥을 닦는 형벌을 받았다.

문화대혁명을 겪은 중국인들은 모두 투옥된 장즈신(張志新·문화대혁명 당시 현행 반혁명으로 몰리고 마오쩌둥을 비판하고 진실을 말했다는 이유로 박해받아 사형 당함)을 기억할 것이다. 인성이라고는 털끝만큼도 없는 교도관이 그녀를 발가벗기고 손을 등 뒤로 젖혀 수갑을 채운 후 남자 죄수 방에 여러 차례 들여보내 마음대로 윤간하게 함으로써 끝내 그녀는 정신이상자가 됐다. 이런 상태임에도 그녀를 처형할 때 그가 구호를 외칠까 두려워 그의 머리를 벽돌 위에 눌러 놓고 마취도 하지 않은 채 칼로 기관(氣管)을 절개했다.

최근 몇 년 동안 중국 공산당은 파룬궁을 탄압하면서도 여전히 증오심을 조장하고 폭력을 부추기는 등 옛 상투적인 수법을 그대로 사용하고 있다.

공산당은 인간의 선량한 본성을 억압하고, 인성(人性)의 악한 면을 부추기고 종용하는 수법으로 통치를 강화했다. 매 차례 사회운동 중에서 양심이 있는 사람들도 폭력이 두려워 침묵했다. 공산당은 체계적으로 인간의 보편적 도덕 가치를 남김없이 파괴함으로써 인류가 천만년을 유지해온 선악과 염치(廉恥)를 철저히 뒤엎어 버렸다.

2) 상생상극(相生相克)의 이치를 초월한 사악

노자는 "천하 모두가 아는 미(美)도 미(美)인 줄로만 아는데, 그것은 추하기도 한 것이고, 모두 아는 선(善)도 선(善)인 줄로만 아는데 그것은 선량함이 아니기도 하다. 그리하여 유(有)와 무(無)는 서로 상생하고, 어려움과 쉬움은 서로 이루고, 길고 짧음은 서로 비교하고, 높고 낮음은 서로 기대고, 음과 소리는 서로 조화하며, 앞과 뒤는 서로 따르게 된다(〈도덕경〉 제2장: 天下皆知美之味美, 斯惡已; 皆知善之爲善, 斯不善已. 故有無相生, 難易相成, 長短相形, 高下相傾, 音聲相和, 前後相隨).”고 했다. 이는 인간 세상에는 상생상극(相生相剋)의 이치가 존재한다는 것이다. 따라서 사람은 좋은 사람과 나쁜 사람으로 나뉘고 한 개인 자체에도 선과 악이 공존한다.

노(魯)나라의 도척(盜跖)은 강도의 대명사다. 하지만 그는 오히려 졸개들에게 "도둑질에도 도(道)가 있다.”고 말하고 강도 역시 성(聖), 용(勇), 의(義), 지(智), 인(仁)을 지켜야 한다.”고 요구했다. 한 마디로 도둑질에도 지켜야 할 규칙이 있다는 것이다.

중국 공산당의 역사를 돌이켜보면, 투기(投機)와 배반하고 팔아먹는(叛賣) 일들이 득실거렸고 그 어떤 규범의 구속도 받지 않았다고 할 수 있다. 예를 들면 강도들은 '의(義)'를 가장 중히 여기기에 장물을 분배하는 장소도 '의를 위해 모여 장물을 나누는 곳(聚義分贓廳)'이라고 불렀다. 하지만 중국 공산당은 동지들 사이에도 위기가 닥치면 서로 고발하고, 우물에 빠진 사람을 돕기는커녕 돌을 던지거나, 심지어 없는 죄도 날조해 뒤집어씌워 모함하거나 전혀 없는 것도 있는 것처럼 만들어냈다.

펑더화이(彭德懷)를 예로 들어 보자. 농민 출신인 마오쩌둥은 '땅 한 묘(畝)에서 식량 13만 근(斤)을 수확할 수 없다.'고 한 펑더화이의 말이 틀리지 않음을 당연히 알고 있었다. 또 펑더화이가 자신의 권력을 빼앗을 생각이 없다는 것도 알고 있었으며, 더욱이 혁명시절에 펑더화이가 2만 군사로 후쭝난(胡宗南)의 20만 대군에 맞서 악전고투하면서 자신의 목숨을 몇 번이나 구해준 사실도 잘 알고 있었다. 그러나 펑더화이가 두어 마디로 마오쩌둥을 비평하자 마오는 자신이 친필로 쓴 시 "누가 전쟁터에서 용감히 싸웠느냐? 나의 펑 대장군뿐이로다!"를 바로 쓰레기통에 던져 버리고 기어이 펑을 사지(死地)로 몰아넣었다. 그야말로 일거에 은혜와 의리를 함께 끊어버렸다.

공산당은 어진 정치를 펴지 않고 살인을 일삼으며, 의리를 멀리하고 내부 투쟁만을 벌였다. 또 국토를 팔아먹은 데다 용기도 없고, 지혜가 부족하고 바른 믿음을 적으로 삼았으며, 군중 운동을 벌여 성인(聖人)답지 않게 나라를 다스렸다. 공산당은 '도둑질에도 도(道)가 있다.'는 강도의 최소한의 도리마저 포기했으니, 그 사악함은 이미 우주의 상생상극 이치를 완전히 벗어났다고 할 수 있다. 공산당이 자연적 인성(人性)을 철저히 뒤엎었는데 그 목적은 선악의 표준과 우주의 법칙을 뒤엎기 위함이고, 그 오만함이 극에 달해 이제는 멸망의 결말을 피할 수 없게 됐다.

2. 땅과 싸우고 자연을 거슬러 그 화(禍)가 끝이 없다

1) 계급투쟁을 자연으로까지 확장

상하이시 우쑹(吳淞) 제2중학교의 1968기 고등학교 졸업생인 진쉰화(金訓華)는 상하이시 중학교 홍위병 대표대회 상무위원이었다. 1969년 3월, 그는 상산하향(上山下鄕·문화대혁명 때 도시의 지식 청년을 농촌으로 보내 재교육을 받게 한 정책) 운동에 참여하기 위해 헤이룽장성에 갔다. 1969년 8월 15일 산에 홍수가 나 쌍허(雙

河) 양안이 온통 물바다가 됐다. 진쉰화는 생산대(生産隊)의 전신주 두 개를 구하려고 급류에 뛰어들었다가 목숨을 잃었다.

　진쉰화가 생전에 쓴 일기에서 그의 투쟁철학의 한 단면을 볼 수 있다.

7월 4일

　나는 지금 농촌 계급투쟁의 첨예함과 격렬함을 느끼기 시작했다. 나는 마오 주석의 홍위병으로서 이미 모든 준비를 마쳤다. 백전백승의 마오쩌둥 사상으로 반동 세력을 정면에서 통렬하게 공격할 것이며, 희생되더라도 달갑게 받아들이겠다. 프롤레타리아 독재정치를 공고히 하기 위해 힘써 싸우겠다! 싸우자! 싸우자!

7월 19일

　××대대의 계급의 적은 아직도 위세를 부리고 있다. 지식 청년들이 농촌에 온 것은 농촌의 3대 혁명투쟁에 참여하기 위함이니 우선 계급투쟁에 참여해야 한다. 우리는 반드시 가난한 빈농(貧農)과 하층 중농(中農)에 의지하고 군중을 동원해 적들의 위세를 눌러버려야 한다. 우리 지식 청년은 반드시 마오쩌둥 사상의 위대한 붉은 깃발을 영원히 높이 치켜들고 계급투쟁과 프롤레타리아 독재를 한시도 잊지 말아야 한다.

　진쉰화는 하늘과 싸우고 땅과 싸워 인류를 개조하려는 이상을 품고 농촌으로 내려갔다. 그의 일기에서, 그의 머릿속이 온통 '투쟁' 사상으로 가득 차 있음을 우리는 볼 수 있다. 그는 '사람과 투쟁한다.'는 사상을 하늘과 땅 사이에서 관철하려다 결국 목숨을 잃었다. 진쉰화는 투쟁철학을 '격렬하게' 실천하다가 희생된 사례임이 틀림

없다.

엥겔스는 "자유는 필연에 대한 인식이다."고 했고, 마오쩌둥은 거기에 "세계에 대한 개조다."란 말을 덧붙였다. 화룡점정(畵龍點睛)인 이 한 구절은 사실상 자연에 대한 공산당의 태도를 여실히 드러냈는데 이른바 '자연을 개조한다.'는 것이다. 공산당이 인식한 '필연'은 맹목적인 물질이어서 그 내원의 법칙을 규명할 방법이 없는데도 사람의 주체적 능동성을 발휘해 객관적 법칙을 인식하면 대자연과 인류를 '정복'할 수 있다고 여겼다. 공산당은 결국 러시아와 중국의 이 두 '시험장'을 엉망진창으로 개조했다.

대약진 시절의 민가(民歌)에는 중국 공산당의 오만함과 어리석음이 잘 묘사돼 있다. "높은 산도 머리 숙이게 하고 강물도 길을 내주게 하노라. …하늘에는 옥황상제가 없고 땅에는 용왕이 없다네. 내가 바로 옥황상제요, 내가 바로 용왕이로다. 삼산오령(三山五嶺)에 명하노니 길을 열어라. 내가 왔노라!"

공산당이 왔다! 공산당은 조화롭던 이 세계를 파괴하고 자연의 균형을 깨뜨렸다.

2) 자연을 파괴한 대가

중국 공산당은 식량생산 위주의 농업정책을 추진하면서 농사짓기에 적합하지 않은 산지와 초원을 마구 개간하고 강과 하천과 호수를 메웠다. 결과는 어떠했는가? 중국 공산당은 1952년도 식량생산량이 국민정부 시기를 초과했다고 주장했다. 하지만 중국 공산당이 숨기고 있는 사실은 바로 1972년에 이르러서야 중국의 식량

총생산량이 청나라 건륭시대를 넘어섰다는 것이다. 하지만 현재 중국의 1인당 식량 생산량은 여전히 청나라 말기와 비교하면 많이 뒤떨어졌으며 중국 농업의 최전성기였던 송나라의 3분의 1 수준에 그칠 뿐이다.

무분별한 벌목과 강을 막고 호수를 메운 결과 중국의 자연 생태계는 크게 파괴됐다. 지금 중국의 생태계는 붕괴될 지경에 이르렀고 하이허(海河)와 황허(黃河)의 물이 끊기고 후이허(淮河)와 창장(長江)이 오염됨으로써 중화민족의 생존을 이어 갈 수 있는 혈맥이 철저히 끊겼다. 또한 간쑤(甘肅), 칭하이(青海), 네이멍(內蒙), 신장(新疆)의 초원이 사라짐으로써 황사가 중원 대지를 끊임없이 뒤덮는다.

1950년대 초, 중국 공산당은 소련 전문가의 지도하에 황하에 싼먼샤(三門峽) 수력발전소를 건설했다. 현재까지도 그 발전량은 중형급 강의 발전소 규모에 그치는데 이 댐으로 인하여 오히려 상류 강바닥에 진흙과 모래가 쌓이면서 조그마한 홍수가 나도 황하 양쪽에 사는 수많은 사람을 희생시키고 재산피해를 줬다. 2003년 웨이허(渭河)에서 발생한 홍수는 최고 수위에 도달했을 때 최고 유량이 초당 3700㎥로, 3~5년에 한 번 발생하는 홍수 정도의 규모였지만 이 홍수로 사람들은 50년 동안 겪어보지 못한 큰 피해를 입었다.

허난(河南)성 주마뎬(駐馬店)에 대형 저수지가 여러 개 건설됐다. 1975년, 댐이 연달아 무너지면서 두 시간 만에 6만 명이 목숨을 잃었고, 총사망자 수는 20만여 명에 달했다.

여기서 반드시 짚고 넘어가야 할 사실은 중화 대지를 함부로 파괴하는 활동을 중국 공산당이 지금도 계속하고 있다는 점이다. 창장댐 건설, 남수북조(南水北調·장강의 물을 수자원이 부족한 화베이 지역으로 끌어들이려는 공정) 사업은 모두 조(兆) 단위의 자금을 들여 자연 생태계를 바꾸려는 공정이다. 또 '땅과 투쟁하는' 중소형 사업 항목도 줄을 잇는다. 심지어 중국 서부의 자연환경을 바꾸기 위해 칭장고원(靑藏高原)에 원자폭탄을 터뜨려 통로를 열자는 주장도 제기됐다. 중국 공산당 정권의 대지에 대한 능멸과 오만이 세인의 질시를 받는 것도 결코 사람들의 예상을 벗어나지 않는다.

우리의 선조들은 주역 팔괘 중에서 하늘(天)을 건(乾)괘로 하여 그것을 존중해 천도(天道)로 삼았으며, 땅(地)을 곤(坤)괘로 해 그것을 받들어 곤덕(坤德)으로 삼았다.

주역(周易) 상전(象傳)에 이르기를 "넓은 땅에 저렇게 두터운 흙이 쌓여 있듯이 군자는 자신의 덕을 깊고 넓게 쌓아 만물을 자애롭게 이끌어 가라(地勢坤, 君子以厚德載物)."고 했다.

여기에 공자(孔子)는 "대지의 덕에 의해 만물이 생성되노라(至哉坤元, 萬物資生)."는 주석을 달았다.

문언(文言)에서 이르기를 "땅은 부드러우나 움직임이 강건하고, 조용하지만 부드러움이 넘치는 덕목이 사방에 널리 퍼져있으니, 그 뒤를 따라 주인이 되었고, 그 덕분에 오랫동안 복을 받고, 모든 것을 포용하며 만물을 널리 퍼뜨려 무한한 빛을 발하게 되었구나. 대지에 구현된 법칙은 얼마나 유순한가! 그 의지는 하늘을 이고 사계절을 따라 제시간에 운행되는구나(坤至柔而動也剛, 至靜而德方. 後得主而有常, 含萬物而化光. 坤道其順乎! 承天而時行)."고 했다.

분명한 것은 땅은 어머니와도 같은 덕을 지녔으니 부드럽고 조용하며 주인이 되어 하늘을 받들어야 비로소 깊고 두터운 덕을 쌓아서 만물을 자애롭게 이끌고 만물이 생겨나게 할 수 있다. 동시에 '하늘의 도(乾道)'와 '땅의 덕(坤德)'을 대하는 인간의 태도를 말하는 것으로, 즉 하늘을 받들고 땅에 순응하며 자연을 존중해야 하는 도리를 일깨워주고 있다.

중국 공산당은 하늘과 싸우고 땅과 투쟁하는 자세로 대지를 유린해 하늘을 거슬렀으니 최후에는 필연코 하늘과 땅, 그리고 자연의 섭리 때문에 징벌을 받을 것이다.

3. 하늘과 투쟁하고, 신앙을 박해하여 인간의 신에 대한 믿음을 부정하다

1) 유한한 생명이 어찌 무한한 시공(時空)을 인식할 수 있겠는가?

아인슈타인이 아들 에드워드에게 질문을 받은 적이 있다. "아빠는 왜 이렇게 유명해졌나요?" 아인슈타인은 이렇게 대답했다. "이 큰 고무공 위에 있는 저 눈이 먼 커다란 딱정벌레가 보이니? 이 딱정벌레는 자기가 기어가고 있는 길이 굽은 것을 모르지만 아빠는 알고 있잖니." 이 말은 무척 의미심장하다. 중국인은 "여산(廬山)의 참모습을 모르는 것은 이 산속에 몸을 두었기 때문이다(不識廬山眞面目, 只緣身在此山中)."고 말했듯이, 인간이 어느 한 체계를 인식하려면 반드시 그 체계 밖에서 관찰해야 한다. 하지만 인간은 한계가 있는 생명으로서 우주의 무한한 시공을 들여다본다면 인류는 영원히 그 전모를 알 수 없으며, 우주는 인류의 영원한 수수께끼로 남게 된다. 따라서 과학이 뛰어넘을 수 없는 자연은 당연히 형이상학(形而上學)적일 수밖에 없고, 그래서 자연스럽게 '신앙'의 범주가 됐다.

신앙은 인간 내면세계의 활동인바, 생명·시공·우주에 대한 체험과 사고는 일개 정당이 통제할 대상이 전혀 아니다. "하느님의 것은 하느님께로 돌아가고, 카이사르의 것은 카이사르에게로 돌아간다."는 말이 있다. 하지만 공산당은 도리어 우주와 생명에 대한 그들의 가련하고 가소로운 인식에 따라 그들 이론 밖의 모든 것을 '미신(迷信)'으로 치부했다. 따라서 유신론자를 세뇌하고 전향시켰으며, 철저히 비판하고 심지어 육체까지 말살했다.

진정한 과학자의 우주관은 탁 트여 있다. 자신의 한계를 벗어나지 못하는 기존 지식으로 무한한 미지의 세계를 부정하지 않는다. 유명한 과학자인 뉴턴은 1678년에 〈자연철학의 수학적 원리〉라는 대작을 출간했다. 이 책에서 그는 역학(力學)의 원리를 자세히 기술하고 밀물과 썰물, 행성의 움직임을 해석하면서 태양계의 운행 방식을 추산했다. 하지만 큰 성공과 영예를 얻은 뉴턴조차도 자신의 저술은 일종의 현상을 묘사한 것에 불과하다고 거듭 밝혔다. 지고무상(至高無上)한 하느님이 우주를 창조한 진정한 의미는 감히 담론할 수 없었다.

〈자연철학의 수학적 원리〉 제2판을 출판할 때, 뉴턴은 책 속에 다음과 같은 말을 써넣어 자신의 신념을 표명했다. "태양, 행성, 혜성을 포함한 이 완전무결한 큰 체계는 오직 전지전능하신 하느님의 손에서 만들어졌다. …맹인이 색에 관해 개념이 없는 것처럼, 우리 역시 하느님이 만사만물을 이해하는 방법에 관해 전혀 알지 못한다."고 했다.

시공을 초월한 천국 세계가 있는지, 그리고 수련인이 반본귀진(返本歸眞)의 경지에 도달할 수 있는지를 논하지 않더라도 진정으로 정교(正敎)를 믿는 사람은 선악에는 보응이 따른다는 인과(因果) 보응의 이치를 믿으며, 정통(正統) 신앙이 인류의 도덕을 일정 수준으로 유지할 수 있음을 누구나 다 알고 있다.

아리스토텔레스부터 아인슈타인에 이르기까지 과학자들은 모두 우주에 하나의 보편적인 규칙이 존재한다고 믿었다. 사람들은 다양한 방식으로 꾸준히 우주의 진리를 탐구해 왔다. 그렇다면 과학적 탐구방식 외에 종교, 신앙, 수련도 진리를 발견할 수 있는 또 다른 방식과 경로일 수 있지 않겠는가?

2) 중국 공산당은 인류의 바른 믿음을 파괴한다

세계의 모든 민족이 역사적으로 모두 신(神)을 믿었다. 신을 믿으며, 선에는 선한 보응이 있고 악에는 악한 응보가 있음을 믿었기에 사람들은 자신을 단속하고 도덕을 유지할 수 있었다. 동서고금을 막론하고 서양의 정교(正敎), 동양의 유불도(儒佛道)가 모두 사람들에게 '신을 믿고 하늘을 공경하며, 선(善)을 따르고 복을 소중히 여기며, 은혜에 감사하고 보답할 줄 알아야 진정한 행복을 얻을 수 있다.'고 가르쳤다.

공산주의의 핵심적 지도사상은 부처(佛)가 없고, 도(道)가 없고, 신(神)이 없으며, 전생도 없고, 내세도 없으며, 더욱이 인과응보도 없다고 강변한다. 이로 인하여 각국의 공산당은 가난한 사람과 룸펜 프롤레타리아들에게 신을 믿을 필요가 없고, 업력을 갚을 필요도 없으며, 분수에 맞게 자신을 지킬 필요도 없다면서 교묘한 수단으로 남의 재산을 탈취하고 반란을 일으켜 부자가 돼야 한다고 부추겼다.

중국 고대의 황제들은 제왕적 지위에 있으면서도 자신을 천제(天帝)의 아들이라 칭하고, 스스로 '하늘의 뜻'을 좇아 제약을 받고, 수시로 조서를 내려 자신의 죄를 묻고 하늘을 향해 참회했다. 하지만 공산당은 자신들이 하늘의 뜻을 대표한다면서 이른바 무법무천(無法無天·법도 없고 하늘도 없음)이어서 어떤 제한도 받지 않는다고 했다. 그 결과 공산당은 수많은 인간 지옥을 만들어냈다.

공산당의 비조(鼻祖) 마르크스는 종교를 인민의 정신을 마비시키는 아편으로 여겼다. 그는 인민이 신과 하느님을 믿음으로써 공산주의를 믿지 않았을까 봐 두려워했다. 엥겔스의 〈자연변증법〉 제1편에는 멘델레예프(Mendeleyev)가 참여한 '영학(靈學)' 연구단체에 대한 비판이 수록됐다.

엥겔스는 "중세기를 포함한 이전의 일체가 모두 인간 이성(理性)의 심판대 앞에서 자신의 존재이유를 변호해야 한다."고 하고 자신과 마르크스를 심판대 앞의 법관으로 여겼다. 마르크스의 친구인 무정부주의자 바쿠닌은 마르크스를 이렇게 묘사했다. "그는 엄연히 사람들의 하느님이기에 자신 외에 또 다른 사람이 하느님이라는 걸 용인하지 않았다. 그는 사람들이 자신을 신처럼 숭배하게 하고 우상으로 받들어 무릎 꿇게 했다. 그러지 않으면 징벌하거나 음모를 꾸며 박해했다."

그러나 전통적인 바른 믿음은 공산당원의 이런 시도에 원천적인 장애가 됐다.

종교에 대한 중국 공산당의 박해는 이성을 잃고 미쳐 날뛰는 지경에 이르렀다고 할 수 있다. 문화대혁명 중에 무수한 사찰을 파괴하고, 승려들을 거리에 끌고 다니면서 조리돌림 했으며, 티베트의 사찰 90%를 파괴했다. 지금도 중국의 수많은 가정교회 신자들을 감옥에 가둬 박해하고 있다.

상하이의 천주교 신부 궁핀메이(龔品梅)는 30여 년 동안 중국감옥에 수감돼 있다가 1980년에야 미국으로 갔다. 그는 90여 세에 임종하면서 "중국 공산당이 중국을 통치하지 않을 때 내 무덤을 상하이로 옮기라."는 유언을 남겼다고 한다. 오로지 신앙 때문에 잔혹하고 사악한 세력이 30년 넘도록 비밀리에 독방에 그를 가뒀다. 중국 공산당은 수없이 그를 핍박하면서 중국 공산당에 소속된 '삼자애국위원회[三自愛國委員會 · 또는 3자 애국교회라고 하며 중국 공산당이 만든 자치(自治), 자조(自助), 자전(自傳) 세 가지를 의미한다. 중국 이외의 기독교인들과 연락을 끊을 것을 강요하고 이 3자 애국교회에 가입하지 않는 교회는 모두 강제로 폐쇄하고 독립교회 지도자들이나 신도들도 박해하거나 감옥에 보내면서 중국의 모든 공식적인 교회를 통제한다]' 지도자 직무에 동의만 하면 풀어줄 수 있다고 했다.

최근 몇 년 동안 '진(眞) · 선(善) · 인(忍)'을 신앙하는 파룬궁(法輪功) 수련자들에 대한 탄압은 바로 중국 공산당이 '하늘과 투쟁하는' 망동의 연속이자 공산당의 간악한 계략과 사악함이 초래한 결과물이다.

  신을 믿지 않는 공산당이 도리어 신을 믿는 사람들의 신앙을 지도하고 통제하면서 "하늘과 싸우니 그 즐거움이 끝이 없다."고 한다. 그 가소로운 정도는 너무나 '기고만장'해 말로 다 형언할 수 없다.

맺음말

  공산주의 실천 운동은 이미 전 세계적으로 철저히 실패했다. 세계 최후 공산대국의 괴수 장쩌민은 2002년 3월 워싱턴 포스트 기자에게 "나는 젊었을 때 공산주의가 아주 빨리 올 것이라고 믿었지만, 지금은 그렇게 생각하지 않는다."고 말한 적이 있다. 현재 공산주의를 진정으로 신앙하는 사람은 얼마 남지 않았다.

  공산주의 운동의 실패는 필연적이다. 우주의 법칙에 어긋나고 하늘을 거스르는 악행을 일삼는 반(反)우주 세력이므로 반드시 천벌을 받을 것이다.

  중국 공산당은 매번 태도를 바꾸면서 가까스로 위기를 넘겼지만, 그 최후의 결말을 온 세상이 다 알고 있다. 중국 공산당의 '아름다운' 허울이 하나하나 벗겨지면서 탐욕, 흉포함, 파렴치함, 그리고 불량배 속성과 반우주 본성이 적나라하게 드러났다. 하지만 그것은 여전히 인간의 사상을 억압하고 인류의 윤리도덕을 말살하고 있다. 그것은 인류의 도덕과 문명, 인류의 평화와 진보에 여전히 커다란 해악을 끼치고 있다.

  망망한 우주는 항거할 수 없는 '하늘의 뜻(天意)'을 지니고 있다.

이를 신의 의지, 자연의 법칙, 자연의 힘 등으로 부르기도 한다. 따라서 인간은 오직 하늘의 뜻을 받들고, 자연을 따르고, 우주의 법칙을 존중하고, 천하의 생명을 아껴야만 자신의 미래가 있을 수 있다.

평론-1 　공산당이란 무엇인가
평론-2 　중국 공산당은 어떻게 창설됐는가
평론-3 　중국 공산당의 폭정暴政을 논하다
평론-4 　공산당은 반우주 세력이다

평론-5 장쩌민과 공산당이 결탁해 파룬궁을 박해하다

평론-6 　중국 공산당의 민족문화 파괴를 논하다
평론-7 　중국 공산당의 살인 역사를 논하다
평론-8 　중국 공산당의 사교邪教 본질을 논하다
평론-9 　중국 공산당의 깡패 본성을 논하다

서두

"장푸전(張付珍, 여, 38세)은 원래 산둥(山東)성 핑두(平度)시 셴허(現河)공원의 직원이었다. 그녀는 2000년 11월, 파룬궁의 억울함을 호소하려고 베이징에 갔다가 납치당했다. 내막을 아는 사람의 말에 따르면 공안은 강제로 그녀의 옷을 벗기고 머리를 깎아버린 후 '대(大)' 자 형으로 침대에 묶어놓고 대소변도 모두 침대 위에서 보게 했다. 그런 후 공안은 이름 모를 약물을 주입했고, 그녀는 고통에 몸부림치다가 세상을 떠났다. 이 모든 과정을 '610(장쩌민이 파룬궁을 탄압하기 위해 설립한, 나치 게슈타포와 유사한 초법적인 조직으로 1999년 6월 10일에 설립했다 하여 610 사무실로 불린다)' 관계자들이 현장에서 지켜봤다." (명혜망 2004년 5월 31일 자 보도)

"양리룽(楊麗榮, 여, 34세)은 허베이(河北)성 딩저우(定州)시 바오딩(保定) 지역 베이먼(北門) 출신이다. 그녀가 파룬궁을 수련한다는 이유로 그녀의 가족이 경찰에게 괴롭힘과 협박을 당했다. 2002년 2월 8일 밤, 경찰이 떠나간 후 계량국(計量局) 운전사인 양리룽의 남편은 직장을 잃을까 봐 다음 날 새벽, 집에 노부모가 없는 틈을 타서 아내의 목을 졸랐다. 양리룽은 그렇게 열 살 난 아들을 남겨둔 채 비참하게 세상을 떠났다. 곧바로 남편이 신고했고, 출동한 경찰이 아직 온기가 남아 있는 양리룽의 시신을 해부하고 장기를 빼냈다. 내장을 꺼낼 때 열기가 뿜어져 나오고 피가 줄줄 흘렀다. 바오딩시 공안국의 한 직원은 '이게 어떻게 시신을 해부하는 것인가? 산 사람을 해부하는 것이구먼.'이라고 했다." (명혜망 2004년 9월 22일 자 보도)

"헤이룽장(黑龍江)성 완자(萬家) 노동교양소에서 일어난 일이다. 임신 6~7개월 된 한 임신부가 두 손이 밧줄에 묶여 대들보에 매달리는 고문을 당했는데, 대들보는 바닥에서 3m 정도 높이였다. 그녀의 손을 묶은 밧줄의 끝은 대들보에 고정된 도르래를 거쳐 경찰의 손에 잡혀 있었는데, 경찰이 줄을 잡아당기면 그녀는 공중으로 들려 올라가고 줄을 놓으면 바닥으로 떨어졌다. 그녀는 이루 말할 수 없는 고통에 시달리다가 결국 유산했다. 더욱 잔인한 것은 아내가 고문당하는 모습을 남편이 옆에서 지켜보도록 강요했다는 점이다." (완자 노동교양소에서 100일 넘게 고문을 당한 왕위즈(王玉芝) 인터뷰 기사. 지혜망 2004년 11월 15일 자 보도)

생각만 해도 몸서리치는 이런 참혹한 사건은 현재 실제로 중국에서 일어나고 있으며 보도한 내용은 빙산의 일각에 불과하다. 파룬궁 수련생을 대상으로 자행한 이 박해를 현재도 지속하고 있다.

중국 공산당은 개혁개방 이후 국제사회에 긍정적이고 깨어있는 이미지를 심어주려 애쓰고 있다. 하지만 최근 파룬궁에 대한 피비린내 나는 박해와 비인간적인 실상은 그 범위가 넓고 강도가 높은 데다 수단마저 잔인해 다시 한 번 국제사회가 중국 공산당의 진짜 모습을 드러나게 했으며 이는 중국 공산당에 세계 최대의 인권탄압국 오명을 쓰게 했다. 사람들은 습관적으로 박해 책임을 경찰의 낮은 자질 탓으로 돌리면서 중국 공산당은 스스로 개선하고 진보하고 있다고 잘못 인식한다. 하지만 이런 환상은 파룬궁에 대한 박해가 위아래 가릴 것 없이 모든 영역에서 체계적이고 제도적으로 자행되고 있음을 보고 완전히 깨져 버렸다.

많은 사람이 왜 이처럼 피비린내 나고 어처구니없는 박해가 여전히 중국에서 일어날 수 있는지 사고하기 시작했다. '20년 전 문화대혁명이 조성한 어지러운 세상이 이제 막 바로잡혀 정상으로 돌아가고자 할 때 어찌하여 오늘날 또다시 사악한 역사의 악순환에 빠져들어 갔는가?', '파룬궁은 진(眞) · 선(善) · 인(忍)을 원칙으로 삼는데다 전 세계 60여 나라에 전해졌는데 왜 유독 중국에서만 박해를 받고 있는가?', '도대체 장쩌민과 중국 공산당은 이번 박해와 어떤 관계가 있는가?' 하는 의문이 생겼다.

장쩌민은 덕이 없고 무능한 자이다. 중국 공산당이란 이런 정교하게 돌아가고 전문적으로 살인과 거짓말을 일삼는 폭력기구가 그를 돕지 않았다면 그는 결코 중국 전역은 물론 해외에까지 집단학살 식의 박해를 보급할 수 없었을 것이다. 또한 지금의 개방정책과 세계가 맞물려 돌아가는 국제환경에서 중국 공산당 또한 장쩌민처럼 강퍅하고 독단적이며 사악한 독재자가 없었다면 역사의 흐름을 거스르는 망동을 할 수 없었을 것이다.

장쩌민과 공산 악령이 서로 호응하고 공명을 일으킴으로써 마치 설산 속 등반자의 고함소리가 울려 눈사태를 일으키듯이 장쩌민과 중국 공산당이 서로를 이용해 역사상 전례가 없을 정도로 이 사악한 탄압을 확대해 나갔다.

1. 장쩌민은 중공과 유사한 탄생과 성장과정을 거쳤기에 같은 위기의식을 갖다

장쩌민은 1926년에 응겁이생(應劫而生 · 재앙의 운을 받아 태어남)으로 태어났다. 바로 대악무도한 악인이 될 운명을 타고났다. 중국 공산당이 인민들에게 피비린내 나는 과거사를 감춘 것처럼 장쩌민도 중국 공산당과 인민에게 자신의 매국노 이력을 숨겼다.

장쩌민이 17세 되던 해에 이미 반(反) 파쇼 전쟁(제2차 세계대전)이 세계적으로 횃불처럼 타올랐다. 애국 청년들이 잇달아 전선으로 달려가 항일구국운동을 할 때, 장쩌민은 도리어 왕징웨이(汪精韋 · 국민당 좌파 지도자로 손문 사망 후 국민정부의 주석을 역임, 만주사변 후 일본과 화평을 주장했고 1940년 친일 괴뢰정권인 남경 국민당 정부를 수립하여 매국노로 규탄 받음) 괴뢰정부가 1942년 난징(南京)에 설립한 중앙(中央) 대학에서 고등교육을 받았다. 여러 갈래로 조사한 결과, 그의 이런 행적은 그의 생부 장스쥔(江士俊)이 일제의 매국노였던 것과 연관이 있다. 장스쥔은 당시 장쑤(江蘇)를 점령한 일본군 반중(反中) 선전기구의 고위 관리였다.

나라를 팔아먹은 매국노라는 점에서 장쩌민과 중국 공산당은 판에 박은 듯 일치한다. 둘 다 중국 인민에 대한 애정이 부족해 함부로 중국 인민을 학살할 수 있었다.

　중국 공산당이 내전에서 승리하자 장쩌민은 자신의 부귀영달을 위해 중국 공산당에 혼입해 들어갔다. 그리고 그는 일찍이 중국 공산당에 가입해 활동하다가 토비(土匪)들이 난사한 총에 맞아 죽은 숙부 장상칭(江上青)의 양자(養子)로 자랐다고 거짓말을 했다. 그 덕에 그는 몇 년 만에 처장(處長)급 간부에서 전자공업부 부부장(副部長)으로 승진했다.

　장쩌민이 승진한 것은 그가 능력이 있어서가 아니라 아부에 능하고 권세에 빌붙어 이익을 도모하는 수완이 출중했기 때문임을 알 수 있다. 장쩌민은 상하이 시위원회 서기로 재직하는 동안, 매년 상하이에 와서 구정을 보내는 리셴녠(李先念·중국 공산당 전 국가주석이자 인민정치협상회의 위원장 역임), 천윈(陣雲·공산당 중앙정치국 상무위원 역임) 등 공산당 원로들에게 아첨하는 재주를 한껏 발휘했다. 리셴녠에게 생일 케이크를 선물하기 위하여 눈밭에 서서 꼬박 몇 시간을 공손히 기다린 적도 있다.

　1989년 '6.4' 톈안먼 대학살 사건은 장쩌민의 생애에서 또 다른 전환점이 됐다. 그는 바른 목소리를 내는 〈세계경제도보(世界經濟導報)〉를 탄압하고, 인민대표대회 상무위원회 위원장 완리(萬里)를 연금하고, 학생 유혈진압을 지지함으로써 중국 공산당 총서기가 됐다. 장쩌민은 대학살 직전에 덩샤오핑에게 밀서를 보내 '과단성 있는 조치'를 요구하면서 그렇게 하지 않으면 '당도 망하고 나라도 망할 것'이라고 했다. 15년 동안 장쩌민은 '안정이 모든 것을 압도한다.'는 명분을 내세워 반체제 인사와 공산당에 예속되지 않은 신앙

단체들을 탄압했다.

중국과 러시아 쌍방은 1991년부터 국경을 획정(劃定)하는 협의를 시작했다. 장쩌민은 제정 러시아와 구소련의 중국 침략을 전면적으로 인정하고 '아이훈 조약(璦琿條約)'으로 시작된 중국-러시아의 불평등 조약을 모두 받아들였다. 이렇게 팔아먹은 중국 영토가 100만㎢를 넘는다.

장쩌민의 이러한 이력을 종합해 보면 몇 가지로 특정 지을 수 있다. 매국노의 장남이면서도 열사의 유자녀(遺子女)라고 사칭함으로써 공산당의 '기만(騙)' 비책을 직접 실천했고, 학생 학살을 지지하고 민주화운동 인사와 신앙인들을 탄압함으로써 공산당의 '살육(殺)' 비책을 직접 실천했으며, 무상으로 러시아에 국토를 바쳐 공산당의 '매국(賣)' 비책을 직접 실천했다는 점이다.

장쩌민과 중국 공산당은 모두 불명예스러운 과거사를 가지고 있기에 이 둘은 모두 권력에 극도의 불안감을 가지고 있었다.

2. 장쩌민과 중국 공산당이 모두 '진(眞)·선(善)·인(忍)'을 두려워하다

국제공산주의 운동의 역사는 1억이 넘는 사람의 피로 씌었다. 모든 공산국가에는 거의 모두 스탈린 식 숙청이 있다. 걸핏하면 무고한 사람을 백만 명이든 천만 명이든 마구 죽였다. 1990년대에 들어 소련이 해체되고 동유럽이 급변하면서 공산 진영은 하룻밤 사이에 강산의 절반을 잃었다. 이 사건에서 중국 공산당이 얻은 교훈은 탄압을 중지하고 진언(眞言)하는 경로를 널리 열어주는 것은 바로 멸망을 자초하는 것과 같다는 것이다. 진언할 수 있는 경로를 열어주면 피비린내 나는 폭행을 덮어 감출 수 없고 이념상의 기만도 그럴듯하게 둘러맞출 수 없으며 또 탄압을 멈추면 공포가 사라져 인민이 공산당과 같지 않은 생활방식과 신앙을 선택할 것인데, 그러면 공산당을 떠받치는 사회적 기반이 무너지고 만다는 것이다.

중공은 아무리 변해도 그 본질은 달라지지 않기에 민중을 속일 때는 죽을 때까지 속이고, 인민을 탄압할 때는 끝까지 탄압한다. '6.4 천안문 사태' 이후 장쩌민이 "모든 불안정한 요소를 맹아(萌芽) 상태에서 없애버리라."고 외친 것도 바로 그들이 극도의 공포 속에서 내린 결론이다.

이때 중국에 파룬궁(法輪功) 수련이 출현했다. 파룬궁은 처음에는 병을 제거하고 몸을 건강히 하는 뛰어난 효과가 있는 기공으로만 알려졌다. 하지만 사람들은 점차 파룬궁의 핵심이 간단하고 연공하기 쉬운 다섯 가지 연공법(功法)만에 있는 것이 아니고 '진(眞)·선(善)·인(忍)' 표준에 따라 마음수행을 하여 좋은 사람이 되는 데 있음을 주목하였다.

1) 파룬궁은 '진(眞)·선(善)·인(忍)'을 행하고, 공산당은 '가(假)·악(惡)·투(鬪)를' 행한다

파룬궁은 '진(眞)'을 제창한다. '진'은 진실한 말을 하고 진실한 일을 하는 것을 말한다. 그러나 중국 공산당은 거짓말과 세뇌에 의존한다. 사람마다 진실한 말을 하게 되면 중국 공산당이 지난 세월 소

련에 기대어 살인, 납치, 도주, 아편재배, 가짜 항일 등을 한 과거사가 알려질 것이다. '거짓말을 하지 않으면 큰일을 해내지 못한다.'고 여기는 그들은 집권한 후에도 여러 차례 운동 과정에서 수많은 '피의 빚'을 졌기에 중국 공산당으로서는 사람들이 진실을 말하게 하는 것은 곧 그들의 종말을 맞는 것과 같다.

파룬궁은 '선(善)'을 제창한다. '선'은 매사에 타인을 배려하고 선의로 남을 돕는다는 것을 말한다. 그러나 공산당은 줄곧 '잔혹한 투쟁, 비정한 타격'을 부르짖어 왔다. 중국 공산당의 모범영웅 레이펑(雷鋒)은 "적을 대함에 엄동(嚴冬)처럼 냉혹하고 무자비해야 한다."고 했다. 사실 중국 공산당은 적에게만 그렇게 대하는 것이 아니다. 중공의 개국(開國) 원로, 원수(元帥), 국가주석에게도 비판 투쟁과 혹독한 구타, 가혹한 형벌을 가했다. '계급의 적'에 대한 살육은 몸서리칠 정도로 가혹하다. 만약 사회적으로 '선(善)'이 득세하면 '악(惡)'에 바탕을 둔 폭정과 군중운동은 일어나지 못할 것이다.

〈공산당 선언〉에서는 "지금까지 모든 사회의 역사는 계급투쟁의 역사다."고 했다. 이는 공산당의 역사관과 세계관을 대표하는 표현이다. 파룬궁 수련은 서로 간에 갈등이 생기면 먼저 자신에게서 문제의 잘못을 찾아 반성할 것을 제창한다. 내면적으로 자신을 성찰하는 이런 세계관은 남에게 먼저 향하는 공산당의 투쟁철학과는 완전히 대립된다.

투쟁은 공산당이 정권을 획득하고 생존을 유지하는 주요 수단이다. 주기적으로 사람을 괴롭히는 정치운동을 벌이는 것은 자신을 끊임없이 충전하고 '혁명 투지를 진작하기 위함'이다. 폭력과 거짓말을 더욱 강화하고 익숙하게 하는 이런 과정 또한 사람들에게 공포를 조성하여 그들의 통치를 유지하기 위한 과정이다.

이데올로기 측면에서 말하자면 공산당이 의지하는 생존 '철학'과 파룬궁의 가르침은 뚜렷이 대립된다.

2) 신앙은 두려움을 없애주지만, 공산당은 오히려 공포를 조성하여 정권을 유지한다

진리를 알고 수용하는 사람은 두려움이 없다. 기독교는 근 300년 동안 박해를 받았다. 수많은 기독교인이 머리가 잘리고, 불에 타죽고, 익사하고 심지어 콜로세움 안에서 사자의 먹이로 던져지기까지 했으나, 끝까지 로마 황제에게 굴복하지 않았다. 역사상 불교가 법난(法難)을 겪을 때도 불교 신자들은 이와 같은 신앙심을 보였다.

무신론을 선전하는 주요 목적은 사람들에게 천국과 지옥이 없고 선악에 보응이 따르지 않는다고 믿게 해 양심의 굴레를 벗어던지고 현실의 영화(榮華)와 향락을 중시하게 하는 데 있다. 그렇게 되면 공산당은 쉽게 인성(人性) 중의 약점을 이용할 수 있고, 협박하고 재물로 유혹하면 효력을 충분히 발휘할 수 있다. 하지만 신앙인은 생사를 꿰뚫어 보고 속세가 덧없음을 깨달았기에 세속의 유혹과 생명에 대한 위험에서도 초탈할 수 있어 공산당의 그러한 통제력이 먹히지 않는다.

3) 파룬궁의 높은 도덕표준에 중국 공산당이 난처해지다

1989년 '6.4' 천안문 대학살 이후, 중국 공산당의 이데올로기는

철저히 무너졌다. 특히 1991년 8월 소련 공산당의 붕괴와 함께 동유럽도 급변하게 되고 이는 중국 공산당에게 극도의 공포와 압력을 가져다주었다. 안팎으로 어려움이 겹쳐 통치의 합법성과 생존에 전례 없는 도전을 받았다. 이때 중국 공산당은 이미 마르크스·레닌·마오쩌둥의 원래 교지(敎旨)로는 당원들을 통합할 수 없음을 알고 전면적인 부패를 통해 혜택을 따르는 당원들의 충성심을 얻는 방향으로 전략을 바꾸었다.

누구든 당을 따르기만 하면 당에 입당하지 않고는 얻을 수 없는 혜택, 이를테면 뇌물 수수를 허용했다. 특히 1992년 덩샤오핑의 남순(南巡·남방 시찰) 이후, 중국 관가에서 부동산과 주식 투기가 판을 치고, 첩을 두는 것과 밀수가 횡행하고, 매춘과 도박 그리고 마약이 만연했다. 공산당 내부에 좋은 사람이 없다고 할 수는 없지만, 민간에서는 중국 공산당의 부패척결 의지에 대해 이미 믿음이 없어졌고 중고위급 간부 중 절반 이상이 부패한 것으로 인식됐다.

이러한 시기에 파룬궁 수련생들이 '진(眞)·선(善)·인(忍)'을 수련하면서 보여준 도덕적 풍모는 민중의 마음속에 남아있는 선량함을 일깨웠고 또 1억이 넘는 민중의 존경심을 불러일으켜 모두 수련에 참여케 했다. 파룬궁이라는 도덕적 거울에 중국 공산당의 모든 부정부패가 비쳐 나왔다.

4) 파룬궁의 발전과 관리방식이 중국 공산당의 질투를 유발하다

파룬궁의 확산은 사람이 사람에게 전하고 마음에서 마음으로 전하는 방식이고, 관리방식도 누구나 자유롭게 참여하고 그만둘 수도

있는 열려있는 형식이다. 따라서 파룬궁은 중국 공산당의 엄격한 조직과는 완전히 달랐다. 중국 공산당은 매주 한 차례 심지어 여러 차례 정치학습과 조직생활을 하지만, 그것은 형식에 그칠 뿐이다. 당 이데올로기에 대한 당원의 공감은 거의 제로에 가깝지만, 파룬궁 수련자는 자발적으로 '진(眞)·선(善)·인(忍)'을 실천한다. 게다가 파룬궁의 심신건강 개선효과가 크게 알려져 수련자 수가 빠르게 증가했다. 수련자는 자발적으로 리훙쯔(李洪志) 선생의 가르침을 배우면서 수련효과가 좋으니 스스럼없이 자신이 비용을 부담하면서 타인에게 수련법을 무료로 전한다. 불과 7년 만에 수련자가 1억 명으로 늘었고, 당시 중국의 거의 모든 공원에서는 아침마다 파룬궁을 수련하는 연공음악 소리가 울렸다.

공산당은 파룬궁이 공산당의 군중을 쟁탈해 간다고 여기면서 '종교'라고 말한다. 사실 파룬궁은 사람들에게 일종의 문화와 생활방식을 가져다주었는데, 바로 중국인이 잃어버린 유구한 선대문화와 전통의 뿌리다. 장쩌민과 공산당이 파룬궁을 무서워하는 것은 선대의 이런 전통적인 도덕이 군중과 하나로 융합되면 공산당의 그 어떠한 힘도 신속하게 확장되는 전통과 도덕상승의 추세를 막을 수 없기 때문이다.

공산당은 오랜 세월 전승해 내려온 중국인의 가치관을 수십 년 동안 파괴하고 왜곡했다. 그리고 전통을 되찾는 것 자체가 바로 역사적 선택이고 고난을 겪은 후 자생적으로 움튼 민중의 회귀(回歸) 본능이었다. 이런 선택을 하게 되면 필연적으로 옳고 그름을 똑똑히 가려 사악한 것을 포기하는 결과를 낳게 되는바, 이렇게 되면 당연히 공산당을 근본적으로 부정하고 포기하게 되는 것이다. 이는 중국 공산당을 사망에 이르게 하는 혈자리를 찌르는 것과 마찬가지다. 특히 파룬궁 수련자 수가 중국 공산당 당원 수를 초과했을 때, 중국 공산당이 느낀 그 공포와 질투를 우리는 가히 짐작할 수 있다.

중국 공산당은 줄곧 사회를 철저히 통제하고 있는데 농촌에는 마을마다 당 지부가 있고, 도시에는 가도판사처(街道辦事處·지역주민센터)에까지 당 지부가 깊이 뿌리내렸으며, 군대와 정부, 기업의 최말단 부서에도 당 조직이 있다. 이런 절대적인 독점 형태와 배타성은 중공이 정권을 유지하는 중요 수단으로, 〈헌법〉에는 '당의 영도(領導)를 견지한다.'는 그럴듯한 표현으로 포장했다. 하지만 파룬궁 수련자는 '진(眞)·선(善)·인(忍)'을 수련의 표준으로 삼을 것을 더욱 원했다. 중국 공산당이 볼 때, 이는 '당의 영도를 부정하는 것'과 같았고 받아들일 수 없었다.

5) 중공은 파룬궁의 '유신론'이 그들의 집권 합법성을 위협한다고 간주했다

진정한 유신론(有神論) 신앙은 공산당 입장에서는 그들에게 크나큰 도전임에 틀림없다. 공산당 집권의 합법성이 이른바 '역사적 유물론'에서 왔기 때문이고, 또 '지상의 천국'을 세우기 위해서는 인간세상의 '선봉대', 즉 '공산당'의 영도(領導)에 의지할 수밖에 없었다. 이와 동시에 '무신론(無神論)'은 도덕과 선악을 공산당 멋대로 해석할 수 있게 했다. 따라서 사회는 진정한 도덕과 선악을 말할 여지조차 없었으며, 민중은 오로지 당이 영원히 '위대하고 영광스럽고 정

확하다.'는 것만 기억하기를 바랐다.

하지만 유신론은 민중에게 변하지 않는 선악을 분별할 수 있는 표준을 주었고, 파룬궁 수련자는 옳고 그름을 분별함에 '진(眞)·선(善)·인(忍)'으로 가늠한다. 이것은 명백히 중국 공산당의 일관된 '사상통일'에 장애가 됐다.

결론적으로 말하면 이 외에도 많은 이유가 있겠지만, 상술(上述)한 다섯 가지 이유 하나하나가 모두 중국 공산당에는 매우 치명적이다. 사실 장쩌민이 파룬궁을 탄압한 원인도 이와 같은 이유에 있다고 할 수 있다.

장쩌민은 자신의 경력도 속여서 출세한 자로서 당연히 진실할 '진(眞)'을 말하는 것을 두려워하고, 민중을 탄압해 벼락출세했기에 당연히 착할 '선(善)'을 달가워하지 않으며, 당내 투쟁에서 암투를 벌여 권력을 유지했기에 당연히 참을 '인(忍)'을 싫어한다.

장쩌민의 옹졸한 속과 강한 질투심은 작은 일에서도 그대로 드러났다. 저장(浙江)성 위야오(余姚)현(현재는 시로 바뀜)에 중요문화재 보호구역인 '허무두(河姆渡)유적박물관'이 있는데, 이 박물관의 현판은 중공의 전 원로 쵸오스(喬石·중국 전국인민대표대회 상임위원회 위원장 역임)가 썼다. 1992년 9월, 장쩌민이 허무두를 참관할 때 쵸오스가 쓴 현판을 보고 얼굴이 몹시 어두워졌다. 수행원들도 매우 긴장했다. 장쩌민이 쵸오스를 못마땅해 하고 또 자기를 내세우기 좋아한다는 것을 알고 있었기 때문이다. 그는 가는 곳마다 현판을 썼는데, 심지어 '지난(濟南)시 공안국 교통지대'와 '정저우(鄭州)시 퇴직공정사협회' 방문 시에도 현판을 썼다. 박물관 책임자는 옹졸한 장쩌민을 감히 홀대하지 못했고, 결국 1993년 5월, 박물관을 새로 단장해 개방한다는 핑계로 장쩌민이 쓴 현판으로 바꾸었다.

〈마오쩌둥선집(毛澤東選集)〉 4권은 '웅문4권(雄文四卷·웅장한 글이 네 권이나 된다는 뜻)'이라 불리고, 〈덩샤오핑문선(鄧小平文選)〉에도 '흑묘백묘론(黑猫白猫論·검은 고양이든 흰 고양이든 쥐를 잡을 수 있으면 좋은 고양이라는 덩샤오핑의 실용주의 표현)'이라는 실용주의 사상이 있다. 그러나 장쩌민은 기껏 머리를 짜내 생각한 것이 세 마디밖에 없는데, 그것도 대단한 것인 양 '3강(三講)'이라고 불렀다. 책으로 찍어냈으나 인기가 없자 공산당 조직을 통해 강매했다. 하지만 장쩌민은 당원들에게 존경받기는커녕 곳곳에서 여가수와 스캔들을 일으키고, 외국에서 국가 정상의 신분으로 '오 솔레미오(O Sole Mio)'란 노래를 부르고, 스페인 국왕 앞에서 주머니에서 빗을 꺼내 머리를 빗는 등 온갖 멸시받을 짓만 일삼았다.

파룬궁 창시인 리훙쯔(李洪志) 대사는 평민 출신인데도 설법할 때면 전국 각지에서 여러 분야의 교수, 전문가, 유학생 들이 구름처럼 몰려들었다. 리훙쯔 대사는 원고도 없이 유창하게 몇 시간을 강의하고, 강의 내용은 바로 책으로 출판할 수 있었다. 이런 모습이 허영심과 질투심이 많은 데다 속까지 옹졸한 장쩌민으로서는 도저히 참을 수가 없었다.

장쩌민의 생활은 극도로 방탕하고 부패했다. 9억 위안을 들여 전용 호화 비행기를 사들였고, 걸핏하면 국고에서 수백억 위안을 꺼내 아들에게 사업 자금으로 주었다. 또 친인척과 측근들을 부장급(部級) 이상의 고위 관리로 발탁하고 측근들의 부패와 범죄를 감싸는 등 온갖 극악무도한 짓을 다 했다. 따라서 장쩌민은 파룬궁의 도덕적 힘을 매우 두려워했고, 파룬궁이 전하는 '천당과 지옥이 있고, 선악(善惡)에 보응이 따른다.'는 메시지가 진실일까 봐 더없이 두려워했다.

장쩌민은 중국 공산당의 최고권력을 장악했으나, 정치적 업적과 능력이 부족했다. 따라서 늘 자신이 중국 공산당의 잔혹한 권력투쟁에서 밀려날까 걱정했고 자신의 '핵심(核心)'적 권위에 대해 아주 민감했다. 음모를 꾸며 정적(政敵)인 양상쿤(楊尙昆)과 양바이빙(楊白冰) 형제를 제거하는 등 자신과 견해를 달리하는 사람은 거리낌 없이 없앴다. 1997년과 2002년에 각각 열린 제15차, 제16차 중국 공산당 전국대표대회에서 장쩌민은 자신과 견해가 다른 사람은 가차 없이 내몰면서도 정작 자신은 나이가 되면 퇴임해야 한다는 당 정부 관련규정을 무시하면서 자신의 권력에 연연해 물러나지 않았다.

1989년, 새롭게 당선된 중국 공산당 총서기 장쩌민이 중국 국내외 기자들과 기자회견을 가졌다. 한 프랑스 기자가 '6.4 천안문 사태'로 인해 한 여대생이 쓰촨(四川) 농장에 유배돼 벽돌 나르는 일을 하면서 현지 농민에게 수차례 강간당한 사건에 대해 질문했다. 그러자 장쩌민은 "당신의 말이 사실인지 아닌지는 모르겠지만, 그녀는 폭도다. 만약 그것이 사실일지라도 그는 벌을 받아 마땅하다."고 말했다. 문화대혁명 때 장즈신(張志新)이 중공 감옥에서 윤간당하고 칼로 기도까지 잘린 사건에 대해서도 아마 장쩌민은 그녀 또한 '벌을 받아 마땅하다.'고 했을 것이다. 이를 통해 우리는 장쩌민이 잔혹한 인격을 가진 불량배이자 변태라는 것을 한눈에 알 수 있다.

요약하자면 장쩌민의 음흉한 심리, 권력욕, 잔혹한 인격과 '진(眞)·선(善)·인(忍)'에 대한 공포 심리가 장쩌민이 거리낌 없이 파룬궁을 탄압하게 된 이유라고 볼 수 있다. 이 점은 공산당 조직과도 아주 밀접한 연관이 있다.

3. 장쩌민과 중국 공산당이 서로 이용하다

장쩌민은 어떻게 하든 파룬궁을 '소멸'하는 것으로 개인적인 분노를 풀려 했다. 또 그는 자신을 과시하고 정치적 권모술수를 부리는데 열중했지만, 오히려 자신의 무능함과 배운 것도 없고 재주도 없음이 널리 알려졌다. 장쩌민 한 개인으로서는 중국 전통문화에 뿌리를 두고 폭넓은 사회 기반을 가진 파룬궁 수련자를 어찌할 수 없었다. 그때 마침 중국 공산당이라는 폭정 기계가 더욱더 단련되고 성숙해졌는데, 그것 역시 파룬궁을 제거하려고 했다. 공산당 총서기인 그는 바람으로 불을 지피듯 이 절호의 기회를 잡고 탄압을 쉽게 발동할 수 있는 버튼을 눌렀다. 중국 공산당과 장쩌민, 이 양자(兩者)는 파룬궁 탄압에서 박자가 서로 맞았고 마치 산악인들의 고함에 눈사태가 일어나는 것과 같이 호응하고 공명을 만들었다.

장쩌민이 탄압 명령을 내리기 전에 이미 중국 공산당은 파룬궁을 토벌하고 감시하고 조사할 죄명을 꾸며내기 시작했다. 왜냐하면 중국 공산당이라는 이 악령과 공산당 사이비 종교조직이 선천적으로 갖고 있는 사악함은 본능적으로 '진(眞)·선(善)·인(忍)'이 그들의 존재에 위협임을 감지한 데다 방대하고도 빠르게 성장하는 연공 단체를 용납할 수도 없기 때문이었다. 1994년부터 중국 공산당의 공안 요원들이 파룬궁 속에 잠입했다. 하지만 어떠한 위협적인 문제점도 발견하지 못했고 오히려 많은 요원이 파룬궁을 되레 수련하기 시작했다. 1996년에 이르러 광명(光明)일보는 기공에 대해 '선전도, 간섭도, 탄압도 하지 않는다.'는 정부의 '3불(三不)' 정책을 위반하면서까지 제멋대로 사상영역에서 파룬궁을 비판하는 기사를 발표했다. 그 후, 공안과 '과학자'라는 직함을 가진 정객(政客)들이 끊임없이 파룬궁을 교란하기 시작했다.

1997년 초, 중국 공산당 중앙정법위원회(政法委) 서기 뤄간(羅幹)은 직권을 이용해 파룬궁에 대한 조사를 공안에 맡겨 전국적으로 실시하도록 했다. 그 목적은 죄명을 꾸며내 파룬궁을 금지하는 것이었다. 하지만 각지에서 '아직 어떠한 문제도 발견하지 못했다.'는 보고가 잇따르자 그는 1998년 7월 중국 공안부 1국(정치보위국이라고도 함)을 통해 공정(公政)[1998] 제555호 '파룬궁 조사에 관한 통지'를 발표했다. 먼저 파룬궁을 '사교(邪敎)'로 규정하고 이어서 전국 각지 공안부문에서 체계적인 '잠입조사'를 통해 증거를 수집하게 했다. 하지만 조사 결과, 아무것도 얻어낸 게 없었다.

중국 공산당은 악령의 통제를 받는 조직으로서 어떤 일을 벌이려 할 때, 이 탄압을 작동하는 데 결정적인 작용을 할 대리인을 필요로 한다. 이때 중국 공산당 지도자의 선택이 아주 중요한 작용을 한다. 중국 공산당 우두머리 역시 한 인간으로서 그의 인성 중에 '선'과 '악'이 동시에 존재하는데, 만약 그가 '선'을 선택한다면 잠시라도 사악한 중국 공산당의 당성(黨性)이 발작하지 않도록 억제할 것이고,

만약 '악'을 선택한다면 중국 공산당의 사악한 당성이 그대로 여지 없이 폭발해 나올 것이다.

6.4 천안문 사태 당시 중국 공산당 총서기 자오쯔양(趙紫陽)은 학생들을 진압할 의도가 없었다. 하지만 중국 공산당을 장악한 기타 원로 여덟 명은 진압을 고집했다. 덩샤오핑은 당시 "20만 명을 죽여서라도 20년 안정을 확보하자."고 했다. 이 말은 중국 공산당 정권을 20년 더 유지하겠다는 것인데, 이는 공산당 독재 전제(專制)의 근본적인 목적에 부합했기에 받아들여졌다.

파룬궁에 관한 문제에서도 장쩌민은 결정적인 작용을 했다. 당시 중공중앙정치국 상무위원 일곱 명 중 장쩌민만 탄압을 고집했다. 장쩌민이 내세운 구실은 이른바 당이 망하면 국가가 망한다는 것인데, 이것은 중국 공산당의 가장 민감한 신경을 건드리는 것과 같아 그들의 투쟁의식을 강화했다. 장쩌민은 개인권력을 수호하고 공산당은 일당독재를 유지하고자 한다는 점에서 이 양자는 고도의 통일성을 얻었다.

1999년 7월 19일 밤, 장쩌민이 주관한 중국 공산당 고위층 회의가 열렸다. 장쩌민은 법 대신 권력으로 인식을 '통일'하여 전면적인 탄압을 하도록 직접 결정했고 또 중국 정부 명의로 파룬궁 금지조치를 내림으로써 세상 사람들을 기만했다. 따라서 중국 공산당과 중국 공산당이 통제하는 정권과 폭력기구가 전력을 다해 천지를 뒤덮는 기세로 무고한 파룬궁 수련자를 탄압하기 시작했다.

우리가 예측할 수 있는 것은 만약 그 당시 중공 총서기가 장쩌민이 아닌 다른 사람이었다면 이번 탄압은 발생하지 않았을 것이란 점이다. 이런 측면에서 보면 공산당이 장쩌민을 이용했다고 할 수 있다.

거꾸로 말해서 만약 공산당이 피의 빚과 위기감이 없었다면, 그리고 온갖 악을 두루 갖춘 불량배가 아니어서 천리(天理)를 거스르고 인성을 말살하는 본성이 없었다면 절대로 파룬궁을 위협적이라고 생각하지 않았을 것이란 점이다. 중국 공산당이 사회를 빈틈없이 전면적으로 통제하지 않았다면 장쩌민의 탄압 의지도 조직, 재정, 문화 선전, 외교, 인원, 설비 부문의 보장을 받을 수 없었을 것이다. 또한 감옥, 경찰, 국가안전부, 군대, 종교, 과학기술, 민주당파, 공회(公會), 단위(團委), 부녀연합의 지지도 얻지 못했을 것이다. 이런 측면에서 보면 장쩌민은 공산당을 이용했다고 할 수 있다.

4. 장쩌민은 어떻게 중공을 이용해 파룬궁을 박해했나

장쩌민은 '모든 당원은 중공 중앙에 복종해야 한다.'는 중국 공산당의 조직 원칙을 내세워 군대, 매체, 공안, 경찰, 무장 경찰, 국가안전부, 사법 계통, 인민대표대회, 외교, 위장 종교단체 등 중국 공산당이 장악한 국가기구를 모두 파룬궁 박해에 참여하도록 했다. 군대와 무장경찰은 파룬궁 수련생 납치에 직접 참여했고, 매체는 장쩌민 집단을 대신해 거짓말을 퍼뜨려 파룬궁에 먹칠했다. 또 국가안전부는 장쩌민 개인을 위해 자료를 수집하고, 거짓말을 날조하고, 거짓 정보를 만들어 제공했다. 인민대표대회와 사법기관은 장쩌민을 보호하는 우산이 돼 장쩌민과 중국 공산당의 범죄 행위에 '합법(合法)', '법치(法治)' 등으로 면죄부를 주었다. 공안, 검찰, 법원은 법을 집행하는 기관으로 범법행위를 일삼으며 장쩌민의 졸개 노릇을 했다. 외교기관은 국제적으로 거짓말을 퍼뜨리고 정치적·경제적 이익을 앞세워 외국 정부, 정계 요인, 매체 등을 매수해 파룬궁 박해에 침묵하도록 했다.

장쩌민은 1999년 파룬궁 탄압을 진두지휘하는 중앙 공작회의에서 "나는 공산당이 파룬궁과 싸워 이기지 못한다는 것을 믿지 않는다."고 하며 중국 공산당의 탄압 의지와 기세를 선동하고 강화했다. 이 회의에서 '진(眞)·선(善)·인(忍)'을 신앙하는 파룬궁 수련생들을 대상으로 이른바 '명예를 실추시키고, 경제를 파탄 내고, 육체를 소멸하라.'는 3대 방침을 하달함으로써 한차례 전면적인 탄압 운동이 펼쳐졌다.

1) 매체를 동원해 진실을 봉쇄

'명예를 실추'시키고자 중국 공산당은 자신들이 완벽하게 통제하고 있는 매체를 통하여 가짜 뉴스를 퍼뜨리는 방식을 실시했다. 1999년 7월 22일 파룬궁 수련생을 체포하기 시작한 지 사흘째 되는 날, 중국 공산당이 통제하는 매체는 천지를 뒤덮을 듯이 파룬궁을 반대하는 선전을 시작했다. 관영 중앙방송(CCTV)을 예로 들면, 1999년에는 매일 일곱 시간씩 사전에 제작한 각종 프로그램을 방영했는데 그것은 파룬궁 창시인 리훙쯔 선생의 말을 대량으로 뜯어고쳐 왜곡하기 시작했고, 심지어 자살, 타살, 치료를 거부해 사망했다는 등 있지도 않은 사례들을 날조해 파룬궁과 그 창시인을 모독하고 모욕하는 선전을 했다.

가장 유명한 실례 하나를 들면, 한 공개석상에서 리훙쯔 선생이 언급한 "이른바 지구 폭발이라는 것은 존재하지 않는다."는 말에서 '않는다'라는 '불(不)' 자를 편집하여 잘라내 파룬궁이 '세계 종말'을 선동한다고 모함한 사건이다. 더욱 심했던 것은 교묘한 수단으로 일반 형사범의 범죄행위를 파룬궁 수련생에게 덮어씌웠다. 예를 들면, 베이징의 한 정신병자 푸이빈(傅怡彬)이 저지른 살인사건과 저장성의 거지 독살사건 등 정신병자와 살인범이 저지른 사건을 모두 파룬궁이 했다고 뒤집어씌웠다. 그런 후 언론을 선동해 진상을 모르는 민중이 덮어놓고 파룬궁을 증오하게 하고, 민심을 얻지 못할 피비린내 나는 박해의 구실을 만들고 지지자를 만들어냈다.

중국 공산당이 절대적으로 통제하는 신문사 2천 개, 잡지사 천여 개, 지방 텔레비전과 라디오 방송국 수백 개가 모두 전력을 다해 파룬궁을 모함하는 선전을 했다. 이런 선전은 다시 관영통신인 〈신화사(新華社)〉, 〈중신사(中新社)〉, 〈중통사(中通社)〉, 해외 중공 매체를 통해 해외 각 국가로 퍼져 나갔다. 불완전한 통계에 따르면 반년 사이에 중공 매체가 국내외에서 파룬궁을 비방하고 비판한 기사 횟수는 놀랍게도 30여만 건에 달했고 진상을 알지 못하는 무수한 세상 사람들을 독해했다.

외국에 주재하는 중국 대사관, 공사관, 영사관도 파룬궁을 비판하는 포스터, CD, 단행본을 대량으로 비치했고, 외교부 사이트에도 전문적으로 파룬궁을 비판하는 코너를 개설했다.

그뿐만이 아니다. 1999년 말, 장쩌민 본인도 팔을 걷어붙이고 직접 탄압에 나섰다. 뉴질랜드에서 열린 아태정상회의(APEC)에서 중국 공산당이 조작한 파룬궁을 모함하는 소책자를 10여 개 나라의 국가 정상들에게 나누어 주었는데 이러한 치졸한 수법은 오히려 국제적으로 멸시와 조소를 받았다. 프랑스에서는 장쩌민이 중국의 헌법에 적시한, 정상이 외국에서 직접 인터뷰를 하지 못한다는 규정을 무시한 채 프랑스 현지 언론에 노골적으로 파룬궁이 '사교(邪敎)'라고 선전함으로써 그들이 파룬궁 '명예를 실추시키는' 목적에 도달하려 했다.

이렇듯 한동안 먹구름이 전역을 뒤덮으면서 문화대혁명이 재차 부활하여 돌아오는 듯 으스스한 분위기가 감돌았다.

가장 악랄한 사건은 2001년 1월 베이징 광장에서 발생한 이른바 파룬궁 수련생 '분신자살' 조작사건이다. 이는 〈신화사〉를 통해 전례 없이 빠른 속도로 전 세계에 퍼져 파룬궁을 모함한 사건이다. 이 영상은 후에 UN의 국제교육발전기구(IED)를 포함한 여러 국제기구에 의해 거짓으로 조작된 것임이 판명됐다. 이 조작에 관련해 중앙티비(CCTV)와 질문에서 텔레비전 프로그램 제작에 참여했던 한 스태프가 중앙텔레비전 방송국에서 방영한 일부 장면은 '사건이 발생한 후 보충해서 찍은 것'이라고 실토하여 탄압자들의 깡패 본성이 적나라하게 드러났다. 하지만 일부 사람들은 '죽음도 두려워하지 않는 분신자살을 기도한 가짜 파룬궁 수련자'가 어떻게 이처럼 중공 당국과 합작했는지 의문을 가졌다. 워싱턴 포스트 필립 기자가 중국 현지에서 직접 취재한 결과 분신자살을 기도한 이들은 파룬궁 수련자가 아닌 거짓으로 밝혀졌고 이는 해외 언론에도 보도됐다.

거짓말은 햇빛을 두려워한다는 말이 있다. 중국 공산당은 유언비어를 날조하고 비방하는 동시에 전력을 다해 진실한 소식을 봉쇄했다. 파룬궁에 관한 해외 소식과 파룬궁 수련생들의 각종 합리적인 해명을 봉쇄하고 파룬궁 서적과 기타 자료를 전부 소각했다. 또한 중국 파룬궁 수련생을 인터뷰한 외국 기자를 추방하거나 매체를 위협했고 중국시장을 통해 원하는 경제이익을 미끼로 자율적으로 목소리를 내지 못하도록 압력을 가하는 등 극단적인 조치도 취했다.

파룬궁의 진실한 상황과 당국의 탄압 관련 자료를 해외에 전달하려는 파룬궁 수련생에 대해서도 중공 당국은 극단적인 탄압 수단을 썼다. 예를 들면 랴오닝(遼寧)성 다스차오(大石橋)시 난러우(南樓) 경제개발구 둥장(東江)촌에 사는 리옌화(李艶華, 여, 60세 전후)는 2001년 2월 19일, 파룬궁 진상자료를 배포하다가 경찰에 체포된 후 구타당해 사망했다. 하지만 경찰은 범행을 은폐하기 위해 그녀가 "파룬궁에 심취해 죽었다."고 날조했다.

또 베이징의 칭화(清華)대학 교수와 학생 10여 명이 파룬궁 자료를 전달했다는 이유로 중형(重刑)을 선고받았다. 또 경찰이 충칭(重慶)대학의 연구생인 파룬궁 수련생 웨이싱옌(魏星艶)을 강간한 사건이 폭로된 후, 충칭 파룬궁 수련생 일곱 명이 중형을 선고받았다.

2) 재산을 몰수하고 생존권을 박탈

파룬궁 수련자에 대한 '경제적으로 무너뜨리는' 탄압 정책은 중공의 모든 국가기구를 동원해 진행했다. 21년(1999년 7월부터 현재) 넘게 수십만 명의 파룬궁 수련생을 위협해 적게는 몇천 위안, 많게는 몇만 위안에 달하는 벌금을 부과했다. 이런 벌금은 그 어떤 법적인 근거도 없이 지방정부, 직장조직과 파출소, 공안국 등에서 임의로 부과한 것이어서 벌금을 낸 사람이 법적으로 인정받는 영수증 한 장도 받지 못했다.

가택을 수색해 재산을 몰수하는 것은 경제적 약탈 또는 협박 방식이다. 파룬궁 수련을 견지하는 수련생은 수시로 경찰들의 집 수색을 당해야 했고 그들은 마음대로 현금과 재물을 몰수해 갔다. 심지어 농촌에서는 집에 있는 식량마저 빼앗아 갔다. 이렇게 몰수한 재물은 영수증도 없이 집을 수색한 임무를 맡은 자들의 개인 주머니로 들어갔다.

또 파룬궁 수련생은 직장에서 쫓겨나는 징벌을 받고, 농촌에서는 토지를 몰수당하는 위협에 직면한다. 중국 공산당은 심지어 이미 퇴직한 노인마저도 가만두지 않는데, 퇴직금 지급을 중단하거나 적게 주고 또 거주하는 집도 회수한다. 상업 활동에 종사하는 일부 파룬궁 수련생은 재산을 몰수당하고 은행예금도 동결된다.

이런 정책을 집행할 때, 중국 공산당은 늘 연좌제를 실시한다. 같은 직장에 파룬궁 수련생이 있으면 직장 상사나 동료에게 상여금을 주지 않고 승진도 시켜주지 않아 사회적으로 파룬궁 수련생들을 증오하게 한다. 또 파룬궁 수련생의 가족들에게도 실직, 자녀 학업중단, 주택 회수 등 불이익을 안긴다. 목적은 파룬궁 수련생들의 경제적 기반을 무너뜨려 수련을 포기하게 하는 데 있다.

3) 혹형(酷刑)으로 못살게 굴고 도처에서 살육을 자행

파룬궁 수련생들의 '육체를 소멸(掃滅)하는' 가장 피비린내 나는

탄압은 기본적으로 공안, 검찰, 법원기관을 통해 집행한다. 밍후이왕(明慧網)의 통계에 따르면 1999년 7월 20일부터 2020년 10월까지 21년여 동안 박해로 사망한 파룬궁 수련생은 확인된 것만 4,566명이다. 사망자는 30여 개 성, 자치구, 직할시에서 나왔는데, 2020년 10월 1일까지 집계한 바로는 헤이룽장((黑龍江)성, 랴오닝(遼寧)성, 허베이(河北)성, 지린(吉林)성, 산둥(山東)성, 쓰촨((四川)성, 후베이(湖北)성 순으로 사망자가 많이 나왔다. 그중 최연소 사망자는 10개월 된 영아이고, 최고령 사망자는 98세 노인이다. 또 여성이 53.77%를 차지하고, 남성이 44.85%, 성별 미상이 1.38%, 50세 이상 노인이 59.11%를 차지했다. 한 중국 공산당 관리가 사석에서 밝힌 바에 따르면 실제 사망자는 이보다 훨씬 많다고 한다.

파룬궁 수련생들의 몸에 가하는 각종 고문은 구타, 채찍으로 때리기, 전기고문, 냉동, 묶어놓기, 장시간 수갑 채우기, 잠 안 재우기, 불로 지지기, 달아매 놓기, 장시간 서 있게 하기, 꿇어앉히기, 대바늘로 찌르기, 성적 학대, 강간 등 셀 수 없을 만큼 많다. 2000년 10월, 랴오닝성 마싼자(馬三家) 교양원의 간수는 여자 파룬궁 수련생 18명의 옷을 벗겨 남자 죄수 감방에 밀어 넣었다. 이는 수많은 만행 가운데 하나일 뿐이다.

파룬궁 수련생에게 가하는 고문 가운데 빼놓을 수 없는 것이 바로 '정신병 치료약물 주입'이다. 정신적, 육체적으로 건강한 파룬궁 수련생을 정신병원에 감금해 중추신경계를 파괴하는 이름 모를 약물을 주사한다. 이로 인해 전신 또는 신체 일부가 마비되거나 두 눈이 실명하거나 귀가 먹거나 근육과 기관이 썩거나 부분적으로 또는 아예 기억을 잃거나 정신이상자가 된다. 또 내장 기능이 심하게 손상되거나 아예 미쳐 버리거나 약물로 인해 바로 사망하기도 한다.

조사 결과에 따르면 '정신병 치료약물을 주입'하여 파룬궁 수련생을 박해한 사례는 중국의 23개 성(省)·시(市)·자치구에서 나왔고, 성·시·현·구의 정신병원 수백 곳이 박해에 동참했다. 이런 사례의 수와 분포 범위로 볼 때, 파룬궁 수련생에 대해 약물을 거리낌 없이 주입하는 방식의 박해는 계획적으로 그리고 위에서 아래로 체계적으로 실시한 정책이었음을 알 수 있다. 정신이 멀쩡한 파룬궁 수련생 천여 명을 강제로 정신병원과 마약중독자 재활원에 가둬 놓고 강제로 중추신경을 파괴하는 주사를 놓거나 약물을 주입했으며 동시에 장시간 묶어놓거나 전기 충격기로 혹형을 가해 최소 15명이 현장에서 바로 죽임을 당했다.

4) 법률체제를 초월한 '610 사무실'을 앞세워 박해를 전담

1999년 6월 7일, 장쩌민은 중국 공산당 정치국 회의에서 아무런 근거 없이 파룬궁을 중상모략했다. 파룬궁 문제에 관한 처리를 한 차례 '정치투쟁'으로 규정하고 파룬궁을 중공의 정치적 적으로 몰아 다시 한 번 중공의 투쟁 신경을 자극했다. 그리고 '파룬궁문제 중앙처리영도소조' 설립을 명령했는데, 설립 일자가 6월 10일이기에 대외적으로 '610 사무실'이라고 불렀다. 그 후, 이 '610 사무실'은 중앙에서 전국 각급 정부에까지 퍼졌으며, 파룬궁을 공격하는 모든 구체적인 업무를 책임졌다. 중국 공산당 당위원회가 지도하는 정법(政法)위원회, 언론과 정부기관의 공안, 경찰, 법원과 국가안전부가

모두 이 조직의 행동대장이었다.

'610 사무실'은 형식상으로는 국무원 소속이지만, 실제로는 국가와 정부 체제를 벗어난 당무(黨務) 조직이다. 따라서 어떠한 법 조항과 국가 정책규정에도 제한을 받지 않는 초법적 기구로, 국가 법률체계와 정부조직 체제를 초월해 국가 자원을 최대한 동원할 수 있고 나치 독일의 게슈타포처럼 온갖 나쁜 짓을 다 할 수 있다. 장쩌민이 파룬궁 탄압 명령을 내린 후인 1999년 7월 22일, 〈신화사〉는 중국 공산당 중앙조직부 책임자와 중국 공산당 중앙선전부 책임자의 발언을 전재하면서 장쩌민의 파룬궁 박해정책을 공개적으로 지지했다. 이 모든 것이 공산당의 은밀한 조직이 장쩌민의 사악한 계획과 발맞춰 실시한 것이다.

많은 사례가 증명하다시피 무릇 파룬궁 관련 사건은 공안국, 검찰원, 법원 등에 자율적으로 처리할 권한이 없고 반드시 이 '610 사무실'의 명령에 따라야 한다. 체포, 감금되거나 학대받아 사망한 파룬궁 수련생의 가족이 공안, 검찰, 법원 기관에 고소할 때면 한결같이 '610 사무실에서 결정한다.'는 통지를 받는다.

그러나 이 '610 사무실'은 법적 근거가 없이 존재하는 기구다. 610 사무실이 중국 공산당 체제 내의 모든 기구에 명령을 내릴 때는 대부분 서면명령이나 통지를 피하고 오로지 구두(口頭)로만 전달한다. 또 누구도 관련 내용을 녹음·녹화하거나 기록하지 못하게 되어 있다.

이런 임시 독재기구를 이용하는 것은 중국 공산당이 줄곧 사용해 온 상투적인 수법이다. 중국 공산당의 역대 숙청운동에서 이런 비정상적인 수단과 중앙문화대혁명 소조와 같은 비정상적인 임시 기구가 공산당의 폭정을 전국으로 밀어붙이도록 이끌었다.

중국 공산당은 오랜 폭정과 강압적인 통치과정에서 폭력, 거짓말, 정보 봉쇄 등으로 세계에서 가장 강력하고 사악한 국가 테러리즘을 연마했다. 그 잔혹함과 속임수를 활용하는 경지는 최고 정점에 이르렀고 규모와 정도는 전무후무(前無後無)한 수준에 다다랐다. 역대 정치운동 과정에서 사람을 괴롭히고 해치고 죽이는 방법과 경험, 그리고 잔혹하고 교활하고 간사함을 체계적으로, 효율적으로 터득했다. 앞에서 제시했듯이, 경찰의 위협과 괴롭힘을 견디지 못한 남편이 착한 아내를 잔혹하게 목 졸라 죽인 사건도 이를 입증하는 사례 중 하나다. 이것은 바로 중국 공산당이 언론을 이용해 속이고, 정치적 압력을 가하고, 연좌제를 시행하고, 협박하는 등 국가 테러리즘 수단으로 인성을 왜곡하고 증오심을 부추긴 결과다.

5) 군(軍)과 국가재정을 이용해 박해

중국 공산당은 군대를 통제해 거리낌 없이 마구잡이로 인민을 진압한다. 파룬궁을 탄압할 때도 장쩌민은 경찰과 무장경찰을 동원했다. 1999년 7월과 8월 사이에 전국 각지의 파룬궁 수련생 수십만에서 수백만 명이 억울함을 호소하러 베이징에 갔을 때 장쩌민은 직접 무장한 군대를 동원했다. 베이징 시내 일부지역에 병사들을 배치하고 베이징으로 통하는 주요 도로에 실탄으로 무장한 군인들이 경찰과 협조해 청원하러 가던 파룬궁 수련생들을 가로막고 체포했다. 이처럼 장쩌민은 직접 중국 공산당의 무력을 동원해 피비린내 나는 박해를 시작하고 자신의 길에서 걸리적거림을 제거했다.

중국 공산당은 또 국가재정을 통제해 파룬궁 박해에 필요한 재원을 뒷받침했다. 랴오닝성 사법청의 한 고위관리는 랴오닝성 마싼자(馬三家) '노동교양원' 대회에서 "파룬궁에 대응하기 위해 투입한 자금은 한 차례 전쟁에 쓰이는 비용보다 많다."고 말한 바 있다.

중국 공산당이 파룬궁 박해에 국가재정과 인민들의 피땀 어린 세금을 얼마나 투입했는지는 알 수 없지만, 대략 추정해 봐도 천문학적인 액수였음은 분명하다. 2001년, 중공 공안 내부소식에 따르면 천안문 한 곳에서 파룬궁 수련생들을 체포하는 데에만 하루에 170만~250만 위안 즉 1년에 6억 2천만~9억 1천만 위안을 지출했다고 한다. 또 도시는 물론 산간벽지 농촌에까지 설치된 파출소, 공안국, '610 사무실' 등에 파룬궁을 박해하기 위해 고용한 요원이 줄잡아 수백만 명 이상인데, 이들에게 지급하는 임금이 연간 수천억 위안에 이르는 것으로 추정된다. 그뿐만 아니라 거액을 들여 파룬궁 수련생을 수감하는 노동교양소를 늘리고 세뇌센터, 세뇌기지들을 새로 세웠다. 2001년 12월, 42억 위안을 투입해 파룬궁 수련생을 전향시키는 세뇌센터와 기지를 건립한 것도 그중 하나다. 장쩌민은 또 파룬궁 박해에 더 많은 사람이 동참하도록 장려하기 위해 국가재정의 돈을 풀었다. 많은 지역에서 파룬궁 수련생을 붙잡을 때마다 몇천 위안에서 몇만 위안을 주는데, 가장 사악하게 파룬궁을 박해하고 있는 랴오닝성 마싼자 노동교양소의 쑤(蘇) 소장에게 5만 위안, 사오(邵) 부소장에게 3만 위안을 특별보너스 명목으로 지급하기도 했다.

중국 공산당 총서기 장쩌민은 이 사악한 박해를 창안하고 기획하고 진두지휘한 자다. 그는 중국 공산당의 운동 메커니즘을 이용해 파룬궁 박해를 발동했기에 이 역사적인 죄악에서 그 책임을 벗어날 수 없다. 만약 중국 공산당과 그 장구한 경험에서 단련된 잔혹한 메커니즘이 없었다면 장쩌민도 근본적으로 이런 사악한 박해를 발동할 수도, 진행할 수도 없었을 것이다.

장쩌민과 중국 공산당은 서로 이용하여 천하에 대죄(大罪)를 짓는 것도 아랑곳하지 않고 자신과 공산당의 사익을 위해 '진(眞)·선(善)·인(忍)'을 반대했는데, 이것이 바로 이번 황당무계하고도 사악한 죄악이 발생하게 된 진정한 이유이다.

5. 장쩌민, 중국 공산당 몰락을 자초하다

장쩌민은 자신의 사욕을 채우기 위해 공산당의 고질적 사악함을 이용해 '진(眞)·선(善)·인(忍)'을 수련하는 사람들에게 피비린내 나는 박해를 자행했다. 사회적으로 선을 지향하고 국가와 사회에 더없이 이롭기만 한 단체에 박해를 감행한 것이다. 따라서 이 박해는 국가와 인민을 죄악과 재난 속으로 끌어들였을 뿐만 아니라 궁극적으로는 공산당 자신의 몰락을 자초했다.

장쩌민은 중국 공산당을 이용해 동서고금 이래 장악한 모든 사악한 수단을 파룬궁을 '대처'하는 데 이용함으로써 법률과 도덕, 인성(人性)을 크게 파괴하고 국가권력의 통치기반을 근본적으로 훼손했다.

장쩌민 집단은 사용 가능한 모든 국가 재력과 인적·물적 자원을 동원해 파룬궁을 타격하고 좋은 이들을 탄압함으로써 국가와 사회에 엄청난 부담을 조성하고 금융 시스템에도 거대한 부담을 안겼다. 중국 공산당은 근본적으로 실패할 수밖에 없는 이번 박해를 더는 오래 진행할 수 없다. 단지 인민들의 은행예금을 몰래 유용하고, 국채를 발행하고, 해외 투자를 유치해 버티고 있을 뿐이다.

중국 공산당과 장쩌민이 박해에 사용한 흉악하고, 잔혹하고, 사기 치는 등의 수단은 중국 공산당의 사악한 경험을 집대성한 것으로, 이번 파룬궁 박해과정에서 여실히 전부 드러났다.

중국 공산당과 장쩌민은 탄압 구실을 만들기 위해 모든 선전도구를 동원해 파룬궁을 비방하고 유언비어를 퍼뜨렸다. 하지만 손바닥으로 하늘을 가릴 수 없듯이 진실은 결국 밝혀지고 만다. 박해가 실패하고 공산당의 사악함이 드러남으로써 거짓을 날조하는 선전도구가 더는 민중을 속일 수 없게 됐고 중국 공산당은 철저히 민심을 잃었다.

장쩌민은 1999년 파룬궁 탄압을 시작할 때 '3개월 이내'에 파룬궁을 제거할 작정이었다. 하지만 중국 공산당은 파룬궁의 역량을 얕잡아 봤고, 전통과 신앙의 힘을 과소평가했다.

자고로 사도(邪道)가 정도(正道)를 이긴 전례가 없듯이, 사악은 사람들 마음속의 선량함을 '없앨' 수 없다. 탄압이 21년이 지났지만, 파룬궁은 여전히 건재할 뿐만 아니라 세계적으로 더욱 널리 알려졌다. 장쩌민과 중국 공산당은 도리어 이 정사(正邪) 대결에서 크게 패했고, 자신이 잔혹하고 사악한 본성을 여지없이 드러냈다. 장쩌민은 현재 전 세계적으로 악명이 높은데다 안팎으로 궁지에 몰렸으며, 많은 법적 소송과 함께 법에 따라 처벌하라는 요구에 직면했다.

중국 공산당은 본래 이번 탄압을 이용해 그들의 폭정(暴政)을 공고히 하려 했다. 하지만 결과는 '충전(充電)'은 고사하고 가지고 있던 에너지마저 소진하고 말았다. 현재 중국 공산당은 이미 손쓸 수 없을 정도로 망가져 마치 썩은 고목처럼 저절로 무너질 지경에 이르렀다. 따라서 공산당을 구하려는 그 어떤 시도도 결국 역사의 흐름을 거스르게 돼 헛수고가 될 뿐만 아니라 자신의 앞길도 망칠 것이다.

맺음말

1999년 당시 중국 공산당 총서기 장쩌민은 이 사악한 박해를 창안하고 기획하고 지휘한 자다. 장쩌민은 중국 공산당의 권력, 지위, 사람을 괴롭히는 수단, 운동 메커니즘을 충분히 이용해 이번 파룬궁 박해를 발동했기에 이 역사적인 죄악의 책임을 피할 수 없다.

중국 공산당이 없었다면 장쩌민도 근본적으로 이 사악한 박해를 발동하고 진행할 수 없었을 것이다. 중국 공산당은 탄생한 날부터 정의와 선량을 적으로 삼고, 탄압을 수단으로 삼고, 박해를 능사(能事)로 삼고, 공산당 일당(一黨)이 천하의 사상을 통제하는 것을 통치 기초로 삼았다. 공산당의 본성 자체가 '진(眞)·선(善)·인(忍)'을 두려워하고 파룬궁을 적대시하기에 파룬궁에 대한 탄압과 박해는 필연적이다.

장쩌민과 중국 공산당이 '진(眞)·선(善)·인(忍)'을 공격할 때 거짓, 악행, 폭력, 독해, 사기(邪), 부패가 기회를 틈타 사회 전체에 범람했고 중국 대지에서는 보편적인 도덕이 무너지고 사회기풍이 나빠져 사람마다 큰 해를 입었다.

중국 공산당과 장쩌민은 서로 이용하고 결탁함으로써 이 양자의 운명을 하나로 묶어놓았다. 파룬궁은 지금 장쩌민을 기소한 상태다. 따라서 장쩌민이 법에 의해 제재를 받을 때 중국 공산당의 결말도 어떻게 될지 짐작할 수 있다.

하늘은 '진(眞) · 선(善) · 인(忍)'을 수련하는 사람들을 무자비하게 탄압한 무리를 절대로 용서하지 않는다. 장쩌민과 중국 공산당의 악행 또한 인류에게 영원히 기억될 깊은 교훈으로 남을 것이다.

평론-1 공산당이란 무엇인가
평론-2 중국 공산당은 어떻게 창설됐는가
평론-3 중국 공산당의 폭정暴政을 논하다
평론-4 공산당은 반우주 세력이다
평론-5 장쩌민과 공산당이 결탁해 파룬궁을 박해하다

평론-6 중국 공산당의 민족문화 파괴를 논하다

평론-7 중국 공산당의 살인 역사를 논하다
평론-8 중국 공산당의 사교邪敎 본질을 논하다
평론-9 중국 공산당의 깡패 본성을 논하다

서두

문화는 한 민족의 영혼(靈魂)으로, 인종이나 영토와 같은 물질요소만큼이나 중요한 정신요소다.

한 민족의 문명사는 곧 그 민족의 문화 발전사이며, 민족문화가 철저히 파괴되는 것은 곧 그 민족의 멸망을 의미한다. 인류역사상 찬란한 문명을 창조했던 고대 민족들은 후세에 인종은 존속할 수 있었지만, 민족은 전통문화의 소실과 함께 연기처럼 사라졌다. 중국은 전 세계에서 5천 년 고대 문명을 온전히 이어온 유일한 나라다. 그런 중국 전통문화를 파괴하는 것은 거대한 죄행이 아닐 수 없다.

'반고(盤古)가 천지를 개벽하고, 여와(女媧)가 사람을 만들고, 신농(神農)이 백 가지 풀을 맛보고, 창힐(倉頡)이 문자를 만든 것'은 신전문화(神傳文化)의 시작에 기틀을 다졌다. 그리고 '인간은 대지를 따르고, 대지는 하늘을 따르며, 하늘은 도를 따르고, 도는 있는 그대로를 따른다(〈도덕경〉 제25장: 人法地, 地法天, 天法道, 道法自然).'는 도가의 천인합일(天人合一) 사상이 문화의 혈맥에 녹아들었다. 공자는 '큰 배움의 길은 밝은 덕을 밝히는 데 있다(大學之道, 在明明德).'고 했고 2천 년 전에 이미 서당을 만들어 제자를 가르침으로써 '인(仁), 의(義), 예(禮), 지(智), 신(信)'의 유교사상을 사회에 널리 전했다. 그리고 서기 1세기에 '자비로 중생을 제도한다(慈悲普度).'는 석가모니의 불법(佛法)이 동쪽으로 전해지면서 중국 문화는 더욱 박대정심(博大精深·사상과 학식이 넓고 심오함)해졌다. 유(儒)·불(佛)·도(道) 삼가의 사상은 서로 어울려 휘황찬란하게 빛났고, 성당(盛唐·당나라 번성기) 시기에 이르러 전 세계가 주목하는 찬란한 문명을 꽃피웠다.

비록 중화민족이 역사적으로 여러 차례 외세의 침략과 파괴를 당한 바 있지만, 전통문화는 줄곧 지대한 융합력과 생명력을 보여 왔고, 그 정화(精華)가 대대로 전해져 내려왔다. '천인합일'은 우리 선조들의 우주관을 대표하며, '선악에는 보응이 있다.'는 믿음이 사회의 상식이었으며, '자기가 원치 않는 일은 남에게도 강요하지 말라(己所不欲, 勿施於人).'는 신조가 사람이 지켜야 할 최소한의 미덕이었다. '충효(忠孝·충성과 효도)와 절의(節義·절개와 의리)'가 사람이 태어나서 세상을 살아가는 기준이고, '인의예지신(仁義禮智信)'은 사회규범으로서 사회도덕의 기초가 됐다.

이러한 배경 아래에서 중화 문화는 성실, 선량, 화합, 포용 등 우수함을 구현해 냈다. 중국 백성이 사당에 모시는 '천지군친사(天地君親師)' 위패에는 천지를 공경하고, 임금에게 충성하고, 부모를 존중하고, 스승을 존경하는 뿌리 깊은 문화적 내포가 반영돼 있다. 중국 전통문화는 하늘과 인간의 조화를 추구하고, 개인의 수양을 중시하고, 유불도(儒彿道)의 수련과 신앙을 근본으로 삼는다. 따라서 포용하고, 발전하고, 인간사회의 도덕을 유지하고, 사람들에게 올바른 믿음을 가지도록 했다.

문화는 강제적으로 구속하는 법률과는 달리 유연하게 단속한다. 법률은 죄를 범한 후 징벌하는 데 치중하지만, 도덕교육을 중시하는 문화는 오히려 범죄를 예방하는 작용을 한다. 한 사회의 윤리와 가치관은 흔히 문화를 통해 구체적으로 반영돼 나온다.

중국 역사상 당나라는 전통문화가 가장 흥성했을 뿐만 아니라 국력 또한 가장 강한 시기였으며, 이때의 과학 수준도 가장 높아 전 세계적으로 독보적인 우위에 있었다. 그 당시 유럽, 중동, 일본이 당나라의 문화와 과학을 배우려고 모두 장안(長安)으로 사람을 보냈다. 그리하여 주변 국가들은 중국을 종주국으로 여겼고, 수많은 나라가 당나라에 조공(朝貢)을 바치러 왔으며, 통역에 통역을 거쳐 국경 관문을 두드렸다.

진(秦)나라 이후 중국은 수(隋)·당(唐)·원(元)·청(淸) 그리고 기타 소수민족이 할거한 왕조를 포함해 수시로 소수 민족에게 일부 지역을 점령당했다. 하지만 그들은 거의 모두 중국 문화에 동화되어 버렸는데, 이는 중국 전통문화의 거대한 동화력 때문이라고 하지 않을 수 없다. 마치 공자가 말했던 "먼 데 사람이 불복하면 문덕을 닦아 찾아오게 하라(故遠人不服, 則修文德以來之)."는 이치와 같다.

중국 공산당은 1949년 정권을 탈취하고 나서 민족문화를 파괴하는 데 국력을 쏟아 붓기 시작했다. 이것은 산업화에 열광해서 또는 서방문명을 따라잡기 위해서 저지른 미련한 행동이 아니었다. 오로지 공산당의 이데올로기가 중화민족 전통문화와는 물과 불처럼 상반되는 데서 비롯된 것이다. 이로 인하여 공산당은 조직적이고 계획적이며 체계적으로 그리고 국가의 포악한 힘을 등에 업고 민족문화를 파괴했다. 공산당이 건립되어 지금에 이르기까지 중국 문화에 대한 '혁명(革命)'을 단 한순간도 멈춘 적이 없고, 철저히 중국 문화의 '생명(命)'을 '혁파(革)'하려고 용을 써 왔다. 더욱 악랄한 것은 중국 공산당이 줄곧 전통문화의 본질을 바꿔치기하는 술책을 쓴다는 점이다. 중국 공산당은 예부터 오늘에 이르기까지 사람들이 전통문화와 멀어지면서 생긴 궁중(宮中)의 암투, 권모술수, 독재정치와 같은 것이 더욱더 발전되어 왔으며 일련의 체계적인 공산당의 선과 악의 기준, 사유방식, 언어 시스템을 창조해 냈다. 나아가 사람들에게 이런 '당문화(黨文化·공산당 문화를 가리킴)'야말로 중화 전통문화를 계승한 것처럼 인식시키고 심지어 사람들의 '당문화'에 대한 반감을 역이용해 진정한 중국 전통문화마저 포기하게 했다.

이는 중국에 재앙을 가져다주는 결과를 초래하였다. 사람들의 마음은 도덕의 구속력을 잃었을 뿐만 아니라 또 강제로 중국 공산당의 사악한 학설을 주입 당했다.

1. 공산당은 왜 민족문화를 파괴하려 하는가?

1) 중화 문화는 아득히 멀고 오래다. 유(儒)·불(佛)·도(道) 신앙을 근본으로 도덕을 존중해 왔다

중국인의 진정한 문화는 5천 년 전에 황제(黃帝)가 열었다. 그리

하여 황제(黃帝)를 '인문초조(人文初祖·인류문화의 시조)'라 부른다. 실제로 황제는 중국 도가사상(일명 '黃老之學')의 창시인이다. 유가사상은 도가의 영향을 깊이 받았다. 공자는 "도에 뜻을 두고, 덕에 의거하며, 인에 의지하고, 예에서 노닌다(志於道, 據於德, 依於仁, 遊於藝)."고 했고 또 "아침에 도를 들을 수 있다면 저녁에 죽어도 좋다(朝聞道, 夕死可矣)."고 했다. 그리고 유가에서는 천지·음양·우주의 원리와 사회·인생의 법칙을 기술한 〈주역(周易)〉을 '뭇 경전의 으뜸'으로 떠받들었고, 그 속의 예측학(豫測學)은 오늘날 현대과학도 그 뒤를 따라가기 힘들 정도다. 한편 불가(佛家) 사상에서, 특히 선종(禪宗) 사상은 은연중에 지식인들에게 지대한 영향을 미쳤다.

유가사상은 전통문화 중 '입세(入世·속세/세속에 입문하다)' 부분으로, 가정윤리를 아주 중시한다. 그중에서 '효(孝)'가 차지하는 비중이 아주 크고 '백 가지 선(善) 중에서 효가 으뜸이다(百善孝爲先).'고 할 정도다. 공자는 '인(仁)·의(義)·예(禮)·지(智)·신(信)'을 주창하면서 "효도와 공손함이 인을 실천하는 근본이다(孝悌也者, 其爲仁之本歟)."고 했다.

가정윤리는 자연스럽게 사회윤리로 널리 이어진다. '효(孝)'가 위로 이어지면 군주에 대한 신하의 '충(忠)'이 될 수 있는데, 이른바 '그 사람됨이 효성스럽고 공손하면서도 윗사람에게 덤비기를 좋아하는 자는 드물다(其爲人也孝悌, 而好犯上者, 鮮矣).'는 이치와 같다. '제(悌)'는 형제 사이의 덕목인 공손을 말하는 것으로 옆으로 이어지면 친구 사이의 '의(義)'가 될 수 있다. 유가(儒家)에서는 부모는 자식에게 자애롭고(慈), 자식은 부모에게 효도(孝)하고, 형은 아우를 사랑(友)하고, 아우는 형을 공경(恭) 할 것을 제창한다. 그중 '자(慈)'가 아래로 이어지면 신하에 대한 군주의 '인(仁)'이 될 수 있다. 가정에서 이런 전통이 잘 보존되면 사회윤리 역시 자연히 유지될 것이고, '먼저 몸과 마음을 바르게 하고 집안을 다스린 뒤에 나라를 다스리고 천하를 평온하게(修身, 齊家, 治國, 平天下)' 할 것이다.

불가사상과 도가사상은 전통문화 중에서 '출세(出世·속세를 벗어나다)' 부분이다. 불가와 도가의 영향이 일반 민중의 생활에 미치지 않은 곳이 없다. 도가사상과 깊이 연관된 중의(中醫)학·기공·풍수·점괘를 비롯한 불가의 '천국과 지옥', '선악에는 보응이 있다.'는 사상, 그리고 유가의 윤리가 함께 어울려 중국 전통문화의 핵심을 이루었다.

유(儒)·불(佛)·도(道) 신앙은 중국인에게 이른바 "하늘은 변하지 않으며 도(道) 또한 변하지 않는다."는 매우 안정된 도덕체계를 세워주었다. 이 한 세트 도덕체계는 사회가 존재할 수 있는 기반이 되고 안정과 조화를 이루는 기초가 됐다.

정신영역에 속하는 도덕은 흔히 추상적인데, 문화의 중요한 소임 중 하나는 바로 도덕체계를 통속적으로 알기 쉽게 표현해 준다.

중국의 4대 명작을 예로 들자면, 〈서유기(西遊記)〉는 그 자체가 신화(神話)이다. 〈홍루몽(紅樓夢)〉의 서두에는 대황산(大荒山)의 무계애(无稽崖)에서 공공대사(空空大士), 묘묘진인(渺渺眞人)과 통령보옥(通靈寶玉)의 대화가 나오는데, 이 신과 나눈 대화는 홍루몽 이야기를 관통하는 단서이다. 〈수호전(水滸傳)〉의 첫머리에서 이야기하는 '홍태위(洪太尉)가 요괴들을 잘못 풀어주었다.'는 이야기는 수박

양산(水泊梁山)의 108명 장수에 관한 신화이고, 〈삼국지(三國誌)〉에서는 첫 시작에 천재지변에 대한 경고를 말하면서 '어지러운 세상사 끝이 없고, 천명은 끝이 없어 벗어나지 못하네(紛紛世事無窮盡, 天數茫茫不可逃).'라는 천명관(天命觀)으로 끝을 맺는다. 또 〈동주열국지(東周列國誌)〉나 〈설악전전(說岳全傳)〉에서도 모두 유사한 이야기로 시작한다.

 이러한 공통점은 소설 저자들이 창작과정에서 생긴 우연한 일치가 아니라 자연계와 인생에 대한 중국 지식인들의 기본적인 견해를 반영한 것이다. 이들의 문학작품은 후세에 길이길이 영향을 미쳤다. 그러므로 중국인들은 '의(義)'를 말하면 이 글자에 대한 하나의 개념만 떠올리지 않고 '의리가 하늘에 닿을 듯 높은(義薄雲天)' 삼국지의 인물 관우(關羽)를 떠올린다. 관우가 '토산(土山)에서 조조군에 포위됐을 때 자신의 세 가지 항복 조건을 내건 일', '백마(白馬)에서 포위를 뚫은 일', '다섯 관문을 지나면서 여섯 장수의 목을 벤 일', '화용도(華容道)에서 조조를 살려준 일', 그리고 '맥성(麥城)에서 최후를 맞으면서도 의리와 절개를 지켜 아들과 함께 신(神)이 됐다.'는 이야기를 떠올린다. '충(忠)'에 관하여 이야기하면 중국인들은 자연히 악비(岳飛)의 '정성과 충성을 다해 나라에 보답한다.'는 '정충보국(精忠報國)'이나 제갈공명의 후출사표(後出師表)에 나오는 '나라를 위해 몸과 마음을 다 바치고 죽은 뒤에야 일을 그만둔다(鞠躬盡瘁, 死而後已).'는 구절을 떠올린다.

 전통 가치관에서 '충(忠)'과 '의(義)'에 대한 찬미는 지식인들의 창작을 통해 이렇듯 다채로운 이야기로 독자들 앞에 남김없이 펼쳐졌다. 추상적인 도덕의 가르침을 문화적 구현방식으로 구체화하고 형상화했다.

도가는 '진(眞)'을 주창하고, 불가는 '선(善)'을 주창한다. 유가는 '충서(忠恕)'와 '인의(仁義)'를 주창하는 바, '외적 형적(形迹)의 차이점을 없애고 내적 성리(性理)의 동일성을 입증하여, …사람이 선(善)하게 하기 위함'이다. 이것이야말로 '유·불·도' 신앙을 근본으로 하는 전통문화의 가장 가치 있는 부분이다.

전통문화 속에는 '천(天), 도(道), 신(神), 불(佛), 명(命), 연(緣), 인(仁), 의(義), 예(禮), 지(智), 신(信), 염(廉), 치(恥), 충(忠), 효(孝), 절(節)' 등이 녹아 있다. 평생 일자무식(一字無識)인 많은 사람도 전통연극과 평서(評書·장편 이야기를 구연하는 민간문예의 일종)를 귀에 익을 정도로 들어 잘 알고 있다. 이러한 문화형식은 민간에서 백성들이 전통 가치관을 습득하는 주요한 경로였다. 그러하였기에 중국 공산당의 전통문화 파괴행위는 직접 중국의 도덕을 망가뜨리고 또 사회안정과 화목의 기초를 파괴하는 것이다.

2) 공산당의 사악한 설교(邪說)와 전통문화의 대립

공산당의 '철학'은 중국의 진정한 전통문화와 완전히 반대된다. 전통문화는 천명(天命)을 경외(敬畏)한다. 공자는 '죽고 사는 것은 천명(天命)에 달렸고 부귀는 하늘에 달렸다(死生有命, 富貴在天).'고 했고, 불가와 도가의 사상 역시 유신론(有神論)이며 생사윤회와 선악에는 보응이 있음을 믿는다. 그러나 공산당은 무신론(無神論)을 신봉하면서 법도 무시하고 하늘도 무시한다. 또 유가는 가정을 중시하지만, 〈공산당 선언〉에서는 '가정을 소멸(掃滅)'해야 한다고 명시했다. 전통문화는 오랑캐(夷)와 '화하(華夏·중화민족)의 구분을 명확히 하여 민족문화를 인정하였으나 〈공산당 선언〉은 '민족소멸'을 고취했다. 유가문화는 '인자애인(仁者愛人·어진 사람은 남을 사랑한다)'을 중시하나 공산당은 계급투쟁을 주장한다. 유가는 또 충군애국(忠君愛國·임금에게 충성하고 나라를 사랑함)을 주장하나, 〈공산당 선언〉은 '조국소멸'을 주창했다.

공산당은 중국에서 정권을 탈취하고 공고히 하려면 먼저 반드시 인간의 윤리도덕을 허물어뜨리는 공산사상이 중국에 자리 잡도록 해야 했다. 이는 마오쩌둥이 "한 정권을 뒤엎으려면 언제나 여론을 먼저 조성하고 이데올로기 공작을 해야 한다."고 말한 것과 같다. 중국 공산당도 순전히 무력으로 지탱해온 서양의 사상 쓰레기인 공산주의 '학설'이 5천 년을 이어온 박대정심(博大精深)한 중국문화와 맞설 수 없음을 보았기에 그럴 바에는 아예 끝장을 볼 태세로 중화문화를 철저히 파괴하여 마르크스-레닌주의가 중국에서 대청에 올라 방에 들어가듯이 그들이 주인행세를 하고자 했다.

3) 민족문화는 공산당 독재에 걸림돌

마오쩌둥은 일찍이 이런 말을 했다. "나는 승려가 우산을 쓰듯 머리카락도 없고 하늘도 없다(無髮無天)!" 이 말의 뜻을 해석하자면 중국어 발음에서 '발(髮·머리카락)'과 '법(法)'이 같은 발음으로 승려는 머리카락이 없으니 무발(無髮), 즉 무법(無法)이란 뜻이고 또 우산으로 하늘을 가렸으니 무천(無天)이란 뜻으로 나에게는 법도 없고 하늘도 없다는 독재의 본성을 그대로 드러냈다. 민족문화의 존재 자체는 의심할 여지없이 중국 공산당의 '무법무천(無法無天)'에 거대한 장애였다.

전통문화에서 이야기하는 '충(忠)'은 절대로 '맹목적인 충성'이 아니다. 민중의 눈에는 황제가 곧 '천자(天子)'이며, 그 위에는 '하늘(天)'이 있음을 알았다. 황제도 영원히 올바를 수 없기에 황제의 과실을 지적하는 간관(諫官)을 둘 필요가 있고 동시에 신사제도(信史制度)를 만들어 사관이 황제의 일언일행을 기록하도록 했다. 사대부(士大夫)는 가히 '제왕의 스승'이 될 수 있었으며, 황제의 잘잘못은 유가 경전으로 가늠했다. 심지어 군주가 어리석고 무도(無道)할 때는 백성들이 들고일어나 무너뜨릴 수도 있었다. 이를테면 성탕(成湯)이 걸왕(傑王)을 정벌하고 무왕(武王)이 주왕(紂王)을 정벌한 것처럼 이를 전통문화 각도에서 보면 충성을 다하지 않거나 대역죄를 저지른 것이 아니고 오히려 하늘을 대신해 임금을 바꾸고 도(道)를 행한 것으로 보았다. 남송 말기의 충신 문천상(文天祥)이 원나라군에게 포로가 된 후 원군은 포로가 된 송나라 황제 송공제(宋恭帝)를 시켜 문천상에게 항복할 것을 권유했으나 그는 무시했고 쿠빌라이 칸이 친히 그에게 투항할 것을 권유하자 그는 "오로지 죽음 외에 다른 생각은 전혀 없다."고 단호히 거절했다. 유가의 맹자가 "백성이 가장 귀하고, 사직이 그다음이며, 군주는 가볍다(民爲貴, 社稷次之, 君爲輕)."고 가르쳤기 때문이다.

독재를 원하는 중국 공산당으로서는 이런 민족문화를 받아들일 수 없었다. 그 이유는 첫째: 공산당이 원하는 것은 '최고 지도자의 신격화'로서 개인숭배이며 그 위에 또 전통문화에 깊이 뿌리를 둔 '천(天)', '도(道)', '신(神)'과 같은 사상이 공산당을 구속하는 것을 바라지 않기 때문이다. 둘째: 전통문화의 표준으로 가늠하면 중국 공산당이 저지른 짓은 모두 하늘을 거스르고 도를 등지는(逆天叛道) 것으로 극악무도한 것임을 알 수 있기에 전통문화가 존재하는 한 인민은 공산당을 '위대하고 영광스러우며 정확하다.'고 칭송하지 않기 때문이다. 셋째: 지식인들은 '문신은 간언하다가 죽는다(文死諫).', '목숨을 버려 의를 취한다(捨生取義).', '군왕은 가볍고 백성이 귀하다.' 등의 가치관을 지니고 있어 공산당의 어용문인이 되기 어렵기 때문이다. 넷째: 전통문화가 살아있으면 전 인민의 사상을 통일할 수 없기 때문이다.

전통문화에서 천지자연을 경외하는 사상은 중국 공산당이 '천지를 개조'하고 '천지와 투쟁'하는 것에 걸림돌이 된다. 전통문화에서 '사람의 목숨은 하늘이 관장하는 것으로 누구도 함부로 할 수 없다(人命關天).'는 형식으로 생명을 소중하게 여기는 것은 중국 공산당의 '집단학살' 공포통치에 걸림돌이 된다. 또 전통문화에서 '천도(天道·하늘이 낸 도리)'야말로 도덕과 선악을 가늠하는 최종 표준이라는 사상은 중국 공산당의 도덕적 해석권에 대치하는 것이다. 그러므로 중국 공산당은 전통문화가 공산당이 정권을 유지하는 데에 가장 큰 걸림돌이라고 여긴다.

4) 전통문화는 중공의 집권 합법성에 도전

전통문화에는 '유신론(有神論)'과 '천명론(天命論)'이 있다. 만약

'천명(天命)'을 인정한다면 반드시 자신이 '도를 갖춘 영명한 군주(有道明君)'이고 '천명을 받드는 군주'임을 입증해야 한다. 또한 '유신론'을 받아들인다면 '왕권은 신(神)이 준 것'임을 인정해야 한다. 그러나 중국 공산당의 집권 이론은 "종래로 구세주는 없고 또 신선(神仙)이나 황제(皇帝)에게 의지하지도 않는다. 인류의 행복을 창조하려면 전적으로 우리 자신에게 의지해야 한다."고 했다.

중국 공산당은 '역사적 유물론' 관점을 선전하면서 공산주의가 '지상천국'이며 지상천국으로 가는 길은 '프롤레타리아 선봉대'인 공산당의 영도에 의지하는 것이라고 선동한다. 따라서 유신론을 인정하는 것은 중국 공산당의 집권 합법성에 직접 도전하는 것과 같다.

2. 공산당은 어떻게 전통문화를 파괴했나?

중국 공산당의 모든 것은 그들의 정치를 위해 봉사한다. 정권을 탈취하고 폭정을 유지하고 공고히 하기 위해서는 사악한 당성(黨性)으로 인성(人性)을 대체하고 '거짓·사악·투쟁'에 바탕을 둔 당(黨) 문화로 중국 전통문화를 대체해야 했다. 이렇게 파괴하고 대체하는 과정을 통해 눈에 보이는 문물·고적·고서를 훼손했을 뿐만 아니라 인간의 행동, 사상과 생활방식 등 모든 면에서 전통적인 가치관과 인생관, 세계관을 바꿔 놓았다. 또 한편으로는 문화적으로 그다지 중요하지 않은 것을 마치 '정화(精華)'인 양 보존하고 또 이런 '정화'를 얼굴로 삼아 그 배후의 내포를 당(黨) 문화로 바꿔치기 한 다음 이른바 중국 전통문화를 '계승하고 발전시킨다.'는 구실을 내걸고 인민과 국제사회를 기만했다.

1) 유·불·도 삼교를 함께 말살하다

전통문화는 유·불·도 사상에 뿌리를 두었다. 따라서 중국 공산당이 문화를 파괴하는 첫걸음은 세간에서 유·불·도 사상의 구체적 실체인 종교를 깨끗이 제거하는 일이었다.

유·불·도 삼교(三敎)는 역사적으로 같지 않은 시기에 파괴당했다. 불교를 예로 들면 역사상 네 차례 큰 법난(法難)을 겪었는데, 이를 '삼무일종(三武一宗·태무제, 무종, 무제 세 명과 세종 한 명을 가리킴)'의 멸불(滅佛)이라고 일컫는다. 하지만 북위(北魏)의 태무제(太武帝)와 당나라(唐)의 당무종(唐武宗)은 불교를 멸하고 도교를 일으켰고, 북주(北周)의 무제(武帝)는 불교와 도교를 함께 멸하고 유교(儒敎)를 존숭(尊崇)했다. 후주(後周)의 세종(世宗)은 유교와 도교는 조금도 건드리지 않고 불교만 멸했는데, 멸불정책을 편 것은 사실상 불상을 녹여 돈을 주조하기 위함이었다.

그런데 유독 중국 공산당만은 삼교를 함께 소멸했다.

중국 공산당은 정권을 잡자마자 사찰을 부수고 불경을 불태우고 승려의 환속(還俗)을 강요했는데, 유교와 도교에 대한 파괴도 다를 바가 없었다. 1960년대에 이르자 중국의 종교 관련시설은 몇 군데 남지 않았다. 문화대혁명 시기의 '파사구(破四舊·네 가지 낡은 것을 타파)'는 종교와 문화에 대한 한차례 대겁난이었다.

이를테면 중국 최초의 불교 사원인 백마사(白馬寺)는 동한(東漢) 초기에 낙양성 밖에 지은 중국 불교의 발원지로 '석원조정(釋源祖

庭)'으로 불리는 고찰이었지만, '파사구' 때 이것도 재앙을 피할 수 없었다. 중국 당대 사학자 딩수(丁抒)가 쓴 전기 〈얼마나 많은 문화재가 불태워졌는가(幾多文物付之一炬)〉에 그 당시 상황이 아래와 같이 자세히 기록돼 있다.

"사찰 옆에 백마사 생산대대가 있었다. 당 지부 서기는 농민들을 이끌고 백마사에 가서 혁명했다. 닥치는 대로 때려 부수는 바람에 1천여 년 전 요(遼)나라 때 흙으로 빚은 18 나한상이 훼손됐고, 2천여 년 전 인도 고승이 갖고 온 패엽경(貝葉經)이 불타버렸으며, 세상에 보기 드문 보물 중 하나인 옥마(玉馬)가 산산조각이 났다. 몇 년 후, 캄보디아의 망명 군주 노로돔 시아누크(Norodom Sihanouk)가 백마사를 참배하려 하자 당시 중국 총리 저우언라이가 베이징 자금성의 패엽경과 베이징 근교 향산 벽운사(碧雲寺)의 청나라 시대 18 나한상(羅漢像)을 낙양으로 급히 옮겨 이름을 도용하는 수법으로 외교적 수치를 해결했다."

1966년 5월에 시작된 '문화대혁명'은 중국문화를 송두리째 뽑아버렸다. 그해 8월부터 '파사구' 운동의 뜨거운 불길이 중국 대지를 휩쓸었다. 사찰, 도관(道觀), 불상, 명승고적, 서화, 골동품은 '봉건주의, 부르주아, 수정주의'로 간주해 즉시 홍위병들의 주요 파괴대상이 됐다. 불상을 예로 들면 베이징 이화원(頤和園) 만수산 꼭대기에 있던 유리(琉璃) 불상 천 구가 파사구 운동으로 파괴되면서 불상의 오관이 하나도 온전하게 남아 있지 않았다. 수도 베이징이 이러했으니 전국 각지는 더 말할 것 없다. 심지어 외진 시골도 이 재난을 면하지 못했다.

"산시성(山西省) 다이현(代縣)에 있는 1600년 전 북위(北魏) 태연(太延) 시기에 지은 천태사(天台寺)에 소장된 찰흙으로 빚은 불상과 벽화는 아주 소중한 보물이었다. 그곳은 현성(縣城)과 멀리 떨어진 산골이었으나, '파사구' 행동대는 위험을 마다하지 않고 찾아가서 불상과 벽화를 깨끗이 쓸어버렸다. …산시성(陝西省) 저우즈현(周至縣)에는 2500년 전 노자가 경을 가르치고 후세에 널리 알려진 〈도덕경〉을 저술한 누관대(樓觀臺)가 있다. …노자가 당시 경을 강의한 '설경대(說經臺)'를 중심으로 사방 10리 이내 50여 군데에 고적이 널리 분포되어 있고, 그중 1300여 년 전 당고조(唐高祖) 이연(李淵)이 노자를 기리기 위해 세운 '종성궁(宗聖宮)'도 있다. 오늘날 누관대 등 고적들은 모조리 파괴됐으며 도사들은 모두 핍박을 받아 떠났다. 도교 규율에 따르면 도사들은 출가한 후로는 영원히 수염과 머리를 깎지 못한다. 그러나 지금은 강요로 머리를 깎고 도복을 벗은 채 인민공사 사원(社員)이 되거나 현지 농가의 사위가 됐다. … 산둥성(山東省)의 로우산(嶗山)은 도가의 성지(聖地)로 그곳의 태평궁(太平宮), 상청궁(上淸宮), 하청궁(下淸宮), 투모궁(鬪姆宮), 화엄암(華嚴庵), 응진관(凝眞觀), 관제묘(關帝廟) 등 곳곳의 신상(神像), 공기(供器·공물을 담는 그릇), 경서, 문화재, 묘비가 모두 부서지고 불타버렸다. …지린(吉林)시 문묘(文廟)는 전국 4대 공자묘 가운데 하나였으나, '파사구' 운동 때 크게 훼손됐다."

2) 특수한 방식으로 종교 말살

레닌은 "보루(堡壘)는 내부에서부터 가장 쉽게 공략된다."고 했다. 중국 공산당은 마르크스-레닌의 자손으로서 이 말을 마음속으로 스스로 깨닫고 이해했다.

석가모니불은 〈대반열반경(大般涅槃經)〉에서, 자신이 열반한 후 마왕(魔王)이 비구, 비구니 또는 남녀 거사(居士)로 전생해 불법을 파괴할 것이라고 예언했다. 석가모니불이 구체적으로 누구를 가리켰는지 우리는 입증할 길이 없다. 하지만 중국 공산당은 실제로 일부 출가인들을 '통일전선'의 대상으로 포섭하여 불교를 파괴하기 시작했다. 중국 공산당은 심지어 지하당원을 직접 종교 내부에 침투시켜 파괴했다. 문화대혁명 때 한 비판대회에서 누군가 중국 불교협회 부회장 자오푸추(趙樸初)에게 이렇게 질문했다. "당신은 공산당원인데 어찌하여 불교를 믿는가?"

석가모니불은 '계(戒)·정(定)·혜(慧)'를 닦아 무상정등정각(無上正等正覺·최상의 올바른 깨달음)의 경지로 성취했다. 그리하여 열반하기 전에 제자들에게 "금계(禁戒)를 보호하고 지키라, 절대로 죄를 짓지 말라(護持進階, 勿得虧犯)."고 간곡히 가르쳤다. 아울러 "계율을 파괴하는 자는 천룡팔부(天龍八部)가 모두 미워하고 싫어하는 바, 악평을 널리 퍼뜨린다. …죽으면 바로 업(業)에 따라 지옥고(地獄苦·지옥에서 받는 고통)를 받는다. 액운을 다 겪고 지옥에서 벗어나면 또 아귀(餓鬼)나 축생(畜生)의 몸으로 거듭 환생하게 되는바, 이처럼 해탈할 겨를이 없이 돌고 돈다."고 경고했다.

그러나 불타(佛陀)의 경고가 정치 승려들에게는 마이동풍(馬耳東風)이었다. 1952년에 중국에서 '중국불교협회'가 설립될 때 중국 공산당은 대표를 보내 회의에 참석하게 했다. 회의에서 많은 신도가 불교의 계율을 마땅히 폐지해야 한다고 주장하고, 이런 제도가 수많은 청춘남녀를 해쳤다고 했다. 심지어 "교를 믿는 것은 자유다. 승려가 결혼하는 것도, 술 마시고 고기 먹는 것도 자유다. 누구도 상관할 수 없다."고 했다.

당시 회의에 참석한 쉬윈(虛雲) 법사는 불교가 곧 소멸(消滅)할 위험에 처한 것을 보고 용감하게 나서서 항변하면서 불교의 계율과 복식(服飾)을 보존할 것을 요구했다. 쉬윈 법사는 곧바로 '반혁명'으로 몰려 방장실에 감금된 채 음식 공급과 화장실 출입이 금지됐고 또 금은보화와 총기를 내놓으라는 명령을 받았다. 쉬윈 법사가 '전혀 없다.'고 하자 군경(軍警)이 그를 참혹하게 구타해 머리가 터져 피가 흐르고 갈비뼈가 부러졌다. 이튿날 군경이 다시 왔을 때 쉬윈이 아직 죽지 않은 것을 보고 또다시 악독하게 구타했다. 당시 쉬윈 법사의 나이는 112세 고령이었다.

1952년에 설립된 중국 불교협회와 1957년에 설립된 중국 도교협회는 모두 발기서(發起書)에 "인민정부의 영도 하에"를 명확히 표시해야 했는데, 이는 두 협회가 사실상 '무신론'의 공산당 영도 하에 있다는 것이다. 이와 동시에 두 종교는 모두 생산건설에 적극적으로 참여하고 정부정책 등을 철저히 실행하겠다는 뜻을 표명해야 했다. 완전히 세속화한 조직이 된 것이다. 아울러 정진하며 계율을 지키는 출가인들에게 오히려 반혁명분자라는 꼬리표를 달고 회도문(會道門)이라는 모자를 씌워 "불교와 도교의 대오를 순정(純淨)하게 하자."는 혁명구호 아래 감금하고 노동개조하고 심지어 처형하기도 했다.

서양에서 전해 들어온 기독교와 천주교도 불행을 피할 수 없었다. 1958년에 출판한 〈중국 공산당은 어떻게 기독교를 박해했는가〉란 책의 일부 통계에 따르면 중국의 성직자 중 '지주', '악질 토호'로 몰려 살해된 사람이 8,840명, 노동개조를 당한 사람이 3만 9,200명에 달했다. 또한 '반혁명'으로 몰려 살해된 사람이 2,450명, 노동개조를 당한 사람은 24,800명에 달했다.

종교 그 자체는 세속을 벗어나 수행하는 법문으로서, '피안(彼岸·저쪽 기슭이란 뜻으로 이승의 번뇌에서 해탈하여 열반의 세계에 도달하는 일 또는 그런 경지를 말함)'과 '천국(天國)'을 중시한다. 석가모니는 인도의 왕자로 태어났으나, 청정적멸(淸靜寂滅·사념과 사심이 없고 번뇌를 떠난 열반의 경지)의 해탈에 이르기 위해 왕위를 버리고 산속에 들어가 고행하면서 수련했다. 예수는 아직 도를 이루지 못했을 때, 사탄이 그를 산으로 데리고 가 천하만국의 영화(榮華)를 보여주며 "네가 나에게 엎드려 절하면 이 일체를 주겠다."고 했다. 그러나 예수는 사탄의 유혹에 넘어가지 않았다.

하지만 중국 공산당의 통일전선(統戰) 포섭에 넘어간 정치승려와 정치목사들은 '인간불교', '종교는 진리, 사회주의도 진리'라는 거짓말을 만들어냈고 또 '차안(此岸·생로병사의 고통이 있는 이승)과 피안(彼岸·이승의 번뇌를 해탈한 열반세계)은 서로 모순되지 않는다.'는 궤변을 늘어놓았다. 이렇듯 중국 공산당은 현세(現世)의 행복과 부귀영화를 추구하고 종교의 교의와 내포를 변질시키도록 출가인들을 부추겼다.

불교는 살인을 금지하는데도 정치승려들은 중국 공산당이 '진반

(鎭反·반혁명분자를 처단한다는 명목의 운동)' 때 사람을 마구 죽이자 "반혁명분자를 죽이는 것은 더욱 큰 자비다."는 억설을 만들어 내고 살인도 묵과했다. 심지어 '항미원조(抗美援朝·중국이 미국에 대항하고 북한을 원조한다는 의미로 6.25 한국전쟁을 지칭)' 기간에도 승려들을 강제로 전선으로 보내 살인하게 했다.

다시 기독교를 예로 들면, 우야오쭝(吳耀宗)은 1950년에 '자치(自治)·자양(自養)·자전(自傳)'을 표방하는 '삼자(三自)' 기독교회를 만들고 '제국주의와 내통을 끊어야 한다고 외치면서 항미원조(抗美援朝)에 적극적으로 동참했다. 그의 한 친구는 '삼자'교회에 가입하지 않으려다 20여 년간 투옥되어 갖은 구타와 괴롭힘을 당했다. 그가 우야오쭝에게 "당신은 예수님이 행하신 신의 기적을 어떻게 보느냐?"고 묻자 우야오쭝은 "그런 것들을 나는 모두 버렸다."고 답했다.

예수님의 신의 기적도 인정하지 않는 것은 곧 예수의 천국을 인정하지 않는 것이나 다름없다. 예수의 천국마저 인정하지 않는데 어찌 기독교도라고 할 수 있겠는가? 그러나 우야오쭝은 오히려 삼자교회 창시인 신분으로 중공의 정치협상회(政治協商會)의 상무위원(常委)이 됐다. 그가 인민대회당에 들어갈 때 이미 예수의 가르침, 즉 "네 마음을 다하고 목숨을 다하고 뜻을 다하여 주 너의 하나님을 사랑하라. 이것이 크고 첫째가 되는 계명이다."고 한 예수님의 가르침과 "하나님의 것은 하나님에게, 카이사르의 것은 카이사르에게로." 하는 가르침을 완전히 잊어버렸다.

중국 공산당은 절의 재산을 몰수하고 승려들에게 강제로 마르크스주의를 주입했다. 또 노동에 참여하도록 강요하고 심지어 결혼하도록 부추겨 불교의 신앙마저 무너뜨렸다. 예를 들어 1951년 3월 8일 '3.8 국제 여성의 날'을 앞두고 후난성(湖南省) 창사(長沙) 부녀 연합회는 성(省)의 모든 비구니에게 반드시 며칠 내로 결혼하라고 명령했다. 또 젊고 건장한 비구승은 강제로 입대시키고 전장으로 보내 총알받이가 되게 했다.

중국의 각종 종교단체는 공산당의 폭력적인 탄압 하에 거의 모두 와해됐다. 불교계와 도교계의 진수 제자들은 모두 탄압받았고 탄압받지 않은 나머지 많은 승려도 환속했다. 그리고 신분을 숨긴 많은 비밀 공산당원들이 가사나 도포, 목회자 복장을 하고 불경과 도장(道藏), 성경을 왜곡하는 한편 이런 경전들 속에서 중국 공산당의 운동에 필요한 근거를 찾았다.

3) 문화유산 파괴

문화유산을 파괴하는 것 역시 중국 공산당이 전통문화를 파괴하는 중요한 부분이다. '파사구(破四舊)' 운동 과정에서 수많은 지식인들이 애지중지하고 소장하던 세상에 하나뿐인 고서와 서예화(字畵)들이 모두 불타 버렸거나 펄프로 되어 폐기됐다. 장버쥔(章伯鈞)이 집에 소장한 책은 1만 권이 넘었으나, 홍위병 우두머리가 난방용 땔감으로 쓰고 나머지는 모두 제지 공장으로 보냈다. "자화표구(字畵裱褙·서예화를 마운트 하는 공예 작업을 가리킴) 공예에서 '신의(神醫)'로 불리던 고문자 서예 표구 전문가 훙츄성(洪秋聲) 옹은 송나라 휘종(徽宗) 황제의 산수화, 소동파(蘇東坡)의 대나무 그림, 명나라의 문징명(文徵明)과 당백호(唐伯虎)의 그림을 포함한 수많은 절세의 작품을 표구했다. 그가 수십 년 동안 복원하고 살려낸 고대부터 전해 내려온 서화 수백 점이 대부분 국가지정 일급 보호 소장품이었다. 하지만 그가 평생 심혈을 기울여 소장한 유명 서예화들이 '사구(四舊·네 가지 낡은 것)'운동에 걸려 모두 한순간에 잿더미로 불타버렸다. 이 사건을 겪은 후 훙츄성 옹은 눈물을 글썽이며 '백 근(斤)이 넘는 서예화가 불에서 엄청나게 오래 타더구나!'하고 탄식했다고 한다. 당시 상황은 〈얼마나 많은 문화재가 불태워졌는가(幾多文物付之一炬)〉에 기록돼 있다.

"인간 세상의 일은 끊임없이 변하고, 가고 오는 세월이 옛날과 오늘을 이루나니, 강산에 뛰어난 자취 남아있어 우리 다시 산에 오르노라(人事有代謝,往來成古今,江山留勝跡,我輩復登臨…)."

역사에 대한 기억이 조금이라도 남아있는 현대 중국인이라면 이 맹호연(孟浩然)의 시 〈벗들과 함께 현산에 오르다(與諸子登峴山)〉를 읊을 때 그 감회가 남다를 것이다. 하지만 '강산의 뛰어난 자취'도 '파사구' 광풍 속에서 망가지고 소실됐다. 천년 넘겨 보존되어 온 왕희지(王羲之)의 〈난정집서(蘭亭集序)〉의 난정(蘭亭) 정자가 파괴되었는가 하면 왕희지의 묘마저도 파괴됐다. 명나라의 문필가 오승은(吳承恩)이 살던 장쑤(江蘇)의 고택도 파괴됐고, 오경재(吳敬梓)의 안후이(安徽) 고택도 파괴됐다. 소동파(蘇東坡)가 직접 쓴 〈취옹정기(醉翁亭記)〉 비석도 어린 홍위병들이 뽑아버리고 비문도 긁어 지워버렸다.

수천 년 동안 전승하고 다져온 중화문화의 정화(精華)가 일단 훼손되면 복원할 길 없다. 하지만 중국 공산당은 '혁명'이랍시고 파괴도 정당화했다. 우리는 청나라 때 영불(英佛) 연합군이 불태워버린 '정원(庭園) 중의 으뜸 정원'인 원명원(圓明園)을 아쉬워하고 외세 침략자의 병화(兵火)로 파괴된 이 세상의 거작인 〈영락대전(榮樂大典)〉 백과사전을 아쉬워하지만, 중국 공산당이 이 침략자들보다도 더 광범위하고 더 지속적이며 더 철저하게 중국문화를 파괴했다고 우리가 어찌 생각지 않을 수 있겠는가?

4) 정신적 파괴

중국 공산당은 물질 면에서 종교와 문화를 파괴하는 데 그치지 않고 사람들이 신앙과 문화를 받아들이지 못하도록 정신적인 파괴에도 온 힘을 쏟아 부었다.

몇몇 사례만으로도 그 실상을 알기에 충분하다. 중국 공산당은 회교도의 풍속이 '네 가지 부숴야 할 낡은 것'에 속한다고 여겨 그들에게 돼지고기를 먹도록 강요하면서 그들의 농가와 청진사(淸眞寺)에 돼지를 기르도록 명령하고 가구마다 매년 돼지 두 마리를 바치도록 규정했다. 심지어 홍위병은 티베트불교의 서열 2위인 활불(活佛) 판첸 라마에게 강제로 대변을 먹였고, 흑룡강성 하얼빈시에서 가장 큰 근대사찰 극락사(極樂寺)의 승려 세 명에게 '불경은 무슨 불경? 모두 개소리다.'고 쓴 종이 플래카드를 들게 했다.

1971년, 린뱌오(林彪) 부주석이 반란을 일으키려다 실패하여 도망가다 몽골의 운둘칸(Undurkhan)에서 비행기 추락사고로 죽었다. 뒤이어 린뱌오가 살던 베이징 마오자완(毛家灣)에서 공자어록(孔子語錄)이 나오자 전국에서 미친 듯이 공자를 비판하는 운동이 일어났다. 량샤오(梁效)는 잡지 〈홍기(紅旗)〉에 '공구 그는 누구인가(孔丘其人)'란 글을 발표하고 공자를 '역사를 뒷걸음치게 한 미치광이', '허위적이고 교활한 정치 사기꾼'이라고 묘사했고, 공자를 추악하게 묘사한 만화와 노래도 잇달아 나왔다.

종교와 문화의 장엄하고 신성(神聖)함은 거의 다 파괴됐다.

5) 닿지 않은 곳 없이 모두 파괴

고대부터 중국은 지방에 대한 중앙의 통제가 현(縣)까지만 미쳤고 현 이하는 종족(宗族) 자치였다. 그러므로 진시황의 분서갱유(焚書坑儒)나 삼무일종(三武一宗)의 멸불(滅佛) 정책이 모두 위에서 아래로 내려온 운동이라고 하지만 아래로 와서는 철저하게 실행될 수 없었다. 따라서 불가와 유가의 전적(典籍·고전을 수록한 중요 문헌)과 사상은 여전히 민간에서 거대한 생존 공간이 있었다.

그러나 중국 공산당은 사춘기 중학생들까지 선동해 '파사구' 운동을 진행했다. 이로 인하여 일종 '자발적'이고 '열정적'인 풀뿌리 운동이 전국으로 퍼져 나갔고 동시에 중국 공산당의 '마을마다 당 지부가 있는' 엄밀한 사회통제 시스템과 함께 이런 '혁명' 운동이 닿지 않은 곳이 없었고 모든 사람, 모든 지역에까지 그 영향을 미쳤다.

아울러 역사상 그 어느 황제도, 폭력을 사용한 외에 중국 공산당처럼 헐뜯고 경멸하는 방식으로 사람들이 가장 신성시하고 아름답게 여기는 것을 마음에서 뿌리째 제거한 적은 없었다. 이데올로기의 소멸이 때로는 단순한 물질적인 소멸보다 더 효과적이고 더 오래간다.

6) 지식인을 개조

중국의 한자(漢字)는 5000년 문명의 정화(精華)가 응축된 것으로, 자형(字形)과 자음(字音)에서, 그리고 이들로 이루어진 사자성어(成語)와 고전 이야기(典故)에 이르기까지 모두 심오한 문화적 내포를 담고 있다. 중국 공산당은 한자를 간자체화한 것 말고도 병음화 방안도 추진해 실생활의 언어·문자에서도 모든 문화적 전통을 없애려 했으나, 실제로 실행할 수 없어 일부는 포기한 바 있다. 그러나 전통문화를 이어받은 지식인들에게는 이런 행운이 따르지 않았다.

1949년 이전에 중국에는 지식인이 약 200만 명 정도 있었다. 그들 중 일부는 서양에 유학했지만, 여전히 유가사상을 일부 계승했다. 중국 공산당이 그들을 가만둘 리 없었다. 그들 '사대부(士大夫)' 계층의 사상이 민간의 이데올로기에 적지 않은 작용을 일으킬 수 있었기 때문이다.

그래서 1951년 9월, 중국 공산당은 베이징대학을 시작으로 기세 높게 지식인들의 '사상개조운동'을 전개했고, 이를 토대로 "충실하고 성실하게 역사를 청산하는 운동을 벌여 그 속의 이른바 '반혁명분자'를 깨끗이 청산"했다.

마오쩌둥은 줄곧 지식인들을 싫어했는데 이런 말을 남겼다.

"그들은 한 가지 진리를 알아야 하는바 많은 지식인이 사실 가장 무식하다는 것이다. 때로는 노동자와 농민이 그들보다 지식이 더 많다." "개조되지 않은 지식인과 노동자·농민을 비교하면 지식인은 정신적으로 깨끗하지 못한 부분이 많을 뿐만 아니라 신체 역시 깨끗하지 않다. 가장 깨끗한 것은 그래도 노동자와 농민이다. 비록 그들의 손이 검고 발에는 쇠똥이 묻었다 하더라도 말이다."

중국 공산당은 여러 가지 대비판(大批判) 형식으로 지식인에 대한 박해를 시작했다. 1951년부터, 구걸한 돈으로 학교를 세운 무훈(武訓, 1838-1896) 선생을 비판하고 1955년에는 마오쩌둥이 직접 후펑(胡風)을 반혁명으로 몰아세울 때까지만 해도 공산당은 대규모로 지식인들을 박해할 특별한 부류로 분류하지 않았다. 하지만 1957년 몇몇 전통 종교가 중국 공산당의 '통일전선(統戰)'에 굴복하자 그들은 마침내 지식인들을 처리하기 위해 손을 썼다. 이것이 바로 그 유명한 '반우파 투쟁'이다.

1957년 2월 말, 중국 공산당은 '백화제방(百花齊放), 백가쟁명(百家爭鳴)'이란 구호를 내걸고 지식인들에게 공산당에 대한 의견을 제기하라고 격려하고 '말하는 자는 죄가 되지 않는다.'고 하면서 성실한 척했다. 전문성이 전혀 없는 중국 공산당이 중국의 모든 것을 지도하고 또 진반(鎭反)과 숙반(肅反) 운동을 하는 과정에서 무고한 사람을 마구 죽인 데 대해 불만이 많았던 지식인들은 중국 공산당이 마침내 개명(開明)해지려나 보고 자신의 속내를 털어놓기 시작했고 그들의 말투 역시 갈수록 격해졌다.

여러 해가 지나 역사가 돼버린 후에도 여전히 많은 사람이, 중국 공산당에 대한 지식인들의 비판이 도를 넘은 상황에서 마오쩌둥이 더는 참을 수 없어 대대적으로 반격한 것으로 안다. 사실은 아니다. 1957년 5월 15일, 마오쩌둥은 '상황이 변하고 있다.'는 글을 써서 당내 고위 간부들에게 전달했다. 이 글에서 그는 "최근 한 시기, 우파가 가장 결연히 광기를 부리고 있다. 그들은 중국이라는 이 대지에 7급 이상의 태풍을 일으켜 공산당을 없애려 한다."고 했다. 이 글의 의미를 읽은 "대명대방(大鳴大放·'백가쟁명, 백화제방' 정치운동)"에 관심이 없던 각급 당 관리들이 갑자기 열성적으로 변했다. 장버쥔(章伯鈞)의 딸은 자신의 회고록 〈지난 일은 연기처럼 사라지지 않는다〉〉에서 이렇게 썼다.

"중국 공산당 통일전선부 부장 리웨이한(李維漢)이 아버지(장버쥔)에게 직접 전화를 걸어 정풍(整風) 좌담회에 참석할 것을 요청했고, 아버지를 맨 앞줄 큰 소파에 앉게 했다. 아버지는 그것이 계략인 줄 모르고 많은 의견을 내놓았다. 이 과정에서 리웨이한(李維漢)은 즐겁고 태연한 표정을 지었다. 아마 아버지는 자신의 말을 칭찬하는 것으로 여겼을 것이다. 아버지는 그것이 사냥감이 올가미에 걸린 것을 보고 흐뭇해하는 표정임을 전혀 몰랐다."

그 후 장버쥔(章伯鈞)은 중국 제일의 우파분자로 몰렸다.

당시 몇몇 지식인들의 공산당 비판 발언 날짜 기록을 살펴보자. 5월 21일 장버쥔(章伯鈞)의 '정치설계원(政治設計院)'이 나왔고, 5월 22일 룽윈(龍雲)의 '소련의 황당무계한 논리를 반대한다.'와 뤄룽지(羅隆基)의 '명예회복(平反) 위원회'가 나왔다. 이어서 5월 30일 린시링(林希翎)이 베이징대학에서 '중공의 봉건사회주의를 규탄한다.'는 주제로 강연을 했고, 5월 31일 우쭈광(吳祖光)이 '당은 예술사업지도를 서둘러 중단하라.'를 발표했고, 6월 1일에는 추안핑(儲安平)이 '당의 천하'를 발표했다. 이것은 모두 마오쩌둥이 칼을 이미 갈아놓은 후에 지식인들이 초대돼 발표한 의견들이다.

물론 이 지식인들은 그 후 모두 '우파'로 몰렸고, 이렇게 만들어진

'우파'가 전국에 55만 명이나 됐다.

　중국 전통문화 중에는 '선비는 죽임을 당할지언정 치욕을 당할 수 없다.'는 정신이 있다. 그러나 중국 공산당은 그가 모욕을 당하지 않으면 식권도 주지 않을 정도였는데, 가족도 연좌돼 피해를 보았다. 그래서 많은 지식인이 실제로 굴복했고, 이 과정에서 일부 지식인은 자신을 보호하기 위해 다른 사람을 고발함으로써 많은 이의 마음에 상처를 입혔다. 그리고 정말로 모욕에도 굴하지 않는 지식인은 일벌백계의 대상이 돼 살해당했다. 전통사회의 도덕적 본보기인 '선비(士)' 계층은 이렇게 사라졌다.

　마오쩌둥은 이렇게 말했다. "진시황이 뭐 대수냐? 그는 유생 460명을 땅에 묻었지만, 우리는 4만 6천 명을 땅에 묻었다. 우리는 진반(鎭反) 운동을 하면서 아직 일부 반혁명 지식분자들은 죽이지 않았잖은가? 나는 민주인사와 토론을 한 적이 있다. 당신이 우리에게 진시황이라고 꾸짖는데, 틀렸다. 우리는 진시황을 백배나 초과했다."

　사실 그가 어찌 지식인을 묻는 데 그쳤겠는가? 더 엄중한 것은 그들의 믿음과 영혼마저 파괴했다는 점이다.

7) 바꿔치기로 문화 본질을 파괴

　중국 공산당이 개혁개방을 실시한 이후 많은 사찰과 도관, 교회를 리모델링했고, 중국 내에서는 묘회(廟會·절 옆에 임시로 여는 시장)을 열고 중국 밖에서는 문화축제를 벌였다. 이는 중국 공산당이 그나마 남아있는 전통문화를 최종적으로 파괴하고 이용한 것이다. 그 이유는 두 가지로 볼 수 있다. 하나는, 중국 공산당이 절대로 베어낼 수 없는 전통문화와 맞닿아 있는 인성 중의 선량함이 '당(黨) 문화'를 파산으로 치닫게 하기 때문이고, 다른 하나는, 중국 공산당이 전통문화라는 미명으로 자신을 꾸미고 중국 공산당의 사악한 '거짓(假)·사악(惡)·투쟁(鬪)' 본성을 덮어 감추려고 하는 데 있다.

문화의 근본은 도덕적 내포이며 오락적 작용은 지엽에 불과하다. 그러나 중국 공산당은 문화 표면의 오락 기능을 회복하는 것처럼 하면서 실질적으로는 문화의 본질인 도덕적 내포를 파괴하는 것을 은폐했다. 중국 공산당이 고서화나 골동품을 아무리 많이 전시하고 또 용춤·사자춤 문화행사나 전통음식 축제를 아무리 많이 연다고 해도, 전통 건축물을 아무리 많이 짓는다고 해도 모두 문화의 정수(精髓)가 아닌 문화의 표면을 회복하는 것뿐이다. 또 이를 이용해 대내외적으로 중국 공산당에 대한 문화적 친밀감을 높이고, 본질적으로 공산당 통치를 유지하려는 것이 그들의 최우선 목적이다.

다시 불교 사원을 예로 들겠다. 사찰은 본래 새벽에 종을 울리고 저녁에 북을 치면서 등불을 밝히고 예불(禮佛)하면서 수행하는 곳이자 세속인들이 와서 참회하고 예배하는 장소이기도 하다. 수행은 청정무위(清靜無爲)를 중시하고 참회와 예배도 장엄하고 엄숙한 환경을 요구한다. 그런데 지금은 돈벌이하는 관광명소로 변했다. 현재 사찰을 찾는 사람 중에 목욕재계하고 경건한 마음으로 부처님을 공경하고 진정으로 자신의 잘못을 반성하는 사람이 과연 얼마나 되는가?

겉모습만 복원하고 내포를 훼손하는 이것 역시 중국 공산당이 세인(世人)을 미혹하는 책략이다. 중국 공산당은 불교, 여타 종교, 종교에서 파생한 문화를 가리지 않고 모두 이 지경으로 타락시켰다.

3. 당(黨) 문화란?

중국 공산당은 전통적인 반신(半神)문화를 파괴하는 동시에 끊임없는 정치운동을 통해 부지불식간에 중국 공산당의 당문화를 확립했다. 당문화는 늙은 세대를 개조하고 젊은 세대를 독해했으며 어린 세대에게도 영향을 미쳤다. 그 영향력이 지극히 깊고 넓어 사람들이 중국 공산당을 폭로할 때조차 불가피하게 중국 공산당의 선악기준과 사고방식, 언어체계를 사용한다.

당문화는 서양에서 들어온 마르크스-레닌 사설(邪說) 속의 '사악함(邪)'을 깊이 수용한 외에도 중국인들이 수천 년간 축적해 온 부정적 요소, 이를테면 궁중 암투, 결탁하여 사익추구, 권모술수, 간악한 계략과 공산당이 선전하는 폭력혁명, 투쟁철학을 효과적으로 결합했다. 그리고 지난 수십 년간 생존위기의 발악과정에서 끊임없이 '거짓(假), 사악(惡), 투쟁(鬪)' 특징을 더욱 충실히 하고 확대 발전시켰다.

당문화는 전제(專制)와 독재의 본질을 갖고 있으며 공산당의 정치투쟁과 계급투쟁을 위해 봉사한다. 그것은 아래 네 가지 측면에서 공산당 공포독재의 '인문화(人文化)' 환경을 마련했다.

1) 통치적 측면
① 폐쇄적인 문화

공산당 문화는 폐쇄적이고 독단적이다. 사상, 표현, 결사(結社), 신앙 등의 자유가 없다. 당의 통치는 마치 한 유압 시스템처럼 고압

(高壓)과 밀폐에 의지해 유지된다. 작은 구멍 하나에도 시스템이 붕괴할 수 있다. 예를 들어 1989년 6월 4일 6.4천안문 사태 당시 공산당이 학생들과 대화하지 않은 것은 바로 이 구멍이 열릴까 두려웠기 때문이다. 일단 구멍이 열리면 노동자, 농민, 지식인, 군인들이 모두 대화를 요구할 것이고 중국은 민주화로 나아갈 것이다. 이는 일당독재에 도전하는 것과 같기에 차라리 살육할지언정 대화를 할 수는 없었다. 지금 공산당은 사이버 경찰 수만 명을 동원해 인터넷을 감시하고 공산당이 싫어하는 해외사이트를 모두 봉쇄했다.

② 공포 문화

공산당은 지난 55년 동안 공포로 중국 인민의 영혼을 압박했다. 치켜든 채찍, 높이 든 도살용 칼, 언제 닥칠지 모르는 재난은 사람들의 행동방식을 '규범화'했다. 사람들은 공포 속에서 순한 양과 같은 백성이 됐다. 민주화운동 인사, 자유사상가, 체제에 회의적인 사람, 각종 종교단체 구성원이 모두 일벌백계 대상이 되었고, 자신과 의견이 다른 사람은 맹아 상태에서 제거했다.

③ 네트워크식 통제 문화

중국 공산당은 전 방위로 사회를 통제한다. 여기에는 호적제도와 가도(街道) 주민위원회 제도가 있고, 각급 당위원회 구조가 있고, 군대의 연대(공산당 군대의 최하부 조직)에까지 당 지부를 세우고, 또 마을마다 당 지부가 있다. 그리고 공산당과 공청단(共青團·공산당이 운영하는 청년 조직)의 조직생활을 하면서 이런 조직에 걸맞은 일련의 구호를 내건다. 이를테면 "자기 문을 잘 지키고, 자기 사람을 잘 지켜라.", "상방(上訪·상급 기관을 찾아 억울함을 호소하는 민원을 제기하는 행위)을 미리 막아 차단하자.", "책임 보증과 책임 추궁제를 결연히 실현하고, 예방·통제를 엄밀히 하며, 규율을 엄하게 하고, 24시간 방범관리를 확보해 통제력을 잃지 않도록 하자.", "610 사무실은 감독 팀을 조직해 각 지역과 회사를 비정기적으로 감독하자." 등이다.

④ 연좌제식 문화

중국 공산당은 현대사회의 법치 원칙을 전혀 고려하지 않고 대대적으로 연좌제를 시행한다. '흑오류(黑五類·지주, 부농, 반혁명분자, 악질분자, 부르주아 우파)' 가족에게 독재하고 '출신론'을 제기할 뿐만 아니라 지금까지도 파룬궁 수련생이 베이징에 가서 민원을 제기하면 그 수련생의 직장 책임자에게 책임을 묻고 통지를 내려 비판을 가한다. 상황이 엄중하면 징계처분을 내리는데, 가족 중 한 사람이 파룬궁을 수련하면 전 가족을 실직시키고, 직원 한 사람이 수련하면 전 직원에게 상여금을 지급하지 않는 것 등이다.

중국 공산당은 또 '교육을 할 수 있는' 자녀와 '흑오류(黑五類)' 자녀를 차별화하는 정책을 꺼내 들고서 공산당과 일치하고 '대의멸친(大義滅親·국가 대의를 위해 부모 형제를 돌보지 않음)' 할 것을 부르짖는다. 아울러 인사·조직 기록제도와 외부 조사제도, 고발·폭로, 공을 인정한 표창 등을 통하여 제도적 보장을 꾀한다.

2) 문화 선전적 측면

① 일언당(一言堂) 문화

중국에는 '최고 지시', '한 마디가 만 마디를 능가하고 구구절절 진리다.'란 말이 있다. 이 '지시'가 떨어지면 모든 매체가 떼거리로 나서서 맞장구를 친다. 필요한 경우에는 각급 당(黨)·정(政)·군(軍)·노동자·청년단·부녀회 지도자를 내세워 지지표명을 하게 하는데, 사람마다 태도를 밝혀야 한다.

② 폭력을 고취하는 문화

"8억 명이나 되는데 싸우지 않고 되겠는가?", "때려죽이면 그만이다.", "초한전(超限戰·수단 방법을 가리지 않는 무제한 전쟁)", "원자폭탄은 종이호랑이다. …중국인 절반이 죽는다고 해도 남은 절반이 폐허 위에 다시 우리의 집을 세울 것이다."는 것들이 모두 중국 공산당의 폭력을 고취하는 구호들이다.

③ 증오를 선동하는 문화

중국 공산당은 "계급의 고통을 잊지 말고, 피와 눈물과 원한을 기억하자."는 구호가 국책의 근본이고, 계급의 적에 대한 잔인함을 미덕으로 여긴다. 또한 "증오를 물고 미움을 물고, 그 증오와 미움을 억지로 씹어 삼키고, 증오와 미움이 마음속에 들어와 싹트게 해야 한다."고 하면서 증오를 선동한다.

④ 거짓말 문화

"1무(畝)당 생산량이 만 근(斤)이 넘는다.", "천안문 사태 때 한 사람도 죽지 않았다.", "우리는 이미 사스(SARS)를 통제했다.", "지금은 중국 인권이 가장 좋은 시기다.", "3개 대표론" 등이 모두 이런 당문화가 조성한 거짓말 문화이다.

⑤ 세뇌 문화

"공산당이 없으면 신(新)중국도 없다.", "우리 사업을 이끄는 핵심 역량은 중국 공산당이며, 우리 사상을 지도하는 이론의 기초는 마르크스-레닌주의다.", "당 중앙과 고도의 일치를 유지해야 한다.", "이해한 것은 집행하고 이해하지 못한 것도 집행해야 하며, 집행하는 중에 이해를 심화해야 한다." 등이 전형적인 세뇌 구호다.

⑥ 아첨 문화

"천지(天地)가 아무리 커도 당의 은혜보다 크지 못하다.", "모든 공(功)은 당에 있다.", "나는 당을 어머니에 비유한다.", "목숨으로 당 중앙을 보호하자.", "위대하고 영광스럽고 정확한 당", "반드시 승리하는 당" 등이 공산당의 상투적인 아첨 멘트다.

⑦ 형식에 치우친 문화

중국 공산당은 연달아 모범을 세우고 본보기를 만들어 '사회주의 정신문명 건설'과 '사상교육'을 실시한다. 그 결과, 운동이 지나가면 다들 해야 할 것을 하지만 보고회, 독서회, 교류회 같은 것이 모두 '진지하게 형식화하는 것'이 됐고, 사회도덕은 계속해서 크게 뒷걸음질 친다.

3) 인간관계 측면

① 질투 문화

'절대평균주의'를 선전하고 '모난 돌이 정 받는다.'고 하고 자신보다 능력이 있거나 돈이 많은 사람을 질투한다. 이를 가리켜 중국에서는 홍안병(紅眼病), 즉 병적으로 남의 것을 시샘하는 심리상태라고 말한다.

② 사람이 서로 짓밟는 문화

'얼굴을 맞대고 투쟁하고, 뒤에서 폭로하고', 고자질하고, 음해하는 자료를 만들고, 없는 사실을 날조하고, 하찮은 것을 무한히 과장하는 것 등이 모두 당 조직과 얼마나 가까운지, 그리고 얼마나 적극적으로 진보를 요구하는지를 보여주는 지표가 됐다.

4) 사람의 내적 정신과 외적 행위를 저도 모르게 규범화함
① 사람을 기계로 변형하는 문화
공산당은 민중이 '혁명기계의 영원히 녹슬지 않는 나사못'이 되고 '당에 순종하는 도구'가 돼 '당이 어디를 가리키면 우리는 곧 그곳으로 향할 것'을 요구한다. 또는 '마오 주석의 전사(戰士)는 당의 말을 잘 듣기에 필요한 곳이 있으면 어디든 가고, 고생스러운 곳이 있으면 어느 곳이든 정착한다.'고 세뇌한다.

② 옳고 그름이 전도된 문화
공산당 치하에서는 '사회주의의 풀(열매를 맺지 못하는 잎사귀, 즉 가난뱅이)이 될지언정 자본주의의 싹(열매를 맺는 싹눈, 즉 부자)이 돼서는 안 된다.', '총으로 살인을 하는 것은 20년간 안정을 얻기 위함이다.', '자기가 하기 싫은 일을 남에게 하도록 하라.'는 말이 '옳고 바른' 것으로 둔갑했다.

③ 자아 세뇌와 절대적 복종문화
공산당은 인민이 당에 복종하도록 자아를 세뇌하는 문화를 끊임없이 조성한다. '하급자는 상급자에게 복종하고, 전당(全黨)은 중앙에 복종한다.', '사(私) 자가 떠오르면 단호하게 싸운다.', '영혼 깊은 곳에서 혁명이 터져 나오게 한다.', '당 중앙과 고도의 일치를 유지

한다.', '사상을 통일하고, 발걸음을 통일하고, 명령에 통일하고, 지휘에 통일한다.' 등이 모두 상투적인 자아세뇌 멘트다.

④ 인민을 노비지위로 굳힌 문화

오랫동안 공산당에 압박받아 온 단체들은 두려움과 자기보호 차원에서 공산당보다 더욱 좌익적인 표현을 수시로 해야 한다. "공산당이 없으면 중국은 혼란해질 것이다.", "공산당이 아니면 이렇게 큰 중국을 누가 지도할 수 있겠는가?", "중국이 넘어지면 세계의 재난이다. 따라서 공산당을 도와 그 영도를 수호해야 한다." 등이다.

무릇 이런 유의 사례는 매우 많다. 독자마다 자신이 직접 겪은 경험 속에서 당문화의 각종 요소를 찾을 수 있을 것이다.

문화대혁명을 겪은 사람들은 여전히 모범극(樣板戲)과 어록가(語錄歌), 충자무(忠字舞)에 대한 기억이 더욱 새로울 것이며, '백모녀(白毛女)', '지도전(地道戰)', '지뢰전(地雷戰)' 영화의 선전대사가 귀에 익어 읊을 수 있을 것이다.

사실 중국 공산당은 바로 이런 문예형식을 통해 세뇌를 진행한다. 중국 공산당이 사람들의 머릿속에 강제로 주입하는 가치관은 '당이 대단히 영명(英明)하고 위대하며, 적과 투쟁에서 비할 바 없는 고생을 겪었다.'는 것과 '당의 전사가 당에 무한히 충성스럽고 당을 위해 일체를 희생할 수 있다.'는 것, 그리고 '적은 매우 어리석고 악랄하다.'는 것 등이다. 오늘날 음악 무용 서사시 '동방홍(東方紅)'을 다시 보면 전체 주제와 표현방식이 모두 '살인! 살인! 살인!'으로 점철되어 있다.

이와 동시에 중국 공산당은 그들 자신만의 언어체계를 만들어 냈다. 욕설 투의 비판적인 언어, 공적과 은덕을 찬양하는 낯간지러운 언어, 알맹이 없이 형식적이고 공허한 문장 등이 그것이다. 사람들이 입만 열면 자신도 모르게 '계급투쟁'과 '당 찬양가'의 사고방식에 빠져들게 하고, 차분하고 부드럽게 도리를 논하는 것을 언어적 패권주의로 대체했다. 또 공산당은 종교용어를 남용할 뿐만 아니라 그 내포까지 왜곡했다.

진리가 한 걸음 더 나아가면 오류가 되듯이, '당문화'는 전통 가치를 마구잡이로 끌어다 씀으로써 가치관을 왜곡했다. 예컨대 전통문화에서 말하는 '믿음(信)'을 공산당도 주장하지만, 그것은 '당에 대한 충직함'이다. 공산당은 전통문화에서 말하는 '효(孝)'의 개념도 발전시켰다. 공산당도 부모를 봉양하지 않는 사람을 형사처벌 하기도 하지만, 부모는 자식이 모시지 않으면 정부가 대신 떠맡아야 한다고 말한다. 공산당이 원할 때는 자식은 부모와 선(界)도 긋고 적대화 한다. 또 전통문화에서는 '충(忠)'을 말하기도 하고, '군왕은 가볍고 백성이 귀하고 사직이 중하다(君輕民貴, 社稷爲重).'고 여긴다. 하지만 공산당이 말하는 '충'은 '우충(愚忠·맹목적인 충성)'으로, '덮어놓고 신봉할 정도로 믿고, 맹종할 정도로 복종할 것'을 요구한다.

중국 공산당이 상용(常用)하는 어휘는 미혹성(迷惑性)이 아주 강하다. 예를 들어 국공내전(國共內戰·국민당과 공산당의 내전) 시기를 '해방전쟁'이라고 부르는데, 마치 공산당이 인민을 억압에서 '해방'한 것처럼 둔갑한다. 또 1949년 이후를 '건국(建國) 이후'라고 부르는데, 사실 중국 공산당 이전에 국가로서 중국은 존재했고 중국 공산당은 단지 하나의 새로운 정권을 건립했을 뿐이다. 공산당은 또 3년 대기근을 '3년 자연재해'라고 부르는데, 사실 이 시기 기근은 자연재해가 아니라 완벽한 인재(人災)였다. 그러나 사람들이 늘 이런 어휘들을 자주 듣고 사용하다 보면 자신도 모르는 사이에 공산당이 주입하는 개념을 받아들이게 된다.

전통문화에서는 음악(音樂)을 사람의 욕구를 절제하는 수단으로 여긴다. 사마천이 지은 〈사기(史記)〉 중 '악서(樂書)'에서는 "사람의 천성은 고요해서 외물(外物)을 감지한 후에야 사람의 감정에 영향을 주며, 자신의 마음에 따라 호오지정(好惡之情·좋아하고 싫어하는 감정)이 생긴다. 만약 절제하지 않으면 사람은 무궁무진한 외부 유혹과 내심의 호오지정에 동화돼 수많은 나쁜 일을 할 수 있다. 이 때문에 선왕(先王)은 예악(禮樂)을 만들어 사람들이 절제하게 했다."고 했다.

가곡은 '즐겁되 음란하지 않으며(樂而不淫), 슬프되 마음을 다치지 않는다(哀而不傷).', 즉 감정을 표출하면서도 감정 절제를 요구한다. 또 공자는 "시경 삼백 편을 한마디로 표현하면 '생각에 삿됨이 없다.'는 것이다(詩三百, 一言以蔽之, 曰思無邪)."고 했다.

그러나 이렇게 아름다운 음악마저 공산당은 사람을 세뇌하는 수단으로 삼는다. '사회주의는 좋다.', '공산당이 없으면 신(新)중국도 없다.' 등 가요를 유아원에서 시작해 대학에서까지 불러야 한다. 이런 노래들은 흥얼거리는 과정에서 은연중에 노랫말에서 표현한 뜻을 받아들이게 한다. 더구나 중국 공산당은 민간에 유전하는 가장 듣기 좋은 민요곡조에 공산당을 찬양하는 가사를 붙여 사용한다. 공산당은 민요를 도용하는 수법으로 전통문화를 파괴하는 동시에 공산당을 위해 봉사하게 하는 효과를 얻는다.

중국 공산당이 경전(經典)으로 받드는 마오쩌둥의 '옌안(延安) 문예좌담회 강연'에서는 문화와 군사를 '문·무(文·武) 두 전선'으로 불렀다. 아울러 총을 든 군대만으로는 부족해 '문화군대'가 있어야 한다면서 '문예는 정치에 복종해야 한다.'고 규정하고 "프롤레타리아 계급의 문학예술은 전체 혁명기계 속에서 '기어와 나사못'에 해당한다."고 했다. 이로 인해 '무신론'과 '계급투쟁'을 핵심으로 하는 '당문화'가 파생했는데, 전통문화에 완전히 배치되는 것이다.

'당문화'는 확실히 중국 공산당이 천하를 차지하고 다스리는 데 큰 공을 세웠다. 당문화는 군대나 감옥, 경찰과 같은 폭력기계에 속하는데, '문화적 폭력'을 행사하는 기계라는 점이 다를 뿐이다. 이런 문화적 폭력은 5천 년 전통문화를 파괴하는 데 대한 사람들의 경각심을 느슨하게 하고 또 민족의 응집력을 흐트러뜨렸다.

오늘날 많은 중국인이 전통문화의 정수에 관해 전혀 모르며 심지어 겨우 50여 년 된 '당문화'를 5천 년 전통문화와 동일시하는데, 이는 중국인의 슬픔이다. 따라서 사람들이 전통문화를 반대할 때, 그들이 실제로 반대해야 하는 것은 진정한 전통문화가 아니라 중국 공산당의 '당문화'라는 사실을 모르고 있다.

많은 중국인이 서양식 민주제도로 중국의 현행제도를 대체하려고 한다. 사실 서양의 민주주의도 기독교를 위주로 한 문화 기초 위에 건립됐기에 '인간은 하나님 앞에서 평등하다.'고 주장하며 인간성과 인간의 선택을 존중한다. 그렇다면 중국 공산당의 이런 독재적이고 비인간적인 '당문화'가 어찌 서양 민주제도의 기초가 될 수 있겠는가?

맺음말

전통문화는 사실상 송(宋)나라 때부터 끊임없이 파괴돼 전통과 괴리되는 현상이 나타났다. 1919년 5.4운동 이후 조급한 성공과 눈앞의 이익을 추구한 일부 지식인도 전통문화를 부정하고 서양문명에 기대어 중국의 출로(出路)를 찾으려 했다. 그러나 문화 영역의 충돌과 변화 발전은 줄곧 학술차원의 논쟁이었을 뿐, 국가폭력이 개입하는 경우는 없었다. 공산당이 출현하자 양상이 달라졌다. 중국 공산당은 문화적 충돌을 중국 공산당 자신의 존망과 관계되는 높이로 끌어올렸다. 그래서 공산당은 문화를 짓뭉개는 식의 직접 파괴방식과 '전통문화의 찌꺼기를 취하고 정수는 없애고 남용하는' 식의 간접 파괴방식을 채택했다.

민족문화를 파괴하는 과정 역시 '당문화'를 건립하는 과정이다. 공산당은 사람들 마음속의 양지(良知)와 이념을 뒤엎고 민족의 전통을 등지게 한다. 민족문화가 철저히 파괴되는 날이 곧 민족이 사실상 없어지는 날인데, 이는 결코 겁주려고 하는 말이 아니다. 그뿐만 아니라 민족문화가 파괴되면 우리에게 생각지도 못한 물질적 피해가 발생한다.

전통문화는 '천인합일(天人合一)'이라는 하늘과 인간을 하나로 보는 유교적 개념을 추구하기에 인간과 자연이 조화롭게 공존할 것을 요구한다. 그러나 공산당은 "하늘과 싸우니 그 즐거움이 무궁하고 땅과 싸우니 그 즐거움이 무궁하다."고 한다. 현재 중국의 생태환경이 엄중하게 파괴된 것은 당문화와 아주 직접적인 관계가 있다.

수자원(水資源)을 예로 들면, 중국인은 "군자는 재물을 좋아하지만, 그것을 취함에 도(道)가 있다(君子愛財, 取之有道)"는 전통을 포기하고 미친 듯이 자연을 훼손하고 오염시켰다. 현재 5만 킬로미터에 달하는 하천 중 4분의 3 이상의 수역에는 어류(魚類)가 살기 힘들 정도다. 지하수 오염 수치는 십수 년 전보다 3분의 1이나 증가했고 지금도 계속 악화하고 있다. 화이허(淮河)에서는 심지어 한 어린이가 기름으로 오염된 강물 위에서 놀다가 수면에 불씨를 떨어뜨리는 바람에 화염이 5미터 이상 치솟고 주변의 버드나무 10여 그루가 불에 타는 일이 벌어졌다. 그렇게 오염된 물을 마시고 사는 사람들이 어찌 각종 암과 괴질(怪疾)에 걸리지 않을 수 있겠는가? 서북(西北) 지역에 사막화, 염분화(鹽分化)가 진행되고 공업 발달 지역이 오염되는 현상 등이 모두 자연에 대한 경외심을 잃어버린 것과 밀접한 관련이 있다.

전통문화는 생명을 존중한다. 하지만 중국 공산당은 '반란에도 도리가 있고(造反有理)', '사람과 싸우니 그 즐거움이 무궁하다.'고 호소하며 혁명이란 이름으로 살인을 할 수도 있고 수천만 명을 굶겨죽일 수도 있다. 이로 인해 생명 경시풍조가 생겨 가짜식품, 유독식품이 유행하게 됐다. 안후이(安徽)성 푸양(阜陽)시에서는 원래 건강하던 유아들이 팔다리가 짧아지고 몸이 마르고 머리가 커지는 현상이 나타났고, 결국 이런 증상을 보인 유아 여덟 명이 죽었다. 원인을 추적하고 조사한 결과, 돈에 눈이 먼 상인이 원가를 줄이려고 독분유(毒粉乳)를 판매한 것으로 밝혀졌다.

또 호르몬과 항생물질을 게, 뱀, 거북이에게 먹이고, 공업용 알코올로 가짜 술을 제조하고, 공업용 기름으로 쌀에 윤기를 내고, 공업용 표백제로 밀가루를 표백한 사례도 있다. 허난(河南)성의 한 현(縣)에서는 8년 동안 음식물 쓰레기에서 뽑아낸 폐기름과 각종 발암물질을 이용해 가짜 식용유를 만들어 유통한 사건이 발생했는데, 월(月) 생산량이 수천 톤에 달했다. 이런 유독식품 사건들은 어느 한 시기, 어느 한 지역에 국한된 것이 아니라 전국적으로 널리 나타나는 보편적인 현상을 띠고 있다. 이는 문화가 파괴된 후 사람의 마음을 단속하는 도덕의 힘을 상실함으로써 물질과 향락만 추구하게 된 것과 밀접한 관계가 있다.

'당문화'가 절대적인 독단성과 배타성을 지닌 것과는 달리 전통문화는 거대한 포용성을 갖추고 있다. 당나라 전성기에는 불가(佛家) 사상과 기독교, 그리고 기타 서양종교가 모두 도가·유가의 사상과 화목하게 공존할 수 있었다. 진정한 전통문화는 현대 서양문명에 대해서도 마찬가지로 개방적이고 포용적인 태도를 유지한다. 아시아의 네 마리 용(신속하게 경제 발전을 이루어낸 한국, 대만, 홍콩, 싱가폴 4개국을 지칭)이 '신(新) 유가문화권'을 형성했는데, 이들 나라가 비약적으로 발전한 그 자체가 바로 전통문화가 사회발전의 장애가 아님을 입증하는 증거다.

이와 동시에 진정한 전통문화는 외재적인 물질적 향락이 아닌 인간 내면의 기쁨으로 삶의 질을 가늠한다. "앞에서 칭찬받는 것보다 뒤에서 비방 받지 않은 것이 낫지 않은가? 몸이 즐거운 것보다 마음에 근심이 없는 것이 낫지 않은가?" 하는 말이 있다. 송나라 시인 도연명(陶淵明)은 가난해도 위축되지 않고 의연히 "동쪽 울 밑에서 국화를 꺾어 들고 멀리 남산을 바라보네(採菊東籬下, 悠然見南山)." 하고 유유자적하는 정취가 있었다.

사실상 어떻게 생산성을 발전시키고 어떤 사회제도를 채택할 것인가 하는 것은 문화가 대답할 문제가 아니다. 문화는 단지 도덕영역에서 이끌고 단속하는 소임을 할 뿐이다. 진정한 전통문화로 회귀하려면 마땅히 천지와 자연에 대한 겸손, 그리고 생명을 소중히 여기고 신(神)을 경외하는 마음을 회복해 사람이 천지와 더불어 조화롭게 공존할 수 있어야 한다는 것을 우리는 명심해야 한다.

평론-1 공산당이란 무엇인가
평론-2 중국 공산당은 어떻게 창설됐는가
평론-3 중국 공산당의 폭정暴政을 논하다
평론-4 공산당은 반우주 세력이다
평론-5 장쩌민과 공산당이 결탁해 파룬궁을 박해하다
평론-6 중국 공산당의 민족문화 파괴를 논하다

평론-7 중국 공산당의 살인 역사를 논하다

평론-8 중국 공산당의 사교邪教 본질을 논하다
평론-9 중국 공산당의 깡패 본성을 논하다

서두

중국 공산당 정권수립 후 55년 역사는 피와 거짓으로 쓰였다. 그 피로 물든 역사 이야기는 참혹하기 그지없는 데다 아는 사람도 극히 드물다. 오늘날 중국은 무고한 생명 6천만~8천만 명이 희생되고 수많은 가정이 파탄 나는 대가를 치렀음에도 여전히 '중국 공산당이 살인할 이유가 뭐가 있겠어?' 하고 생각한다. 중국 공산당은 2004년 11월 초에 한위안(漢源) 현에서 항의하는 민중을 총으로 진압했고 심지어 지금도 파룬궁(法輪功) 수련생을 살해하고 있는데도 많은 사람이 여전히 "중국 공산당이 언젠가는 살인을 멈추고 총 대신 입으로 대화하는 법을 배우지 않겠는가." 하고 생각한다.

마오쩌둥은 '문화대혁명'을 총결하면서 "천하가 크게 혼란해야 천하를 크게 다스릴 수 있다. (이런 상황이) 7, 8년에 한 번씩 와야 한다."고 했다(마오쩌둥이 1966년 아내 장칭에게 보낸 편지). 다시 말하면 7, 8년을 한 주기로 '운동'을 하고 7, 8년을 한 주기로 학살해야 한다는 것이다. 공산당이 살인하는 데는 이론적인 근거와 현실적인 필요성이 있다.

이론적으로 말하면 공산당은 '프롤레타리아 계급의 독재' 이론과 '프롤레타리아 계급 독재 하의 끊임없는 혁명' 이론을 신봉한다. 그러므로 정권을 탈취한 후 공산당은 '지주를 살해하는' 방법으로 농촌의 생산관계를 해결했고, '자본가 계급을 살해하는' 방법으로 상공업 개조(改造)를 완성하고 도시의 생산관계를 해결했다. 이 두 계급을 모두 제거함으로써 경제토대 문제, 즉 하부구조 문제를 기본적으로 해결했다.

상부구조 문제 역시 살인에 의지해 해결해야 했다. '후펑(胡風) 반당(反黨) 집단'과 '우파'를 진압함으로써 지식인들을 숙청했고, '회도문(會道門)'을 말살해 종교 문제를 해결했으며, 문화대혁명 때 살인을 통해 문화적, 정치적으로 당의 절대적 영도권 문제를 해결했다.

'6.4 천안문 대학살'로 저들의 정치적 위기를 모면하는 동시에 민중의 민주화 요구 문제를 묵살했고, '파룬궁' 탄압으로 신앙과 기공 등 건강 운동단체 처리 문제 들을 해결했다. 이 모든 것이 중국 공산당이 자신의 위치를 강화하고 통치를 수호하는 과정, 즉 경제위기(공산당 정권수립 후 물가가 상승하고 문화대혁명 후 경제가 붕괴한 현상), 정치위기(당에 복종하지 않거나 당의 권력을 분산하고자 요구하는 추세), 신앙위기(구소련이 해체되고 동유럽 공산국가 붕괴, 파룬궁 사건 등)를 끊임없이 처리하는 과정에서 취한 필연적인 반응이다. 파룬궁 사건 이외 기타 모든 정치운동은 모두 중국 공산당이란 이 악령에게 에너지를 부어 넣고 혁명투지를 진작하는 과정이자 당 조직을 검열해 당의 요구에 부합하지 않는 당원을 도태시키는 과정이었다.

　공산당이 살인을 일삼는 것도 현실적인 필요에서다. 공산당은 처음부터 건달과 무뢰배들의 살인에 의지해 당을 일으켰다. 처음부터 살인으로 시작했기에 중간에 손을 뗄 수 없고 또 반드시 지속해서 공포를 조성해야만 인민이 그 공포에 벌벌 떨면서 상대가 너무 강하니 현실을 받아들이고 복종하게 만들 수 있기 때문이다.

　겉으로 보기에는 많은 경우 공산당이 '피동적 살인'을 한 것으로 보인다. 마치 사회의 한 '우연한' 사건이 발단돼 중국 공산당 악령과 중국 공산당 조직의 살인 메커니즘이 우연히 작동한 것처럼 보일 수 있다. 사실 이 '우연'으로 위장한 주기적인 살인 행위는 중국 공산당으로 말하자면 일종 필연 결과이다. 만약 그렇게 위장하지 않았다면, 상처가 아물면 아픔을 잊듯이 두 해 살인하지 않으면 사람들은 중국 공산당이 이제 좋아졌다고 착각하게 되고 심지어 89년 민주화 운동 당시 이상(理想)을 품었던 청년들처럼 민주화를 요구할 것이다. 7, 8년에 한 번씩 살인하면 사람들에게 공포의 기억을 끊임없이 새롭게 할 수 있고 또 성장하는 젊은이들에게 경종을 울릴 수 있다. 즉, 누군가 공산당에 맞서고 공산당의 절대적인 영도에 도전하려 하면, 그리고 역사의 진실한 모습을 회복하려 하면 그는 곧바로 '프롤레타리아 독재의 무쇠주먹' 맛을 보게 될 것이다.

　이런 점에서 살인은 중국 공산당이 통치를 유지하는 데 꼭 필요한 수단 중 하나다. 중국 공산당이 진 피의 빚이 갈수록 늘어나는 상황에서 그들이 도살용 칼을 내려놓는 것은 곧바로 민중에게 그들 자신을 청산하도록 맡기는 것과 같다. 그래서 중국 공산당은 시체가 들판에 널리고 피가 흘러 강을 이룰 정도로 사람을 잔인하게 죽일 수밖에 없다. 특히 정권수립 초기에는 아주 잔인한 수단을 썼는데 그렇게 하지 않으면 민중을 공포에 떨게 할 수 없기 때문이다.

어차피 공포를 조성하기 위해 살인하는 것이라면, 누구를 죽이고 누구를 죽이지 않을지를 이성적으로 따질 필요가 없다. 역대 여러 차례 정치운동 중에서 중국 공산당은 모두 '집단학살' 정책을 썼다. '반혁명 진압운동'을 예로 들면 중국 공산당이 진압한 것은 반혁명 '행위'가 아니라 반혁명 '분자'였다. 만약 예전에 국민당 군대에 강제로 징집돼 며칠만이라도 군에 복무한 사람은 공산당 정권이 수립된 이후에 아무것도 하지 않았어도 똑같이 죽임을 당했다. 이유는 그가 여전히 '역사 반혁명'에 속하기 때문이다. 중국 공산당은 심지어 토지개혁 과정에서 '풀을 베고 뿌리를 뽑는' 것과 같은 완전 제거 방식으로 지주와 그 가족을 모조리 학살했다.

1949년 이후 중국에서는 전 인구의 절반 이상이 중국 공산당의 박해를 받고, 6천만~8천만 명이 비정상적으로 사망했다. 이는 인류 역사상 두 차례 세계대전에서 사망한 사람의 합계보다 많다.

중국 공산당은 전 세계 다른 공산 국가들과 마찬가지로 민중을 대량 학살했을 뿐만 아니라 공산당 내부에서도 피비린내 나는 숙청을 감행했고, 그 수단은 매우 잔혹했다. 그 목적은 '인성(人性)'이 '당성(黨性)'보다 강한 이색분자를 깨끗이 제거하는 것이다. 공산당은 '난공불락의 전투 보루'를 구축하기 위해 인민은 물론 자기편도 공포에 떨게 할 필요가 있었다.

정상적인 사회의 문화 속에는 사람 간의 배려와 사랑, 그리고 생명을 경외하고 신의 은혜에 감사하는 마음이 가득 차 있다. 동양인은 "자신이 바라지 않는 것을 남에게 강요하지 말라."고 하고 서양인은 "네 이웃을 네 몸같이 사랑하라."고 가르친다. 그러나 유독 공산당만은 "지금까지 사회 역사는 모두 계급투쟁 역사"라고 주장한다. 따라서 공산당은 '투쟁'을 유지하기 위해 인민 속에서 증오심을 부추겨야 하고 또 공산당 스스로 살인을 하고 군중을 꼬드겨 서로 죽이도록 선동해야 한다. 그리고 인민에게 끊임없이 살인하는 환경 속에서 타인의 생명, 타인의 고통을 경시하는 습성을 익히게 하고, 각종 잔인무도한 폭행 앞에서 무감각해지게 하고, 운 좋게 폭행을 모면하는 것이 가장 다행한 일이 되게 함으로써 중국 공산당이 잔혹한 탄압에 의지해 통치를 유지할 수 있게 한다.

　중국 공산당은 수십 년간 살육 과정에서 무수한 생명을 해쳤을 뿐만 아니라 중화민족의 정신마저 파괴했다. 잔혹한 투쟁 과정에서 많은 사람에게 일종의 조건반사(條件反射 · 특정한 자극에 무의식적으로 반응하는 상태)가 형성됐다. 조건반사가 형성된 사람은 중국 공산당이 도살용 칼을 들기만 해도 즉시 모든 인간으로서 원칙과 정확한 판단력을 포기하고 투항한다. 어찌 보면 그들의 정신은 이미 죽었다고 볼 수 있다. 이는 몸이 죽는 것보다도 더 두려운 것이다.

1. 참혹한 학살

　마오쩌둥은 정권을 수립하기 전에 쓴 〈인민민주주의 독재〉란 글에서 "우리는 반동파와 반동계급의 반동행위에 대해 절대로 인정

(仁政)을 베풀지 않는다."고 했다. 바꿔 말하면 중국 공산당은 베이징에 입성하기 전부터 '폭정(暴政)'을 결심했고 또 그것을 미화해 '인민민주주의 독재'라고 했다. 아래에 공산당이 펼친 운동 중 극히 일부 사례를 열거한다.

1) 진반(鎭反)과 토지개혁

중국 공산당은 1950년 3월 '반혁명분자 강경진압에 관한 지시'를 발표했는데, 역사는 이를 '진반(鎭反·반혁명 진압운동)'이라 칭한다.

중국의 역대 황제가 즉위한 후 전국적으로 특별사면을 시행한 것과는 달리 중국 공산당은 정권을 잡자마자 도살용 칼을 치켜들었다. 마오쩌둥은 한 문건에서 이렇게 썼다. "많은 지방에서는 너무 소심해서 대대적으로 반혁명분자를 죽이지 못했다." 1951년 2월, 중국 공산당 중앙위원회는 또 저장(浙江)과 완난(皖南)을 제외한 지역에 "살인을 적게 한 지역, 특히 대도시나 중소도시는 반드시 계속해서 대담하게 한 무리씩 붙잡아 살해해야 하며 너무 일찍 멈춰서는 안 된다."고 지시했다.

심지어 마오쩌둥은 "반혁명분자를 죽이되 농촌에서는 인구 대비 1,000분의 1 이상이어야 하고, 도시에서는 1,000분의 1 이하여야 한다."는 구체적인 숫자 지시도 내렸다. 그 당시 6억 중국 인구로 계산했을 경우 마오쩌둥의 이 학살 '성지(聖旨)' 하나에 최소한 60만 민중의 머리가 땅에 떨어지는 셈이다. 이 '1,000분의 1'이란 비율을 어떻게 산출했는지는 지금도 알 수 없지만, 아마 60만 명 정도를 죽이면 인민이 공포를 느끼는 규모가 기본적으로 갖춰진다고 여겨 이런 지표를 하달한 것으로 추측해 본다.

죽임을 당하는 사람이 과연 죽을죄를 지었는지는 중국 공산당이 신경 쓸 필요가 전혀 없었다. 1951년에 공포한 '중화인민공화국 반혁명분자 처벌 조례'에는 '유언비어'를 퍼뜨린 사람도 즉각 참수할 수 있다는 규정이 있다.

'토지개혁' 운동 역시 '진반(鎭反)' 운동처럼 기세가 맹렬했다. 사실 중국 공산당은 1920년대 말부터 자신들이 점령한 지역 내에서 '토지개혁'을 시작했다. 표면적으로는 '태평천국', '유전동경(有田同耕·농지가 있으면 함께 경작한다는 뜻으로, 평등사회를 표현한 말)'의 이상을 실현하는 것처럼 보였지만, 그들의 진정한 목적은 사람을 죽이려는 구실을 찾는 데 있었다. 공산당 서열 4위까지 오른 공산당 지도자 타오주(陶鑄)가 그 당시 제시한 토지개혁 구호는 "마을마다 피가 흐르고, 집집마다 투쟁한다(村村流血, 戶戶鬥爭)"였다. 즉 마을마다 지주를 총살해야 한다는 것이다.

본래 토지개혁은 사람을 죽일 필요가 전혀 없었다. 대만 정부가 시행한 것처럼 속매(贖買·국가가 유상으로 땅을 수용함) 방식을 채택할 수도 있었다. 그러나 도적 떼와 룸펜 프롤레타리아로 구성된 중국 공산당은 '약탈'하는 방법밖에 몰랐다. 남의 것을 빼앗고도 피해자가 원한을 품을까 봐 아예 죽여 버렸다.

토지개혁 당시 가장 흔한 살인 방법은 투쟁 대회였다. 지주나 부농에게 날조한 죄명을 뒤집어씌운 후 단상에 올려놓고 군중에게 '어떻게 처리해야 하느냐?'고 묻는다. 그러면 군중 속에 잠입한 공산당원이나 열성분자들이 앞장서서 '죽여야 한다!'고 외치고, 그러면 지주와 부농은 그 자리에서 처형된다. 당시 농촌에서는 땅을 조금 가지고 있으면 '패(霸)', 백성을 속이고 억눌렀으면 '악패(惡霸)', 다리를 놓고 길을 보수하고 학교를 세우고 이재민을 구제했으면 '선패(善霸)', 아무것도 안 했으면 '불패(不霸)'로 규정했다. 그러나 이런 구분은 실제로는 아무런 차이가 없었다. 왜냐하면 어떤 패(霸)든 결국 같은 처분, 즉 하나같이 현장에서 처형당했기 때문이다.

중국 공산당은 1952년 말까지 처단한 '반혁명분자'가 240여 만 명이라고 공포했다. 그러나 실제 화를 당한 사람은 국민당 시절의 현장(縣長)에서부터 지방 갑장(甲長)까지 공무원과 지주 등으로 500만 명이 넘는다.

이런 '진반'과 '토지개혁'은 몇 가지 매우 직접적인 효과가 있었다. 첫째, 중국 공산당은 '진반'과 '토지개혁'을 통해 기존 체계의 관리자를 모두 죽이고 '촌마다 공산당 지부가 있게 한다.'는 계획을 실현했다. 과거 중국의 기층 권력조직은 기본적으로 향촌의 종족자치였고 향촌의 유지계층이 지방자치의 수령이었는데, 기존의 이런 체계를 무너뜨린 것이다. 둘째, 토지개혁과 반혁명 진압을 통해 대량의 재화(財貨)를 약탈했다. 셋째, 지주 부농을 잔혹하게 탄압함으로써 백성들을 공포에 떨게 하는 목적을 달성했다.

2) '3반(反)'과 '5반(反)'

'진반(鎭反)'과 '토지개혁'이 주로 농촌 기층을 겨냥한 운동이라면, 뒤이은 '3반·5반'은 도시에서 벌인 학살운동이다.

'3반(三反)'은 1951년 12월부터 시작한, 중국 공산당 내부의 간부 부패를 겨냥해 전개한 '부패, 낭비, 관료주의' 3대 반대운동이다. 당시에는 부패한 간부들을 처단했지만, 바로 이어서 간부들을 부패하게 만든 것은 모두 자본가들이 유혹한 결과라고 하면서 이듬해 1월부터 '5반(五反)', 즉 '뇌물공여, 탈세, 국가재산 절도, 부실공사, 국가경제정보절취' 등 5대 반대운동을 시작했다.

'5반'은 사실상 자본가의 돈을 약탈하고 심지어 돈을 빼앗기 위해 그들의 목숨까지 해친 운동이다. 당시 상하이 시장 천이(陳毅)는 매일 저녁 소파에 앉아 차를 마시며 보고를 받았는데, 이때 한가하게 "오늘은 낙하산병이 몇 명이지?" 하고 물었다고 한다. 이는 얼마나 많은 상인이 건물에서 뛰어 내렸는지 묻는 것이었다. '5반' 운동은 거의 모든 자본가가 화를 면치 못했는데, 이른바 '탈세'는 광서(光緒 · 청나라 덕종의 연호. 즉 1875~1908) 연간에 상하이 개항 때부터 시작하여 '세금'을 매기는 것이어서 자본가들이 재산을 몽땅 털어도 부족했기 때문이다. 결국 많은 자본가가 건물에서 뛰어내려 자살하는 길을 택했다. 황포강(黃浦江)에 뛰어들려고 해도 시신을 찾지 못하면 홍콩으로 도망갔다고 가족들을 계속 괴롭히니 시체를 확인할 수 있게 하려면 건물 위에서 뛰어내리는 수밖에 없었다. 그래야 공산당이 시체를 눈으로 확인하고 포기하기 때문이었다. 들리는 말로는, 당시 상하이 고층 건물 양옆으로는 아무도 다니지 못했다고 한다. 갑자기 위에서 사람이 뛰어내리면 같이 압사하여 죽을 수 있었기 때문이다.

1996년 중국 공산당 중앙당사(黨史) 연구실 등 네 개 부서가 공동으로 펴낸 통계자료 〈건국 이래 역사 · 정치운동 사실(建國以來歷

史政治運動事實)〉에 의하면 '3반·5반' 운동 과정에 323,100여 명이 체포됐고, 280여 명이 자살 혹은 실종됐다. 1955년 '후펑(胡風, 중국의 평론가) 반대 운동'에 5,000여 명이 연루돼 500여 명이 체포됐고, 60여 명이 자살했으며, 12명이 비정상적으로 사망했다. 바로 뒤이은 '숙반(肅反·반혁명분자 숙청)' 운동 과정에서는 21,300여 명이 사형 판결을 받았고, 4,300여 명이 자살 혹은 실종됐다.

3) 대기근

중국 공산당 정권수립 이후 사망자가 가장 많이 발생한 정치운동은 대기근을 초래한 '대약진'이다. 1994년 2월 훙치(紅旗) 출판사에서 출간한 〈중화인민공화국 역사기록〉 중 '대기근' 관련 문장에서는 "1959년에서 1961년 사이에 많은 사람이 비정상적으로 죽고 예년보다 출생 인구도 줄었는데, 이렇게 감소한 인구가 대략 4천만 명 정도다. …중국 인구가 4천만 명이나 감소했으니, 이는 금세기 최대 기근일 것이다."고 적었다.

중국 공산당은 이 대기근을 '3년 자연재해'로 왜곡했다. 하지만 실제로 이 3년간은 기후가 좋았다. 큰 홍수나 가뭄, 태풍, 해일, 지진, 이상한파, 우박, 메뚜기 떼 습격 등 대규모 자연재해는 한 차례도 발생하지 않았다. 따라서 대기근은 완벽한 인재(人災)였다. '대약진' 때 강철을 만든다며 전 국민을 동원하는 바람에 농촌에서는 곡식을 수확할 일손이 없어서 그대로 밭에서 썩혀버렸다. 그런데도 당시 중국 각지에서는 공산당 지도자의 환심을 사기 위해 벼 생산량 '신기록'을 놓고 경쟁을 벌였다. 심지어 류저우(柳州) 공산당 지방위원회 제1서기 허이란(賀亦然)은 수치를 조작해 환장현(環江縣)의 벼 생산량이 '한 무(畝)당 13만 근'이라고 발표했다. 마침 루산(廬山)회의 이후 전국적으로 '반우경(反右傾)' 투쟁을 하고 있었기에 공산당은 자신의 '일관된 올바름'을 드러내기 위해 전국에서 부풀려서 보고한 대로 곡물을 수매했다. 그 결과 농민들의 식량, 종자, 사료까지 몽땅 거둬들였고, 그래도 수매량을 채우지 못하면 농민들이 곡식을 숨겼다고 모함했다.

허이란은 "류저우 지역에서 아무리 많은 사람이 굶어 죽더라도 1등을 쟁취해야 한다."고 했다. 어떤 농민은 곡식을 몽땅 빼앗겨 남은 것이라고는 큰 요강에 숨겨둔 벼 몇 줌이 전부였다. 환장현 쉰러구(馴樂區) 위원회에서는 농민들이 식량이 있어도 먹지 못하게 하고 심지어 취사를 못 하도록 '불씨를 없애고 솥을 봉하라.'는 명령을 내렸다. 민병(民兵)들이 야간에 순찰하다가 불빛만 보이면 수색하고 체포했다. 많은 농민이 채소와 나무껍질조차 감히 삶아 먹지 못하고 굶어 죽었다.

과거에는 대기근이 발생하면 관에서 죽청(粥廳·죽을 쑤어 나눠 주는 곳)을 설치하고, 곳간을 열어 곡식을 풀고, 굶주린 백성이 살길을 찾아 이주하는 것을 허락했다. 그러나 중국 공산당은 기근으로 백성이 이주하면 공산당의 위신이 떨어진다고 여겨 민병을 배치해 백성이 탈출하지 못하게 향촌의 길목을 지켰다. 심지어 굶주린 사람들이 식량 창고의 양식을 꺼내면 총을 쏴 진압하라는 명령을 내렸으며 총에 맞아 죽은 자는 반혁명분자로 몰았다.

당시 간쑤(甘肅), 산둥(山東), 허난(河南), 안후이(安徽), 후베이(湖

北), 후난(湖南), 쓰촨(四川), 광시(廣西) 등 많은 성(省)에서 아사자의 시체가 들판에 널렸다. 그런데도 많은 농민이 '대규모 수리(水利) 공사'와 '대규모 강철 제련운동' 노역에 내몰렸는데, 길에 쓰러져 영원히 일어나지 못하는 사람이 많았다. 나중에는 사람이 죽어도 묻을 기력마저 없었고 한 집 한 집 사라지는 마을이 속출했다.

중국 역사상 기근이 가장 심했던 시기에 '역자이식(易子而食·서로 자식을 바꿔 잡아먹음)' 참상이 발생했는데, 중국 공산당이 통치한 시기에 이 같은 일이 재연됐다. 산 사람이 죽은 사람의 시신을 베어내 삶아 먹었을 뿐만 아니라 다른 지역에서 기아를 피해 온 유민을 짐승처럼 잡아먹었으며 심지어 자기 자식까지도 잡아먹었다. 작가 사칭(沙靑)의 보고문학 〈어른거리는 대지만(依稀大地灣)〉에 그 당시 상황이 잘 묘사돼 있다.

"아버지와 아들 하나, 딸 하나, 이렇게 세 사람만 살아남은 농가가 있었다. 어느 날 아버지가 딸을 집 밖으로 내쫓았는데, 한참 후 딸이 집에 돌아와 보니 남동생이 보이지 않았다. 솥에는 뽀얀 기름 같은 것이 한 층 떠 있었고 부뚜막에는 뼈가 한 무더기 있었다. 며칠 후 아버지는 또 솥에다 물을 붓고는 딸을 불렀다. 놀란 딸은 문 밖에 숨어서 울며 애원했다. '아빠, 저를 잡아먹지 마세요. 제가 아빠를 위해 땔감을 마련하고 불도 지피는데, 제가 없으면 그 일을 할 사람이 없잖아요.'"

이러한 반(反)인류 참극이 얼마나 많이 발생했는지 우리는 알 길이 없다. 그러나 우리는 이런 참극을 무수히 일으킨 원흉 중국 공산당이 자신의 죄상을 도리어 '인민을 이끌고 자연재해에 맞서 싸웠다.'는 찬가(讚歌)로 바꾸고 공산당은 '위대하고 영광스럽고 올바르다.'고 줄기차게 떠벌리고 있음을 보고 있다.

1959년 루산(廬山)회의 때 인민을 위해 바른말을 한 펑더화이(彭德懷)가 숙청당했으며, 진실을 말한 많은 공산당 간부도 파면당하거나 감금당하거나 심문 당했다. 그리하여 대기근이 발생했을 때는 진실을 말할 사람이 없었다. 거의 모든 간부가 자신의 자리를 보전하기 위해 아사자가 속출하는데도 진상을 은폐했다. 심지어 간쑤성은 산시(陝西)성에서 식량 지원을 해주겠다고 적극적으로 나섰는데도 식량이 많아 다 먹지 못한다며 거절했다.

이 대기근은 중국 공산당 간부들을 검증하는 기회이기도 했다. 중국 공산당의 표준에 따르면 이런 간부는 모두 합격한 셈이다. 왜냐하면 그들은 수천만 명이 굶어 죽어도 진실을 말하지 않고, 그 어떠한 인정(人情)이나 천리(天理)도 그들이 당을 따르는 데 심적 부담이 되지 않는다고 믿었기 때문이다. 대기근 후 잘못을 저지른 성(省)급 간부들에게는 형식적인 검토로 사건을 마무리 지었다. 심지어 쓰촨에서는 수백만 명을 굶겨 죽였는데도 성 위원회 서기 리징취안(李井泉)은 서남국(西南局)의 제1서기로 발탁됐다.

4) 문화대혁명과 천안문 사태, 그리고 파룬궁 탄압

문화대혁명은 1966년 5월 16일부터 정식으로 시작됐다. 이 기간을 중국 공산당은 스스로 '십년호겁(十年浩劫)'이라고 부른다. 이른바 문화대혁명 10년이 대재난 시기였다는 것이다. 후야오방(胡耀邦)은 문화대혁명이 끝난 후 당 총서기로 있을 때 유고슬라비아 기자와 인터뷰에서 "당시 약 1억 명이 문화대혁명의 박해를 받았는데, 중국 인구의 10분의 1을 차지한다."고 했다.

중국 공산당 중앙당사연구실 등에서 공동으로 편찬한 〈건국 이래 역사·정치운동사실(建國以來歷史政治運動事實)〉에서는 다음과 같이 기술했다.

"1984년 5월, 중국 공산당 중앙위원회가 2년 7개월간 전면적인 조사와 실사를 통해 새로 집계한 문화대혁명 관련 수치에 따르면 420만 명이 체포돼 심사를 받았고, 172만 8천 명이 비정상적으로 사망했고, 13만 5천여 명이 현행 반혁명죄로 사형 판결을 받았다. 또한, 무장투쟁 과정에서 23만 7천여 명이 사망했고, 703만여 명이 불구가 됐으며, 7만 1천2백여 가정이 완전히 파괴됐다."

또한, 전문가들이 중국 현지(縣志) 기록에 근거해 집계한 바로는 문화대혁명 기간에 비정상적으로 죽은 이가 최소 773만 명에 이르렀다.

문화대혁명이 시작됐을 때, 중국에서는 사람을 때려죽이는 것 외에도 자살 열풍이 불었다. 많은 저명한 지식인, 예를 들면 라오서(老舍), 푸레이(傅雷), 젠보짠(翦伯贊), 우커우(吳口), 추안핑(儲安平) 등이 모두 문화대혁명 초기에 자살이라는 죽음을 선택했다. 문화대혁명 시기는 중국 역사상 '좌경화'가 가장 광적으로 폭발한 시기였다. 이 시기에 살인은 대체로 '혁명성'을 보여주는 일종 실연(實演)이었기에 '계급의 적'에 대한 살인은 지극히 잔혹하고 야만적이었다.

'개혁개방'은 정보 유통을 크게 발전시켰다. 해외의 많은 기자가 베이징에서 1989년의 천안문 유혈사태를 직접 목격하고 탱크가 학생을 짓뭉개는 도살 장면을 녹화해 해외 텔레비전으로 송출했다.

10년 후 1999년 7월 20일, 장쩌민은 파룬궁 기공 수련단체 탄압을 시작했다. 대륙 내부 소식통에 의하면 파룬궁 수련생 7,000여 명이 2002년 말에 각지 구치소, 노동교양소, 감옥, 정신병원에 갇혀 고통당하다 사망했는데, 하루에 평균 일곱 명이 학살당한 셈이다.

오늘날 중국 공산당의 살인 숫자는 걸핏하면 백만, 천만 명으로 집계됐던 과거의 규모에 크게 못 미치는 것으로 보인다. 그 이유는 아래의 두 가지 중요한 요소 때문이다. 하나는, 인민들이 중국 공산당 당문화에 의해 더욱 냉소적으로 이질화돼 굽실거리기 때문이고, 다른 하나는, 국가재정이 고갈돼 중국 경제가 수혈형(輸血型) 경제로 변함으로써 외국자본이 중국 경제성장을 유지하고 사회 안정을 보장하는 버팀목이 됐기 때문이다. 중국 공산당은 천안문 사태 이후에 서방국가들이 취한 경제제재를 생생하게 기억할 뿐만 아니라 무분별한 살인이 외국자본 이탈을 야기해 공산당 통치를 위태롭게 한다는 사실을 잘 알고 있다.

그러나 중국 공산당은 암암리에 하는 살인은 여전히 멈추지 않는다. 그들은 단지 겉으로 드러나지 않게 핏자국을 은폐할 뿐이다.

2. 지극히 잔인한 살인 수법

중국 공산당의 행위는 모두 권력을 탈취하고 유지하기 위한 것이다. 살인은 권력을 유지하는 주요 수단이 됐는바, 그 방법이 잔인할수록, 그 숫자가 많을수록 인민을 공포에 떨게 하는 효과가 더욱 크다. 이런 수법은 항일전쟁 시기, 심지어 그 이전부터 시작됐다.

1) 항일전쟁 기간 화베이(華北)에서 잔혹한 살인방법을 고안해 학살

허버트 후버(Hoover) 전 미국 대통령은 레이몽 드 재거(Raymond De Jaegher) 신부의 저서 〈내재하는 적(Enemy Within)〉을 세계 각국에 추천하면서 "이 책에는 공산주의가 행동으로 보여준 적나라한 공포의 실상이 폭로돼 있다. 나는 전 세계에 퍼져 있는 이런 마귀 세력을 명확히 알고 싶어 하는 모든 사람에게 이 책을 추천한다."고 했다.

레이몽 신부는 이 책에서 일부 중국 공산당이 폭력을 사용해 민중들을 공포에 떨게 한 이야기를 기술했다.

"어느 날 중국 공산당은 모든 주민에게 마을 광장에 모이라고 했는데, 어린이는 교사가 광장으로 데려가게 했다. 목적은 그들에게 애국 청년 열세 명의 목이 어떻게 잘리는지 보여주기 위함이었다. 중국 공산당은 전혀 없는 날조한 죄상을 낭독한 후, 놀라서 얼굴이 백지장처럼 하얗게 변한 교사에게 명령해 아이들이 애국 노래를 소리 높여 부르게 했다. 노랫소리가 울려 퍼지는 가운데 등장한 사람은 무용수가 아니라 손에 큰칼을 든 망나니였다. 망나니는 흉포하고 다부진 젊은 공산당 병사로, 힘이 매우 센 자였다. 그가 첫 번째 희생자의 뒤편으로 가서 두 손으로 넓적하고 예리한 큰칼을 들어 번개같이 내리치자 희생자의 머리가 땅에 떨어져 구르면서 선혈이 샘솟듯 뿜어져 나왔다. 기겁한 아이들의 노랫소리가 요란한 울부짖음으로 변했다. 교사는 박자를 맞추면서 흐트러진 음조를 안정시키려 했고, 그 혼란 속에서 나는 또 종소리를 들었다. …망나니는 연속 열세 번이나 칼을 휘둘러 머리 열셋을 베어 버렸다. 뒤이어 중국 공산당 병사들이 달려들어 죽은 자의 배를 가르고 심장을 도려낸 다음 제자리로 돌아가 먹어 치웠다. 이 모든 폭력은 모두 아이들 앞에서 벌어졌다. 아이는 겁에 질려 얼굴이 하얘졌으며 몇몇은 구토를 했다. 교사는 그 아이들을 꾸짖으면서 모두 줄 세워 학교로 돌아갔다."

그 후에도 레이몽 신부는 어린이들이 살인 장면을 보러 가는 것을 여러 차례 목격했다. 이 일은 어린이들이 이런 피비린내 나는 장면에 익숙해져 감각이 무뎌지고 심지어 자극적인 쾌감을 느낄 수 있을 때까지 계속됐다.

중국 공산당은, 살인으로는 공포심을 자극하기에 부족하다고 여길 때면 다양한 고문 방법을 고안해낸다. 예를 들면 사람에게 강제로 대량의 소금을 먹이고는 목말라 죽을 때까지 물 한 방울 주지 않거나, 옷을 전부 벗기고는 깨진 유리 파편 위에 뒹굴게 하거나, 한겨울에 꽁꽁 언 강에 구멍을 내고 밀어 넣은 다음 얼어 죽거나 익사할 때까지 내버려 두는 것 등 방법이다. 이런 사례를 레이몽 신부는 아래와 같이 기술했다.

"산시(山西)성의 한 공산당원이 아주 무서운 형벌을 하나 발명했다. 어느 날 시내를 한가로이 돌아다니던 그는 한 식당 문 앞에서 밥 짓는 큰 가마솥을 바라보다가 가마솥을 몇 개 구매했다. 그는 곧바로 반공(反共) 인사들을 체포해 건성으로 재판을 진행하고 재판과 동시에 솥에 물을 붓고 끓이기 시작했다. 재판이 끝나자 사형을 선고받은 세 사람을 발가벗겨 끓는 솥 안으로 밀어 넣었다. …핑산(平山)에서 나는 한 아이의 아버지가 산 채로 피부가 벗겨져 죽는 장면을 본 적이 있다. 공산당은 아이에게 그의 아버지가 참형을 당하는 장면을 지켜보게 하고 비명을 지르며 죽어가는 소리를 듣게 했다. 중국 공산당은 아이 아버지의 몸에 식초와 여타 강산(強酸)을 발라 인피(人皮)를 한 장 재빨리 벗겼다. 등에서 시작해 양어깨까지 벗긴 후 머리만 남기고 온몸의 피부를 전부 벗겼다. 아이 아버지는 전신의 피부가 벗겨진 후 몇 분 만에 죽었다."

2) '붉은 8월'의 적색공포와 광시(廣西)의 인육(人肉) 축제 사건

중국 공산당은 중국의 모든 강산을 지배했음에도 폭행을 자제할 생각이 추호도 없었으며 문화대혁명 때는 이런 폭력이 한층 더 발전하고 확대됐다.

1966년 8월 18일, 마오쩌둥은 천안문 성루에서 '홍위병(紅衛兵)' 대표를 접견했다. 쑹런충(宋任窮)의 딸인 쑹빈빈(宋彬彬)이 마오에게 '홍위병' 완장을 채워주었다. 마오는 쑹의 이름이 '문질빈빈(文質彬彬·겉모양의 아름다움과 내면의 충실함이 조화를 이룸)'의 '빈(彬)'임을 듣고 "무(武)가 필요하다."고 말했다. 그러자 쑹(宋)은 곧바로 자신의 이름을 '쑹야오우(宋要武)'로 개명했다.

기세등등한 '무장투쟁'이 곧바로 전국으로 전개됐다. 중국 공산당이 무신론으로 교육하여 배양해낸 젊은 세대는 아무런 거리낌과 두려움도 없었다. 이들은 공산당의 직접적인 지도하에 마오쩌둥의 지시를 준칙으로 삼고서 광기와 어리석음과 무법무천(無法無天·법도 무시하고 하늘도 무시함)의 오만함으로 중국 전역에서 폭력을 행사하고 재산을 몰수하는 활동을 시작했다. 많은 지방에서 '흑오류(黑五類·지주, 부농, 반혁명분자, 악질분자, 우파분자)'를 뿌리 뽑는 말살 정책을 실행했다. 다싱현(大興縣)은 그중에서도 특별했다. 8월

27일부터 9월 1일까지 현(縣) 내 13개 공사(公社)와 48개 대대(大隊)에서 325명을 살해했는데, 나이가 가장 많은 사람은 80세였고 가장 어린아이는 태어난 지 겨우 38일 된 갓난아기였다. 또한 22가구는 가족 전원이 몰살당했다. 위뤄원(遇羅文)의 〈다싱(大興) 도살 조사〉 보고서에 그 당시의 참상을 이렇게 기록하였다.

"사람을 때려죽이는 것은 흔한 일이다. 사탄가(沙灘街)에서 남자 '홍위병' 한 무리가 쇠사슬과 혁대로 한 할머니를 움직이지 못할 정도로 때렸고, 한 여자 '홍위병'은 그 할머니가 숨질 때까지 배를 짓밟았다. …이번 활동 중에서 베이징 충원먼(崇文門) 부근의 한 지주 할머니(혼자 사는 과부)의 집을 수색할 때 부근에 사는 주민들에게 집집마다 보온병에 끓는 물을 담아와 그녀의 목덜미에 살이 익을 때까지 붓게 했다. 며칠 후 방 안에 있는 시신에 구더기가 들끓었다. …그 당시의 살인 방법은 아주 다양했다. 몽둥이로 때려죽이기, 작두로 잘라 죽이기, 노끈으로 목 졸라 죽이기 등이 있었다. 어린아이에게는 더욱 잔인했는데, 한쪽 다리를 밟고 다른 한쪽 다리를 잡아당겨 기어이 사람을 두 동강 내기도 했다."

광시(廣西)에서 벌어진 식인(食人) 사건은 다싱에서 저지른 학살보다 더 야만적이다. 작가 정이(鄭義)는 이 사건을 세 단계로 나누어 기술했다.

① 시작 단계: 이 단계의 특징은 '남몰래 은밀히 행동하며, 무섭고 음산하다.'는 것이다. 모 현(縣)의 기록 문건에는 한 전형적인 장면이 기재돼 있다. "심야에 살인범들이 살인 현장을 찾아가 죽은 사람의 배를 가르고 심장과 간(肝)을 꺼냈다. 무서워 허둥거린 데다

경험까지 없어서 돌아와서 보니 폐(肺)였다. 무서워 벌벌 떨면서 다시 갈 수밖에 없었다. …다 삶자 누군가 집에 가서 술을 가져왔고 또 누군가는 양념을 구해 왔다. 꺼져가는 아궁이 불빛을 마주하고 몇 사람이 소리 없이 허겁지겁 먹었다. 아무도 말이 없었다. ….”

② 고조(高潮) 단계: 이 단계의 특징은 '대대적으로 일을 벌이고, 기세가 드높다.'는 것이다. 이 기간에는 심장과 간을 싱싱한 채로 떼어내는 기술이 완벽한 수준에 이르렀다. 이때는 이미 경험이 상당히 쌓인 데다 인육(人肉)을 먹어본 나이 많은 유격대원이 기법을 전수했기 때문이다. 예를 들면 산 채로 배를 가르고 늑연골(肋軟骨)에 칼로 '人' 자 모양으로 그은 다음 발로 배를 밟으면(만약 살해당한 사람이 나무에 묶여 있으면 무릎으로 배를 위로 떠받친다) 심장과 위가 수월하게 빠져나온다는 것이다. 두목이 심장과 간, 생식기를 가져가면 나머지는 사람마다 적당히 나누어 가른다. 이때의 장면은 붉은 깃발이 펄럭이고 구호가 울려 퍼지고 장면이 성대하고 웅장했다.

③ 집단 광란 단계: 이 단계의 특징은 한마디로 '사람을 먹는 대중운동'으로 요약할 수 있다. 예를 들면 우쉬안(武宣)에 큰 역병이 창궐했을 때, 시체에 맛을 들인 개떼처럼 사람들은 미친 듯이 인육을 먹었다. 걸핏하면 사람들을 한 무리씩 끌어내 '비판 투쟁'을 했는데, 그때마다 사람이 죽었고 그때마다 인육을 먹었다. 사람이 쓰러지면 숨이 붙어 있든 말든 사람들이 벌떼처럼 달려들어 미리 준비한 식칼이나 비수로 닥치는 대로 살을 베어 갔다. …이 지경이 되자 일반 군중마저 인육(人肉)을 먹는 광풍에 휩쓸렸다. 그나마 남아있던 죄책감이나 인성은 계급투쟁이라는 초대형 태풍에 깨끗이 날아

가 버렸다. 인육을 먹는 풍조가 역병처럼 우쉬안 대지를 휩쓸었다. 집단 광란이 최고조에 달했을 때의 모습은, 조금의 과장도 없이 말하면, 말 그대로 '인육 파티'였다. 사람의 살코기·심장·간·콩팥·팔·발 등을 볶고, 삶고, 굽고, 지져서 풍성한 요리를 만들어 놓고 벌주(罰酒) 놀이를 하면서 논공행상(論功行賞)을 했다. 인육을 가장 왕성하게 먹은 시기에는 최고 권력기구인 우쉬안현(武宣縣) 혁명위원회 식당에서조차 인육(人肉)을 삶아 먹었다!

이렇게 인육을 먹는 파티가 민간의 자발적인 행위라고 생각해서는 절대로 안 된다. 중국 공산당은 독재 권력으로서 사회를 통제하기 위해 모든 사회 세포에 깊숙이 파고 들어간다. 따라서 중국 공산당이 배후에서 사주(使嗾)하고 조종하지 않고서는 그런 일은 근본적으로 발생할 수 없다.

중국 공산당은 종종 공산당 자신을 찬양하는 노래 '낡은 사회는 사람을 귀신으로 만들고, 새로운 사회는 귀신을 사람으로 만든다네.'를 부른다. 그러나 이렇게 중국에서 광란처럼 성대히 벌어진 인육 파티는 오히려 중국 공산당이 사람을 승냥이나 마귀로 변하게 했음을 여실히 보여준다. 왜냐하면 공산당 자체가 승냥이나 마귀보다 더 흉악하고 잔혹하기 때문이다.

3) 파룬궁(法輪功) 박해

오늘날 전자 시대, 우주 비행선 시대로 들어서면서부터 중국인들도 사적으로는 인권과 자유, 민주주의를 담론할 수 있게 됐다. 그러자 많은 사람이 머리칼이 곤두서고 역겨운 그런 극악무도한 폭력은 이미 과거의 일이며 중국 공산당도 문명의 감투를 걸치고 세계와 맥을 같이 한다고 믿는다.

그러나 실제 상황은 절대로 그렇지 않다. 중국 공산당은 한 단체가 자신들의 고문과 학살을 두려워하지 않자 더욱 광기(狂氣)가 넘치는 수단을 써 박해했다. 그 박해를 받는 단체가 바로 파룬궁(法輪功) 기공 수련단체다.

홍위병의 무장투쟁과 인육을 먹는 사건은 대상자의 육체를 소멸하는 것이 목적이기에 몇 분에서 몇 시간 만에 생명을 해치는 것으로 상황이 끝난다. 그러나 파룬궁 수련자를 박해하는 목적은 '진(眞)·선(善)·인(忍)'에 대한 믿음을 포기하게 하는 것이기에 잔인한 고문을 며칠, 몇 달, 심지어 몇 년씩 지속한다. 이로 인해 파룬궁 수련자 만 명 이상이 생명을 잃은 것으로 추정된다.

죽을 고비를 몇 번씩 넘긴 파룬궁 수련생은 자신들이 당한 백여 가지 고문 실상을 이렇게 기록했다. 그중 몇 가지 사례만 소개한다.

파룬궁 수련생을 박해하는 과정에서 가장 흔히 쓰는 고문이 구타다. 경찰과 감방 두목이 직접 때리거나 다른 죄수들을 시켜서 때린다. 수련생은 맞아서 귀가 먹고 귓바퀴가 떨어져 나가고 눈이 튀어나오고 이빨이 부러지고 두개골, 척추, 가슴뼈, 허리뼈, 손뼈, 다리뼈 등이 골절된다. 또한 남자 수련생의 고환을 힘껏 잡아채거나 여자 수련생의 음부를 세차게 걷어차기도 한다. 그래도 굴복하지 않으면 형구(刑具)를 사용하는데, 살갗이 찢기고 살이 터지고 얼굴이 일그러지고 온몸이 피투성이가 된다. 소금물을 몸에 뿌리고 고압전기충격기로 지져 피비린내와 살이 타는 냄새가 뒤섞여 코를 찌르고 울부짖는 소리가 귀를 찢는다. 폭행은 여기에 그치지 않는다. 질식사와 같은 공포를 조성해 굴복시키기 위해 비닐봉지를 머리에 씌워 숨을 쉬지 못하게 하는 고문을 가하기도 한다.

전기고문도 중국 노동교양소에서 파룬궁 수련생들에게 흔히 사용하는 고문 중 하나다. 경찰은 전기충격기로 수련생들의 민감한 부위, 이를테면 입안, 정수리, 앞가슴, 생식기, 엉덩이, 허벅지, 발바닥 등을 공격한다. 때로는 온몸을 마구 감전시키기도 하고, 전기충격기 여러 개를 사용해 살이 타는 냄새가 진동하고 피부가 검은 자줏빛이 될 때까지 태우기도 하며, 정수리와 항문에 동시에 전기 충격을 가하기도 한다. 경찰은 종종 전기충격기 10개 혹은 그 이상을 사용해 폭행하는데, 전기충격기의 전압은 수만 볼트에 달한다. 연속적으로 전기를 방출할 때는 귀를 자극하는 스파크 소리와 함께 파란 불꽃이 튀고, 감전되고 나면 불에 타거나 뱀에 물린 것같이 아프다. 피부는 파괴돼 붉게 변하고 곪는다. 전기충격기의 출력을 높이면 더욱 무서운데, 머리에 닿으면 망치로 치는 듯한 충격을 받는다.

담뱃불로 손·얼굴·발바닥·가슴·등·유두(乳頭)를 지지고, 라이터로 손이나 음모(陰毛)를 태우고, 전기난로에 벌겋게 달군 쇠꼬챙이로 두 다리를 지지고, 불이 붙어 벌건 석탄으로 수련생의 얼굴을 지지기도 한다. 심지어 고문을 당해 생명이 위험해진 수련생을, 아직 숨을 쉬고 심장이 뛰는데도, 태워 죽이고는 외부에는 '분신자살' 했다고 거짓으로 알린다.

여자 수련생의 앞가슴과 아랫도리를 집중적으로 때리고, 강간·윤간을 하고, 전기충격기로 유방과 음부를 지지는 등 더욱 악랄한 수법도 쓴다. 라이터로 젖꼭지를 태우고, 전기충격기를 질(膣)에 집어넣고, 칫솔 4개를 한데 묶어 질에 넣고 돌리고, 불로 음부를 태우고, 두 손을 뒤로 돌려 수갑을 채우고 전깃줄을 양 젖꼭지에 연결해 감전시키기도 한다. 심지어 여자 수련생을 발가벗겨 남자 감방에 집어넣어 남자 죄수들이 마음대로 욕보이게 한다.

'공포의 구속복(約束衣)'을 파룬궁 수련생에게 입히고 팔을 뒤로 돌려 묶은 다음 그 끈을 어깨너머 가슴 앞으로 끌어와 몸통과 묶고는 다시 그 끈으로 두 다리를 뒤로 젖혀 묶은 후 철창에 매어 달아 놓는 고문도 사용한다. 이때 귀에 이어폰을 꽂아 파룬궁을 헐뜯는 방송을 듣게 하고 천으로 입을 틀어막는다. 이 혹형을 받으면 두 팔은 즉시 불구가 되는데, 먼저 어깨와 팔꿈치, 손목과 발목 부위의 근육이 끊어지고 뼈가 부러진다. 이 고문을 장시간 받은 사람은 척추가 모두 부스러져 고통스럽게 죽는다.

또 파룬궁 수련생을 더러운 물이나 똥물에 담가 놓기도 하는데, 이것을 '물 감옥'이라고 한다. 또 다른 고문으로는 대나무 꼬챙이로 손톱 밑 찌르기, 천장과 바닥, 벽에 온통 적색·녹색·황색·백색 곰팡이가 낀 감방에 가두기, 맹견과 독사, 전갈에 물리게 하기, 중추신경을 파괴하는 약물 주사하기 등이 있다. 이 외에도 아주 다양하고 기괴한 방법을 모두 사용하여 수련생들을 괴롭힌다.

3. 잔혹한 당내 투쟁

공산당은 오로지 당성(黨性)에만 의지하고 도의(道義)는 전혀 찾아볼 수 없이 잔혹성으로 결집한 단체이기 때문에 당원, 특히 고위 간부들이 최고 지도자에게 충성하느냐 하지 않느냐가 문제가 된다. 그러므로 당내에서도 살인할 필요가 있고, 또 공포 분위기를 조성하기 위해 살아남은 사람들에게 최고 독재자가 누구를 죽이려고 하면 그 사람이 얼마나 비참하게 죽는지를 모두에게 보여줘야 한다고 생각한다.

그러므로 공산당의 내부 투쟁은 아주 유별나다. 전 러시아 공산당 2기 정치국 위원을 지낸 사람 중에서 스탈린 본인과 이미 죽은 레닌을 제외하고는 모두 처형당하거나 자살했다. 당시 군(軍) 원수(元帥) 5명 중 3명, 최고 군사령관 5명 중 3명, 2급 군사령관 10명 전원, 군단장 85명 중 57명, 사단장 195명 중 110명이 총살당했다.

중국 공산당도 줄곧 '잔혹한 투쟁, 무자비한 타격'을 고취해 왔다. 이런 투쟁과 살인은 공산당 외부 사람만을 겨냥한 것이 아니다. 중국 공산당은 내부적으로도 무자비한 투쟁과 살인을 감행했다. 이를테면 마오쩌둥이 장시(江西)에 있을 때 AB단을 죽이기 시작했는데, 마지막에는 전투가 가능한 병사가 얼마 남지 않았다. 옌안(延安)에 있을 때는 정풍(整風)운동으로 학살을 했고, 정권수립 후 가오강(高崗), 라오수스(饒漱石), 후펑(胡風), 펑더화이(彭德懷) 등 고위급 영도들도 모두 잔혹한 투쟁으로 제거했으며, 그 후 문화대혁명 때까지 공산당 내부의 원로 당원들은 거의 다 투쟁을 받았다. 중국 공산당의 역대 총서기들도 모두 좋은 결말을 맞지 못했다.

당시 국가주석인 류사오치(劉少奇)는 이미 중국의 2인자였으나, 아주 비참하게 일생을 마쳤다. 그의 70세 생일날 마오쩌둥과 저우언라이(周恩來)가 특별히 왕둥싱(汪東興)을 시켜 류사오치에게 생일 선물로 라디오를 보냈다. 그 목적은 그가 라디오로 직접 자신에 대한 "반역자, 내부 첩자, 노동자 계급의 적인 류사오치를 영원히 당에서 추방하고 이어서 당과 국가를 배반한 류사오치와 그 무리의 죄행을 청산하자."는 공산당 제8기 12중 전회의 공보(公報)를 직접 듣도록 하기 위해서였다.

류사오치는 정신적으로 충격을 받아 단번에 무너졌고, 그의 병세는 급격히 악화됐다. 그는 장기간 침대에 묶여 있어서 목, 등, 엉덩이, 발뒤꿈치 부위에 욕창(褥瘡)이 생겼다. 그는 통증이 시작되면 다른 사람의 옷이나 손을 잡고 놓지 않았기에 사람들은 그의 양손에 딱딱한 플라스틱병을 쥐여 주었다. 얼마나 힘을 주었는지 그가 죽을 무렵에 이 플라스틱병은 조롱박 모양이 돼 있었다.

1969년 10월에 이르자 류사오치는 온몸이 짓물러 악취가 나고 뼈만 앙상하게 남은 채 숨만 겨우 붙어있었다. 중앙에서 특별히 파견한 요원이 그에게 목욕은커녕 옷조차 갈아입지 못하게 했다. 그를 발가벗기고 이불에 둘둘 말아 비행기로 베이징에서 카이펑(開封)으로 옮겨 간 다음 견고한 토치카 지하 방에 가두었다. 그가 고열이 나도 약을 주지 않았을 뿐만 아니라 의료진을 모두 다른 곳으로 보내버렸다. 죽을 무렵 류사오치는 이미 사람의 모습이 거의 남아 있지 않았으며 헝클어진 백발이 두 자(尺)나 자라있었다. 이틀 뒤 한밤중에 극성 전염병으로 죽었다고 하고 그를 화장했으며 그의 이불, 옷 등을 모두 함께 소각했다. 류사오치의 사망기록 카드에는 "성명: 류웨이황(劉韋黃), 직업: 무직, 사인: 병사(病死)"로 적혀 있었다.

이렇듯 공산당은 그들의 위엄 있는 국가주석도 박해해 죽음에 이르게 할 수 있고 죽어도 왜 죽는지조차 모르게 한다.

4. 혁명 수출과 해외에서 한 살인

중국 공산당은 중국 국내는 물론 당내에서 살인도 신바람 나게 했고 또 끊임없이 새로운 살인 방식을 창안해 내는 외에도 해외로 혁명을 수출하는 방식으로 해외 중국인을 살해하는 데 참여했다. 이를테면 캄보디아의 크메르루주가 그 전형적인 사례다.

폴 포트가 이끈 크메르루주는 캄보디아에서 1975년에서 1978년까지 단 4년간 정권을 잡았을 뿐이다. 그러나 이 기간에 인구가 800만도 되지 않는 작은 나라에서 중국인 20만 명을 포함해 총 200만 명을 학살했다. 여기서 크메르루주 자체의 헤아릴 수 없는 범죄에 관한 사실을 담론하지는 않겠지만 크메르루주와 중국 공산당의 관계에 대해서는 말하지 않을 수 없다.

폴 포트는 절대적인 마오쩌둥 숭배자로, 1965년부터 네 차례나 중국에 가서 직접 마오쩌둥의 가르침을 받았다. 1965년 11월, 폴 포트가 3개월간 중국을 방문했을 때 천버다(陳伯達)와 장춘차오(張春橋)가 그에게 "총구에서 정권이 나온다."고 역설하고 계급투쟁, 프롤레타리아 독재 이론과 경험을 전수해 주었다. 이런 것들이 나중에 그가 정권을 탈취하고 나라를 세우고 나라를 다스리는 근거와 바탕이 됐다. 그는 캄보디아로 돌아간 후 당명(黨名)을 '캄보디아 공산당'으로 바꾸고 농촌에서 도시를 포위하는 방식으로 혁명 근거지를 건립했다.

　캄보디아 공산당은 1968년에 정식 군대를 창설했으나, 1969년 말까지 병력이 겨우 3천에 불과했다. 그러나 1975년 프놈펜을 공격할 무렵에는 이미 8만 군사에 가까운, '장비가 우수하고 작전이 용맹한' 무장 세력으로 발전했다. 이는 전적으로 중국 공산당의 지원 덕분이다. 왕셴건(王賢根)이 저술한 〈베트남 지원과 반미 항전 실록(援越抗美實錄)〉에 의하면 1970년 한 해에만 중국은 폴 포트의 3만 병력에 무기와 장비를 지원했다. 1975년 4월 폴 포트는 캄보디아 수도를 점령했고, 두 달 후에는 베이징에 가서 중국 공산당을 알현하고 지시를 받았다.

　크메르루주가 살인할 수 있었던 것은 전적으로 중국 공산당의 이론과 물질적 지원 덕분이었다. 따라서 중국 공산당의 영향력은 그들에게 절대적이었다. 한 예로, 캄보디아 공산당이 시아누크 국왕의 두 아들을 살해했을 때 저우언라이가 한마디 하자 시아누크를 순순히 베이징으로 보냈다. 캄보디아 공산당은 살인할 때 후환을 없애려고 뱃속의 태아까지 죽여 버린다. 하지만 폴 포트는 저우언라이의 요구를 두말없이 받아들였다.

　저우언라이(周恩來)의 말 한마디에 시아누크는 화를 면했지만, 캄보디아 공산당이 20만 캄보디아 중국인을 도살할 때 중국 공산당은 항의 한마디 하지 않았고 그들이 중국 대사관에 가서 구원을 요청할 때도 대사관은 의외로 나 몰라라 했다.

　1998년 5월 인도네시아에서 대규모 중국인 학살과 강간 사건이 발생했을 때도 중국 공산당은 입을 다문 채 구조 활동을 하지 않았을 뿐만 아니라 도리어 중국 내에서는 이에 관련한 소식을 전면 봉쇄했다. 마치 해외 중국인들의 생사는 중국 정부와 아무런 관계가 없다는 듯이 인도적인 차원의 도움조차 주지 않았다.

5. 가정 파괴

중국 공산당이 역대 정치운동 과정에서 얼마나 많은 사람을 죽였는지 정확한 통계 수치가 없다. 민간 차원에서는 자료가 부족한 데다 지리적, 민족적, 언어적 장벽으로 통계를 낼 방법이 없기 때문이다. 중국 공산당 정부는 자기 무덤을 파는 격인 이런 통계 작업은 더더욱 하려고도 하지 않는다. 그래서 중국 공산당은 자신의 역사를 다루면서 영원히 '대충 지나치고 세밀하게 기록하지 않는다.'

중국 공산당이 가정을 해친 사건이 과연 얼마나 많은지는 더욱 알기 어렵다. 어떤 집은 한 사람이 죽음으로써 가정이 파괴됐고, 어떤 집은 일가가 전멸했다. 설령 어떤 가정은 죽은 자는 없더라도 최소한 이혼하거나 부모와 자식 간에 선을 긋도록 강요당하고, 불구가 되거나 미치거나 중병이 들거나 비명횡사하는 등의 화를 입었다. 이런 것은 모두 가정의 비극이지만, 관련 통계는 턱없이 부족하다.

일본 요미우리신문 보도에 따르면 중국 국민 절반 이상이 중국 공산당에게 박해받았다고 했다. 그렇다면 중국 공산당이 파괴한 가정의 수는 적어도 몇억 명을 넘을 것이다.

장즈신(張志新)에 관한 보고문학(報告文學·1930년대 중국의 문예 대중화 운동의 하나로 전선에서 일어난 일들을 속히 인민 대중에게 알리는 르포 형식의 문학 형태)은 그녀를 유명 인물로 만들었다. 그녀가 고문과 윤간, 정신적 시달림을 받았으며 최후에는 제정신이 아닌 상황에서 기도(氣道)가 잘리고 총살당했음을 많은 사람이 알고 있다. 그러나 이 한 차례 비극의 이면에 더욱 잔인한 이야기가 있음을 모르는 사람이 많을 것이다.

장즈신의 딸 린린(林林)은 '사형수 가족 학습반(死囚家屬學習班)'이란 글을 통해 자신이 1975년 초봄에 겪은 일을 이렇게 회고했다.

"선양(瀋陽)법원에서 온 사람이 큰 소리로 말했다. '네 엄마는 매우 반동적이고, 개조를 받아들이지 않고, 고집불통이고, 위대한 지도자 마오(毛) 주석을 반대하고, 백전백승의 마오쩌둥 사상을 반대하고, 마오 주석의 프롤레타리아 혁명노선을 반대하는 등 거듭해서 죄를 지었다. 정부에서는 형벌을 가하려 하는데, 만약 극형으로 처리하면 너는 어떻게 하겠는가?' … 나는 멍해서 어떻게 대답해야 할지 몰랐다. 가슴이 찢어지는 듯했지만, 나는 애써 태연한 척하면서 눈물을 참았다. 전에 아버지가 '남들 앞에서 눈물을 흘리면 안 된다. 그러면 어머니와 선을 분명하게 긋지 못하는 것으로 보인다.'고 하셨기 때문이다. 아버지가 나 대신 대답하셨다. '상황이 확실히 그렇다면 정부가 어떻게 처리하든 상관없습니다.' 법원 사람이 또 물었다. '극형에 처하면 시신을 수습할 건가? 장즈신의 옥중 물건은 어찌할 텐가?' 나는 고개를 숙이고 말을 하지 않았다. 아버지가 대신 대답하셨다. '우리는 아무것도 원하지 않습니다.' …아버지는 나와 동생을 데리고 현(縣) 초대소에서 나와 몰아치는 눈보라를 맞으면서 비틀대며 집으로 돌아왔다. 밥도 하지 않고 집에 남은 옥수수 떡 하나를 반으로 나눠 나와 동생에게 주면서 '먹고 빨리 자거라.'고 하셨다. 나는 조용히 침상에 누웠다. 아버지는 혼자 작은 의자에 앉아 등불을 마주하고 멍하니 계시다가 누워 있는 우리를 바라보셨다. 아버지는 우리가 잠든 줄 알고 천천히 일어서서 선양 집에서 가지고 온 상자를 살짝 열고 어머니 사진을 꺼내셨다. 보고 또 보다가 아버지는 끝내 눈물을 흘리셨다. 나는 침대에서 내려와 아버지 품에 와락 안겨 울음을 터뜨렸다. 아버지는 나를 토닥이며 '이러면 안 돼. 옆집에서 들으면 안 된다.'고 하셨다. 울음소리를 듣고 동생도 깨어났다. 아버지는 나와 동생을 꼭 껴안았다. 그날 밤 우리는 얼마나 많이 울었는지 모른다. 하지만 마음껏 소리 내 울지는 못했다."

모 대학 교수는 행복한 가정을 이루고 살고 있었는데 반우파운동 때 그의 가정도 큰 재앙을 입었다. 그의 아내는 결혼 전인 반우파운동 시기에 한 청년과 사랑에 빠졌다. 하지만 그 연인이 우파로 몰려 변방으로 추방당하면서 이루 다 말할 수 없는 고통을 겪었다. 그녀는 사랑하는 연인과 결혼할 수 없게 되자 이 대학교 교수에게 시집을 왔다. 그런데 옛 연인이 온갖 고생을 다 겪고 마침내 고향으로 돌아왔다. 이미 몇 아이의 엄마가 된 그녀는 과거 자신의 무정함과 배신을 용서받을 길이 없자 기어코 현재의 남편과 이혼하고 첫 연인에게 돌아가는 것으로 자신의 양심의 빚을 갚고자 했다. 아내의 갑작스러운 변심으로 50여 세의 이 대학교수는 정신적으로 차마 감당할 수 없어 그만 실성하고 말았으며 대낮에 벌거벗고 자신이 머물 수 있는 곳을 찾아 곳곳을 돌아다니는 신세가 됐다. 결국에는 아내는 남편과 아이들의 곁을 떠나버렸다. 이렇듯 공산당이 설치해

놓은 고통과 이별은 풀 수 없는 수학 방정식과 같이 그 고통은 또 다른 고통을 몰고 오면서 사회의 불치병으로 돼갔다.

　가정은 우리 사회를 구성하는 기본 단위이자 전통문화가 당(黨)문화를 견제할 수 있는 마지막 방어선이기도 하다. 그래서 중국 공산당의 살인 역사에서 가정파괴만큼은 더더욱 잔혹한 악행의 흔적들을 남겼다.

　중국 공산당이 모든 사회자원을 독점함으로써 공산독재의 공격 대상으로 분류되는 자는 즉시 생활에서 위기를 맞게 되고 사회적으로 지탄받고 인간의 존엄성을 박탈당하게 된다. 만약 이들이 정말로 억울하게 피해를 본 경우라면 가정은 그들이 위안을 얻을 수 있는 유일한 피난처다. 하지만 중국 공산당의 연좌제는 가족들조차 서로 위로하지 못하게 하는데, 만약 이를 어기면 가족도 독재의 공격 대상이 된다. 장즈신(張志新)이 이혼당한 것도 이 때문이다. 수많은 사람에게 가족의 배신, 밀고, 반목, 폭로, 비판은 흔히 정신적으로 그들의 최후의 지푸라기를 무너뜨리는 것이다. 이리하여 많은 사람이 결국 죽음의 길을 택했다.

6. 살인 방식과 결과

1) 공산당 살인의 이론적 지도

　중국 공산당은 늘 자신들이 마르크스-레닌주의를 천재적으로 그리고 창조적으로 발전시켰다고 주장한다. 사실은 동서고금의 모든 사악(邪惡)을 죄다 모아 창조적으로 발전시켰다고 봐야 할 것이다.

공산당은 공산주의의 대동사상(大同思想)이란 이념으로 민중과 지식인들을 기만하고, 산업혁명을 이용해 신앙을 파괴하고 그 대신 철저한 무신론을 퍼뜨렸으며, 공산주의를 앞세워 사유제를 부정했다. 그리고 레닌의 폭력혁명에 관한 이론과 실천을 이용해 국가를 통치하는 동시에 중국문화 중에서 전통에 배치되는 가장 사악한 부분을 결집해 중국사회를 더욱 악화시켰다.

중국 공산당은 그들이 발명한 프롤레타리아 독재 하의 '혁명'과 '지속 혁명' 이론 그리고 그 기틀을 마련하는 방식으로 세상을 개조해 공산당 일당독재를 보장하려 한다. 그 이론은 프롤레타리아 독재 하의 경제적 토대와 상부구조, 이 두 부분으로 나뉜다. 그중 경제적인 토대는 상부구조를 결정하고 상부구조는 경제적 토대에 역작용한다. 상부구조를 공고히 하려면 특히 공산당 정권은 반드시 먼저 경제적인 토대부터 혁명을 진행해야 했다. 그것에는 다음과 같은 것들이 포함된다.

첫째: 지주를 살해해 농촌 생산 관계를 해결

둘째: 자본가를 살해해 도시 생산 관계를 해결

그리고 상부구조 차원에서도 살인은 반복돼야 한다. 이는 이데올로기 면에서 절대적 독점을 보장하기 위해서다. 그 속에는 다음과 같은 것들이 포함된다.

① 당에 대한 지식인의 정치태도 문제를 해결

중국 공산당은 장기간 여러 차례 '지식인 사상개조 운동'을 발동해 자본가 계급의 개인주의, 자본가 계급의 사상과 초(超) 정치적인 관념, 초(超) 계급적인 사상, 자유주의를 비판하고, 세뇌하여 공산당에 대한 불순한 동기를 없애고, 지식인 문화가 품위를 잃고 존중받지 못하게 했다. 따라서 지식인의 자유사상과 훌륭한 품격, 그리고 정의를 위해 공정한 말을 하고 신명(身命)을 바쳐 의리를 지키는 전통이 점차 사라졌다. 또한 "빈천도 내 마음을 움직이지 못하고, 위세와 무력도 나를 굴복시키지 못하며, 부귀도 나를 방탕하게 하지 못한다(貧賤不能移, 威武不能屈, 富貴不能淫)", "천하의 근심거리는 남보다 먼저 걱정하고, 천하의 즐거움은 남보다 뒤에 즐긴다(先天下之憂而憂, 後天下之樂而樂)", "천하의 흥망에는 필부에게도 책임이 있다(天下興亡, 匹夫有責)", "군자는 영달할 때는 자신과 세상을 함께 좋게 하고, 궁색할 때는 홀로 제 몸을 닦는다(君子達則兼善天下, 貧則獨善其身)."와 같은 전통도 거의 씻겨 나갔다.

② 문화적, 정치적 영도권을 위해 문화대혁명 식 살인을 발동

먼저 당내에서부터 시작해 당 밖으로 군중운동을 확장해 나가고, 문학·예술·연극·역사·교육 등 영역에서부터 살육을 시작했다. 먼저 전국에서 '삼가촌(三家村)', 류사오치(劉少奇), 우한(吳晗), 라오서(老舍), 젠보짠(翦伯贊) 같은 몇몇 사람을 죽이던 것이 점차 '당내의 극소수'와 '군대 내의 극소수'를 숙청하는 데로 발전했고, 다시 전당(全黨), 전군(全軍), 전 인민이 서로 살육하는 상황으로 발전했다. 무장투쟁으로 육체를 말살하고 문투(文鬪·글과 말로 하는 투쟁)로 영혼을 말살했다. 이때는 당이 조종하는 혼란스럽고 극히 흉포한 시기로, 인성 중의 가장 사악한 면이 당의 위기를 피하기 위한 에너지를 축적하는데 최대한도로 증폭됐다. 사람마다 모두 '혁명'이란 이름 아래, 그리고 '당과 마오 주석의 혁명노선을 수호한다.'는

구호 아래 마음대로 사람을 죽였다. 이는 전무후무한 인성 말살의 전 국민(全民)을 단련하는 운동이었다.

③ 민주화 요구를 잠재우기 위해 '6.4' 학살을 감행

1989년도 6월 4일의 천안문 대학살은 군이 인민을 대상으로 저지른 첫 공개학살 사건이다. 이는 탐오, 정경유착, 부패를 반대하는 인민의 목소리를 억누르는 동시에 언론의 자유, 표현의 자유, 결사의 자유를 요구하는 목소리를 잠재우는 데 목적이 있었다. 군대가 서로 견제하고 군이 인민을 증오하는 효과를 얻기 위해 중국 공산당은 계획적으로 군용차가 불타고 병사들이 살해되는 장면을 만들고 이용하기까지 했다. 그렇게 해서 인민의 자제격인 병사들이 인민을 도살하는 참사가 빚어졌다.

④ 각종 신앙인 학살

신앙 영역은 중국 공산당으로서는 목숨과도 같이 통제해야 하는 중요한 부분이다. 중국 공산당은 자신들의 왜곡된 사설(邪說)이 잠시나마 인민을 기만하게 하도록 정권수립 초기부터 회도문(會道門)과 각종 신앙체계를 제거하기 시작했다. 그리고 현재 새로운 시기의 정신적 신앙인 파룬궁 군중을 대상으로 중국 공산당은 다시 한 차례 도살용 칼을 치켜들었다. 그들의 책략은 파룬궁이 '진(眞)·선(善)·인(忍)'을 수련하고, 남을 비방하지 않고, 폭동을 일으키지 않으며, 사회를 불안정하게 하지 않는다.'는 점을 이용해 소리 소문 없이 탄압을 은폐하는 경험을 얻었고, 더 나아가 여타 신앙단체를 모두 말살하는 것이었다. 이번에는 중국 공산당의 수장인 장쩌민이 직접 전면에 나서서 살인하였다.

⑤ 진실을 은폐하기 위해 학살을 감행

　민중의 알 권리를 통제하는 것은 중국 공산당이 손에 꼭 쥐고 있는 다른 한 장의 왕좌 카드다. 그들은 정보를 봉쇄하기 위해서도 살인을 저지른다. 과거에는 '적국의 방송 엿듣기'가 감옥에 가는 죄목이었는데, 최근에는 각종 텔레비전 방송에 누군가 사건의 진실을 알리는 내용을 넣어 방송하는 것이 죄이고 이와 관련해 중국 공산당 두목인 장쩌민은 "죽여도 무방하다(殺無赦)."는 비밀 명령을 내렸다. 이로 인해 방송 신호에 파룬궁 탄압 진상을 삽입했다 하여 류청쥔(劉成軍)은 경찰의 혹형에 시달리다 죽었다. 중국 공산당은 게슈타포와 유사한 조직인 '610 사무실', 경찰, 공안, 검찰, 법원, 그리고 방대한 사이버 경찰 시스템을 이용해 군중의 일거일동을 감시한다.

⑥ 당의 사익을 위해 백성의 생존권을 박탈

　공산당의 '지속 혁명론'은 사실상 당의 영도권을 포기할 수 없음에서 비롯됐다. 현 단계에서 중국 공산당의 부정부패는 당의 절대 영도권과 백성의 생존권이 충돌하는 지경으로 발전했다. 민중들이 법 테두리 안에서 자신들의 권리를 지키려 할 때도 공산당은 폭력을 쓰고 민중 지도자에게 끊임없이 도살용 칼을 휘둘렀다. 중국 공산당은 이미 이를 위해 백만 명이 넘는 무장 경찰을 준비해 놓았다. 6.4 천안문 민주화요구 사태 때 임시로 야전군을 동원한 것과 비교하면 지금의 중국 공산당은 살인을 더욱더 철저히 준비해 놓았다. 그러나 민중이 중공의 핍박으로 더욱 궁지에 몰리게 되면 중국 공산당 자신도 궁지에 몰리는 형국이 될 수밖에 없다. 공산당 정권은 두려운 나머지 초목마저 적군으로 보이고 비바람에도 흔들릴 정도가 됐다.

위 사례들을 종합해 보면 공산당은 태생적으로 악령임이 틀림없다. 그것은 절대적인 통제권을 장악하기 위해 언제, 어디서나 그들이 어떤 변화를 보이든지 변함없이 과거에도 살인했고, 현재도 살인하고, 장래에도 살인할 것이라는 그들의 살인 역사는 절대 바뀌지 않을 것이다.

2) 상황에 따라 변하는 살인 방식
① 여론을 앞세워 살인하기

중국 공산당은 늘 다양한 살인 방식을 사용하는데, 시대마다 그 유형이 다르다. 그중 절대다수가 '여론을 앞세운 살인' 방식이다. 공산당이 늘 하는 한마디 말은 "죽이지 않으면 민중의 분노를 평정할 수 없다."고 하는데, 공산당이 살인하는 것이 마치 백성의 요구에 부응하기 위해 하는 것 같다. 하지만 그 '민중의 분노'는 실제로는 공산당이 선동해 일으킨 것이다.

예를 들면 희극 '백모녀(白毛女)'는 원래 민간에서 전해오는 이야기를 중국 공산당이 완전히 자신들의 입맛대로 뜯어고친 것이다. 악당 지주 〈류원차이(劉文彩)〉 이야기에서 나오는 수조원(收租院·소작료를 징수하는 건물)과 물 감옥 또한 중국 공산당이 민중에게 지주를 증오하도록 '교육'하기 위해 없는 것을 창작해낸 것이다. 국가주석마저도 마귀로 만들 수 있는데 이처럼 '적(敵)'을 악마로 만드는 것은 공산당이 줄곧 사용해온 수법이다.

파룬궁에 대해서는 '천안문 분신자살 사건'을 조작해 파룬궁을 증오하게 한 다음 집단학살 식 박해를 진행했다. 공산당은 이런 살인 방식을 여전히 바꾸지 않을 뿐만 아니라 정보기술의 발전으로 그 수준도 갈수록 더욱 높아지고 있다. 과거에는 중국인만 기만했지만, 지금은 외국인까지도 함께 기만하고 있다.

② 군중을 동원해 살인하기

공산당은 독재기구를 활용해 살인할 뿐만 아니라 '군중을 동원'해서도 살인한다. 군중이 모이면 처음에는 규정이나 법규에 따라 어느 정도 통제할 수 있지만, 어느 순간 군중의 살기가 고조되면 전혀 통제되지 않는 점을 이용해 살인하는 방식을 취한다. 예를 들면 '토지개혁 운동'을 벌인 시기에는 토지개혁위원회가 지주의 생사를 결정할 수 있었다.

③ 먼저 영혼을 죽이고 이어서 육체를 죽이기

살인의 또 다른 방식은 '먼저 영혼을 죽이고 뒤이어 육체를 죽이는' 유형이다. 역사상 가장 포악했던 진시황 때도 사람의 정신을 말살한 예는 거의 없었다. 그러나 중국 공산당은 사람들에게 결코 존엄하게 죽을 기회조차도 주지 않는다. 이른바 "솔직하게 고백하면 관대하게 처리하고, 저항하면 엄하게 처리한다.", "머리 숙여 죄를 인정하는 것만이 유일한 살 길이다." 등의 구호가 바로 그들의 살인 방식을 여실히 반영한다. 공산당은 반드시 사람들이 자신의 사상과 신앙을 포기한 채 개처럼 아무런 존엄도 없이 죽도록 요구하는데, 그렇게 하지 않으면 죽은 사람이 불의와 타협하지 않는 높은 기개가 오히려 후세 사람들에게 본보기가 되어 그들을 고무할 수 있기 때문이다.

오직 비겁하고 수치스럽게 죽어야만 중국 공산당이 후세 사람을 '교육'하는 목적에 도달할 수 있다고 착각한다. 지금 중국 공산당이 파룬궁을 극도로 잔학하게 박해하는 것은 파룬궁 수련생들이 신앙을 자신의 목숨보다 더 중히 여기기 때문인데, 그들이 이 수련생들의 존엄을 부숴 훼손할 길이 없자 온갖 수단을 동원해 그들의 육체를 괴롭히고 있다.

④ 당근과 채찍을 이용해 살인하기

살인 과정에서 중국 공산당은 '당근과 채찍'을 동시에 사용하는데, 일부는 끌어들이고 일부는 타격한다. 공산당은 여태껏 '극소수 사람' 또는 5% 정도 대상자만 타격한다고 하면서 '절대다수 사람'은 영원히 좋다고 하지만 또 영원한 '교육' 대상이라고 말해 왔다. 이런 교육은 '겁주기'와 '어르기' 두 가지로 나뉜다. '겁주기'는 사람들에게 공산당과 대립하면 결코 좋은 결과가 없음을 보여주고 공격받는 사람을 멀리하도록 한다. '어르기'는 공산당의 신임을 얻거나 당과 같은 길에 서 있으면 안전할 뿐만 아니라 중용될 수도 있고 또 피로 물든 만두를 함께 나누어 먹을 수 있음을 보여주는 것이다. 린뱌오(林彪)가 문화대혁명 때 타격의 대상이 "오늘 몇 명, 내일 몇 명, 하지만 합하면 그 범위가 엄청나게 커진다."고 했듯이 여러 차례 운동 과정에서 걸려들지 않았다고 다행스럽게 생각하는 사람이 다음 운동에서는 곧 희생양이 될 수도 있다는 것이다.

⑤ '싹 자르기 방식'과 '법망을 피한 은폐 방식'으로 살인하기

이제 중국 공산당은 한 걸음 더 발전해 '싹 자르기 방식'과 '법을 피한 은폐된 방식'으로 살인한다. 전자의 예는 각지에서 노동자, 농

민의 항의가 잦아지자 중국 공산당은 '맹아(萌芽) 상태에서 소멸한다.'는 원칙 아래 처음부터 처벌 강도를 높여 주동자를 잡아넣거나 중형을 내린다.

후자의 예는 파룬궁 박해 과정에서 쉽게 찾을 수 있다. 갈수록 인권과 자유에 대한 공감대가 더 높이 형성되고 세계적인 조류(潮流)가 된 지금, 중국 공산당은 파룬궁 수련생에게 사형 선고를 내리지 않는다. 하지만 그 이면에서는 장쩌민의 '때려죽여도 그만이다.'는 법도 무시하는 교사와 종용 하에 전국 각지에서 법망을 피해 파룬궁 수련생을 고문으로 죽음에 이르게 하는 참혹한 사건이 보편적으로 발생했다.

헌법에는 명시적으로 중국 시민(公民)은 상방(上訪) 청구권이 있다고 규정하고 있으나, 이런 헌법 규정을 무시하고 중국 공산당은 오히려 '상방(上訪)'하러 찾아오는 사람을 차단하기 위해 미리 사복 경찰을 투입하거나 불량배를 고용해 민원인을 중간에서 연행하거나 돌려보내고 심지어 노동교양 처분을 내리기까지 한다.

⑥ 일벌백계하는 방식으로 살인하기

장즈신(張志新), 위뤄커(遇羅克 · 1966년에 저명한 '출신론(出身論)'을 집필하고 중국 공산당 내부의 혈통론에 의한 계급투쟁 방식과 공산당의 성분론 정책을 비판하고 공산당의 인권박해 실상을 잡지에 연재로 비판하였다 하여 문화대혁명 때 정치범으로 처형당함), 린자오(林昭 · 1957년 우파로 몰려 간첩죄를 쓰고 처형당함)에 대한 박해가 이 사례에 해당한다.

⑦ 살인하지 않는 척하면서 살인을 은폐하기

중국 공산당은 종종 국제적으로 영향력이 있는 사람은 탄압만 하고 죽이지는 않는데, 그 목적은 영향력이 있는 사람이 살아있으면 그 밑의 눈에 뜨이지 않는 사람이 죽어도 티가 나지 않기에 그들은 살려 두고 실제로는 그 밑에 있는 영향력이 적은 사람을 암암리에 모두 죽이기 위한 것이다. 진반(鎭反) 운동 때 국민당의 고급장교인 룽윈(龍雲), 푸쥐이(傅作義), 두위밍(杜聿明)은 죽이지 않았지만, 그들 아래 중·하위급 장교나 사병은 모두 죽였는데 바로 이 유형에 속한다.

살인 풍조가 장기화하면 사람의 영혼이 병들게 된다. 현재 중국에는 살의(殺意)를 품은 사람이 많다. 2001년 미국의 '911' 테러 사건 때 중국 대륙의 사이트에는 의외로 미국이 당했으니 좋다고 소리를 지르고 '초한전(超限戰·한계가 없는 전면전)'을 부추기는 소리가 끊이지 않았는데, 실로 생각만 해도 섬뜩하다.

맺음말

중국 공산당이 정보를 봉쇄함으로써 우리는 공산당 통치 기간에 얼마나 많은 사람이 박해로 죽었는지 정확히는 알 수 없지만, 위에서 열거한 여러 운동과정에서 적어도 6천만 명이 사망했다고 한다. 그 외에도 신장(新疆), 티베트, 네이멍구, 윈난(雲南) 등지에서 소수민족이 학살당했지만, 이와 관련한 사료(史料)는 더욱 찾기 힘들다. 〈워싱턴 포스트〉가 발표한 기사에 의하면 중국 공산당의 박해로 8천만 명이 사망한 것으로 추정한 바 있다.

이렇듯 박해받아 사망한 사람 외에 또 얼마나 많은 사람이 불구가 됐는지, 얼마나 많은 사람이 정신병에 걸렸는지, 얼마나 많은 사람이 분통이 터져 죽고 놀라서 죽고 견딜 수 없는 우울감으로 죽었는지 우리는 전부 알지 못한다. 그러나 우리는 한 사람 한 사람의 죽음이 그 가족들에게는 가슴에 사무치는 비극임을 기억해야 한다.

일본 〈요미우리신문〉 보도에 따르면 중국 공산당 중앙위원회가 지시를 내려 전국 29개 성시(省市)에서 사망 집계를 한 결과 중국 전역에서 문화대혁명 기간에 봉변을 당한 사람이 6억 명이라고 했다. 이는 중국 인구의 절반을 차지하는 규모다.

스탈린은 일찍이, "한 사람이 죽으면 비극이지만, 백만 명이 죽으면 하나의 통계 숫자일 뿐이다."고 했다. 문화대혁명 당시 쓰촨성 성장이자 당서기였던 리징취안(李井泉)은 쓰촨성에서 수많은 사람이 굶어 죽었다는 말을 듣자 놀랍게도 아무 일도 아니라는 듯이 "어느 시대나 사람이야 죽지 않느냐?"고 반문했다. 마오쩌둥은 "분투하려면 희생이 따르게 마련이고 사람이 죽는 일은 늘 발생한다."고 했다. 이것이 바로 무신론자인 공산주의자들이 생명을 대하는 태도다. 그러므로 스탈린은 구소련 인구의 10분의 1에 해당하는 2천만 명을 박해로 죽였고, 중국 공산당 역시 박해로 당시 인구의 근 10분의 1인 8천만 명을 죽였다. 크메르루주는 캄보디아 인구의 4분의 1에 해당하는 200만 명을 살해했고, 현재 북한에서는 굶어 죽은 사람이 100만 명이 넘는 것으로 보인다. 이 모든 것이 공산당이 인류에게 진 '피의 빚'이다.

사교(邪敎)라 함은 살인해서 그 피를 사령(邪靈)에게 제물로 바치는 것이다. 공산당은 태어날 때부터 끊임없이 살인을 저질렀고 외부인을 살해하지 못하면 심지어 자기편 사람을 죽이는 수법으로 '계급투쟁', '노선투쟁'이라는 사설(邪說)에 사람을 죽여 제물로 바쳤으며, 더 나아가 공산당 총서기, 원수, 장군, 부장(部長) 등에 이르기까지 모두 그들의 사교 제단에 제물로 올려졌다.

많은 사람이 중국 공산당에게 그들이 좋아지도록 시간을 주어야 한다며 빌미를 주고, 또 중국 공산당이 이제는 살인을 매우 자제하고 있다고 변명한다. 그러나 한 사람을 죽여도 살인범인 건 말할 것도 없고, 크게 보면 살인이 중국 공산당의 공포통치를 위한 수단 중 하나이기 때문에 많이 죽이고 적게 죽이고는 필요에 따라 조정할 수 있는 것에 불과하다. 그러므로 그 표현을 한마디로 정리한다면 바로 그들의 행위는 '예측 불가'라는 것이다.

사람들이 공포를 느끼는 수위가 낮을 때는 살인을 늘려 공포감을 높일 수 있고, 사람들의 공포감이 클 때는 살인을 적게 해도 지속해서 그 공포감을 유지할 수 있다. 사람들이 어찌할 바를 모를 정도로 겁먹은 상황에서는 중국 공산당이 살인하지 않고 단지 살인할 것이라는 소문만 퍼뜨려도 그 공포감을 유지할 수 있다. 사람들이 무수히 많은 정치적 살인 운동을 겪으면서 이미 중국 공산당에 대한 조건반사적 공포감이 형성됐을 때는 중국 공산당은 살인을 언급하지 않아도 된다. 단지 선전기구를 통해 비판을 쏟아내는 것만으로도 공포의 기억을 되살려 줄 수 있기 때문이다.

일단 사회적으로 사람들이 느끼는 공포감에 변화가 생기면 중국 공산당은 살인하는 강도(强度)를 조절할 것이다. 그러므로 중국 공산당이 많이 죽이고 적게 죽이는 것 그 자체가 목적이 아니라 중요한 것은 살인을 일관되고 하고 있다는 사실이다. 살인이 적다 하여 중국 공산당이 온화해진 것도 아니고 도살용 칼을 내려놓은 것도 아니며 그것은 인민이 이미 중국 공산당의 노예가 돼 버렸기 때문이다. 하지만 어느 날 인민의 요구가 중국 공산당이 용납할 수 있는 범위를 벗어나면 중국 공산당은 주저하지도, 사정을 봐주지도 않는다.

공포를 유지해야만 하는 공산당으로서는 무작위로 살인하는 것이야말로 공포를 극대화하는 최상의 길이다. 중국 공산당은 지금까지 진행한 대규모 살인운동 과정에서 공격 대상은 물론 판결하고 형량을 정하는 기준을 일부러 명확히 밝히지 않는다. 그러므로 인민은 공산당의 살인 범위에 들어가지 않기 위해 종종 위축돼 자신이 정한, 상대적으로 '안전한 지대'로 움츠려 들어간다. 어떤 경우는 이 안전지대가 공산당이 그어놓은 표준보다도 훨씬 작기도 하다.

그러므로 매번 운동이 있을 때마다 사람들이 '좌익이 될지언정 우익은 되지 않는다.'고 하는 이유이자 운동이 있을 때마다 모두 이런 풍조가 더욱 '확대화'된 이유다. 이는 자신을 보호하려고 자발적으로 한 등급 한 등급 저울의 추를 올린 데서 비롯된 현상이다. 운동은 사회 하층으로 내려갈수록 더욱 잔혹해지는데, 이처럼 사회 전체에 공포가 자동으로 증폭되는 효과는 공산당의 무작위 학살에서 비롯된다.

중국 공산당의 장기적인 살인 역사에서 그들은 엽기적인 연쇄 살인 미치광이로 변했다. 살인으로 대권을 잡고 생사를 좌지우지하는 변태적인 쾌감을 만족시키고, 살인으로 내면의 두려움을 완화하고,

끊임없는 살인으로 이전에 살인해 조성한 사회적 원한과 불만을 억눌렀다. 오늘에 이르기까지 중국 공산당은 피의 빚이 쌓이고 쌓여 선해(善解·꼬인 관계를 좋게 풂)할 길이 없고 또 고압과 독재로 근근이 목숨을 유지한 채 처절한 생존의 마지막 순간에 이르렀다. 설령 어떤 때는 '살인 후 다시 평반(平反·재평가를 통한 명예회복)하는' 방식으로 현혹하기도 하지만, 그것의 흡혈(吸血) 본질은 변하지 않았으며 장래에는 더욱더 고치기 힘들 것이다.

평론-1 공산당이란 무엇인가
평론-2 중국 공산당은 어떻게 창설됐는가
평론-3 중국 공산당의 폭정暴政을 논하다
평론-4 공산당은 반우주 세력이다
평론-5 장쩌민과 공산당이 결탁해 파룬궁을 박해하다
평론-6 중국 공산당의 민족문화 파괴를 논하다
평론-7 중국 공산당의 살인 역사를 논하다

평론-8 중국 공산당의 사교邪敎 본질을 논하다

평론-9 중국 공산당의 깡패 본성을 논하다

서두

1990년대 초, 구(舊)소련을 중심으로 한 사회주의 공산국가 진영이 무너짐으로써 100년 동안 지속한 국제 공산주의 운동은 실패를 선언했다. 그러나 중국 공산당은 이례적으로 남아있을 뿐만 아니라 전 세계 인구 5분의 1을 차지하는 중국을 통치하고 있다. 여기서 반드시 짚고 넘어가야 할 문제는 '오늘날의 공산당이 과연 과거의 공산당인가?' 하는 것이다.

이 문제는 두 가지 현상을 토대로 살펴볼 수 있다.

하나는 지금의 중국에는 중국 공산당과 공산주의를 믿는 사람이 없다는 점이다. 공산당은 50여 년간 사회주의를 거친 후, 현재 주주배분제와 사유제를 채택하고 외자기업을 유치해 노동자, 농민을 최대한 착취하는 등 이른바 공산주의의 이상(理想)과는 정반대 방향으로 가고 있다.

다른 하나는 중국 공산당이 공산당의 절대 지도권을 계속 고수하고 있다는 점이다. 2004년 최신 개정헌법에서는 여전히 "중국의 각

민족은 계속해서 중국 공산당의 지도하에, 그리고 마르크스-레닌주의, 마오쩌둥 사상, 덩샤오핑 이론과 '3개 대표론' 주요 사상의 인도하에 인민민주주의 독재정치와 사회주의 노선을 견지한다….".고 엄격하게 규정하고 있다는 것이다.

오늘날 공산당은 마치 '호랑이가 죽어도 가죽을 남기듯(豹死猶留皮一襲·북송시대 학자 소옹(邵雍)이 지은 梅花詩의 한 구절)' 그저 공산주의라는 '가죽 부대' 하나를 계승해 공산당 통치를 유지하고 있다. 그렇다면 중국 공산당이 계승한 공산당이라는 이 가죽, 그리고 이 조직의 본질은 과연 무엇인가?

1. 공산당의 사교(邪敎) 특성

공산당의 본질은 사실 인류를 해치는 사교(邪敎) 집단이다.

비록 공산당이 자신을 '종교'로 부르지는 않지만, 사실 그것은 종교 색채를 그대로 가지고 있다(도표1). 그것은 설립 초기부터 마르크스주의를 천지간에 절대 진리로 삼았다. 마르크스를 정신적 하느님으로 받들고 이른바 공산주의의 '지상천국'으로 당을 따르는 무리들을 유혹해 평생토록 그것을 위해 분투하게 한다.

도표1. 중국 공산당의 종교 색채

	종교의 기본 형식	중국 공산당의 형식
1	교회, 교단	각급 당위원회, 당 회의, 당이 통제하는 언론 등
2	교리	마르크스주의, 마오쩌둥 사상, 덩샤오핑 이론, 장쩌민 3개 대표론

3	입교 의식	선서, 공산당에 대한 영원한 충성 맹세
4	부처, 하느님을 전일(專一)하게 믿음	오로지 공산당만 믿음
5	성직자	당위원회 서기, 각급 당무 책임자 등
6	신(神)을 숭배	모든 신을 비방하고 자신을 공개적으로 신이라 부르지 않는 이른바 신의 경지로 책봉함
7	죽음을 '천당에 간다, 지옥에 떨어진다'고 말함	죽음을 '마르크스를 만나러 간다'고 일컬음
8	경전	지도자들의 이론 저작
9	포교, 선교	크고 작은 각종 회의, 지도자 강화
10	독경(讀經), 교리 공부	정치학습, 당원의 조직생활회 모임
11	찬불가, 찬송가	당(黨) 찬양가
12	시주, 헌금	당비(黨費) 징수, 예산 배정(인민의 피땀)
13	계율	당의 기율(紀律), '쌍구이(雙規)', '출당 징계', 심지어 해를 끼쳐 목숨을 앗아감, 연좌제

공산당은 정교(正敎)와 선명하게 구별된다. 정통 종교는 모두 신(神)을 믿고 선(善)을 믿음으로써 도덕을 고양하고 영혼을 구원함을 목적으로 하지만, 공산당은 신을 믿지도 않거니와 전통 도덕마저도 반대한다.

공산당의 모든 행위가 그것이 사악한 종교임을 증명한다. 계급투쟁과 폭력혁명, 프롤레타리아 독재를 중심으로 한 공산당 교리가 피비린내 나는 폭력과 도살로 가득 찬, 이른바 공산혁명을 야기했다. 공산당 정권의 적색(赤色) 테러가 한 세기 동안 지속함으로써 전 세계 절반이 화를 입었으며 수천만에서 일억 명이 목숨을 잃었다. 이렇게 인간 지옥을 만든 공산당 신앙이야말로 인류 최대의 사교(邪敎)다.

공산당의 사교 특성은 아래의 여섯 가지로 정리할 수 있다.

1) 교의(敎義)를 만들고 견해가 다른 이들을 소멸했다.

공산당은 마르크스주의를 교의로 받들면서 '만고불변의 진리'라 표방한다. 공산당의 교의에는 사랑과 관용이 없고 오로지 오만과 독선만 가득 차 있다. 마르크스주의는 생산과 과학이 발달하지 않은 초기 자본주의 시대의 산물로, 근본적으로 인간과 사회, 인간과 자연의 관계에 대한 정확한 인식을 갖지 못했다. 불행하게도 이런 이단 사설(邪說)이 국제 공산주의 운동으로 발전함으로써 실행과정에서 완전히 '그릇된 것'임이 입증돼 세인들이 버릴 때까지 근 100년 동안 이 세상에 해를 끼쳤다.

레닌 이후의 공산당 지도자는 끊임없이 공산 사교의 교리에 새로운 내용을 첨가했다. 레닌의 폭력혁명 이론에서부터 마오쩌둥의 프롤레타리아 독재하의 지속 혁명론과 장쩌민의 '3개 대표론'에 이르기까지 공산당의 역사는 이런 사설(邪說)로 가득 차 있다. 이런 이론들이 실천 과정에서 끊임없이 재난을 초래하고 앞뒤가 맞지 않는 모순이 드러났음에도 공산당은 '한결같이 정확하다.'고 표방하면서 또 인민에게 학습하도록 강요한다.

견해가 다른 이색분자를 제거하는 것은 공산 사교의 가장 효과적인 선교 수단이다. 공산 사교의 교리와 행위가 너무나 터무니없기에 공산당은 폭력으로 이런 사람들을 제거해야만 인민에게 공산주의를 받아들이도록 강요할 수 있다. 중국 공산당은 정권을 탈취한 후 '토지개혁'을 통해 지주계급을 제거하고, '사회주의 개조'를 통해 자본가를 제거하고, '숙반(肅反·반혁명분자 숙청)' 운동을 통해 민간 종교세력과 이전 정권의 인사들을 제거하고, '반우파운동'을 통해 지식인들의 목소리를 잠재우고, '문화대혁명'을 통해 중국 전통 문화를 뿌리째 제거했다.

그리하여 모든 인민이 '공산당 선집을 읽고, 충성을 표현하는 춤을 추고, 아침에 지시받고 저녁에 보고하는', 이른바 공산 사교가 천하를 통치하는 세상을 만들었다. 마오쩌둥과 덩샤오핑 이후 중국 공산당은 또 '진(眞)·선(善)·인(忍)'을 믿는 파룬궁이 공산당과 민중 쟁탈전을 벌인다고 생각하고 기필코 뿌리를 뽑으려 했다. 그리하여 집단학살 식의 대박해를 시작했는데, 아직도 지속하고 있다.

2) 독재자를 교주로 받들고 유아독존하다

마르크스부터 장쩌민에 이르기까지 공산당 지도자의 사진을 걸어 놓고 숭배하게 하며, 지도자의 절대 권위에 도전하는 것을 허용하지 않는다. 마오쩌둥은 '붉은 태양', '위대한 구원의 별(大救星)'이 됐고, 그의 '한 마디가 만 마디와 같다.'고 한다. '보통 당원' 신분인 덩샤오핑은 중국 정치를 태상황(太上皇)처럼 쥐락펴락했다. 장쩌민의 '3개 대표론'은 문장부호를 포함해 40자에 불과하지만, 중국 공산당 4중전회에서 이 3개 대표론에 대하여 비웃기라도 하듯이 "무엇이 사회주의이며 어떻게 건설할 것인지에 대해 답했고, 어떤 당을 건설하고 어떻게 건설할 것인지에 대해 창의적으로 답함으로 마르크스-레닌주의, 마오쩌둥 사상, 덩샤오핑 이론을 계승하고 발전시킨 것이다."고 치켜세웠다.

스탈린은 무고한 사람을 함부로 죽였고, 마오쩌둥은 문화대혁명을 발동하여 엄청난 재난을 가져다줬고, 덩샤오핑은 6.4 천안문 사태 때 학살명령을 내렸고, 장쩌민은 파룬궁을 박해하고 있다. 이것은 모두 이들 교주의 독재에서 비롯된 잔혹한 결과다.

중국 공산당은 '헌법'에 "중화인민공화국의 모든 권력은 인민에게 있다. 인민이 국가권력을 행사하는 기관은 전국인민대표대회와 각급 인민대표대회다.", "어떤 조직과 개인도 헌법과 법률을 초월하는 특권을 가질 수 없다."고 규정했다. 그러나 '당장(黨章)'에는 "(중국 공산당은) 중국 특색의 사회주의 사업의 지도핵심"이라고 규정해 당을 국가와 인민 위에 올려놓았다. 전국인민대표대회 상무위원장은 인민대표대회를 '최고' 국가 권력기관이라고 칭하면서 "당의 영도를 견지하자."고 요구하는 '중요 강화'를 곳곳에서 발표했다. 그런데 중국 공산당의 '민주집중제' 원칙에 따르면 전당(全黨)은 중앙위원회의 명령에 복종해야 한다. 이는 결국 인민대표대회가 실질적으로 '일당독재'를 견지하고 입법(立法) 형식으로 공산당 '일당독재'를 보장해야 한다는 것이다.

3) 엄밀한 조직과 폭력으로 세뇌하고 정신을 통제하며 입당하면 절대로 탈당하지 못한다

공산당 조직은 아주 엄밀하다. 공산당의 규정에 따르면 입당하려면 입당 소개인 두 명의 추천을 받아야 하고, 입당할 때는 당에 영원히 충성할 것을 맹세해야 한다. 그리고 당원은 당비를 내고 조직생활을 하고 단체 정치학습도 해야 한다. 공산당 조직은 각급 행정기관에 두루 퍼져있는데, 향(鄕)·진(鎭)·촌(村)마다, 도시의 가도(街道·골목) 주민센터마다 모두 당의 기층조직이 뻗어있다. 당은

당원과 당무(黨務)를 관리할 뿐만 아니라 비(非)당원도 통제 범위 내에 둔다. 이는 정권 전체가 '당의 영도를 견지해야 하기' 때문이다. 공산당을 교회라고 볼 때 교회의 성직자 격인, 각급 조직에 배치된 당서기는 계급투쟁 시기에 업무적으로 무엇을 하든 비전문가지만, 오직 민중을 괴롭히는 데는 가장 전문가였다.

생활회(生活會)에서 행하는 '비판과 자아비판', 이것은 당원에 대한 보편적이고 장기적인 정신 통제 수단이다. 공산당은 역사적으로 여러 차례 '청당(淸黨)', '정풍(整風)', '반역자 색출', 'AB단 살해', '정당(整黨)' 등 폭력 테러를 주기적으로 이용함으로써 당원의 '당성(黨性)'을 키워 영원히 당과 일치하게 했다.

공산당에 입당하는 것은 사실 자신을 공산당에 파는 것과 같다. 나라의 국법(國法) 위에 또 당의 기율이라는 공산당의 가법(家法)이 있다. 당은 당원을 제명할 수 있으나, 당원 개개인은 당을 이탈할 수 없다. 만약 이탈하면 반역자로 몰려 엄중한 대가를 치러야 한다. 더구나 공산 사교가 천하를 지배한 문화대혁명 시기부터는 당이 죽으라면 당신은 살 수도 없고 당이 살라고 하면 당신은 죽을 수도 없다. 만약 자살하면 '스스로 인민과 단절했다.'고 하면서 당신 가족이 연루돼 그에 대한 대가를 치르게 한다.

당내 정책 결정은 극비리에 진행되고, 당내 권력투쟁은 절대 비밀이고, 당의 공문(公文)은 기밀 문건이다. 나쁜 일을 한 것이 폭로되는 것을 가장 두려워하기에 걸핏하면 견해가 다른 사람을 '국가 기밀 누설죄'로 체포하고 탄압한다.

4) 폭력을 고취하고 피비린내를 숭상하며 희생을 부추긴다

마오쩌둥은, "혁명은 손님을 접대하는 것이 아니고, 문장을 짓는 것도 아니며, 그림을 그리고 수놓는 것도 아니므로 그렇게 품위 있고, 그렇게 차분하고, 그렇게 점잖아서는 안 된다. 혁명은 폭동이고 한 계급이 다른 한 계급을 뒤엎는 흉포한 행동이다."고 했다.

덩샤오핑은, "(민주화를 요구하는 학생) 20만 명을 죽여 20년 안정과 바꾸자."고 했다.

장쩌민은 "(파룬궁 수련생의) 육체를 소멸하고, 명예를 실추시키고, 경제를 끊어버리라."고 했다.

공산당은 폭력을 고취하고 여러 차례 운동과정에서 무수한 사람을 죽였으며, "적에게는 엄동처럼 냉혹하고 무정해야 한다."고 인민을 교육한다. 흔히 중국 국기인 "홍기(紅旗·공산주의를 상징하는 깃발)는 열사들의 피로 물들었다."고 하는데, 붉은색을 숭배하는 것은 실제로는 선혈(鮮血)을 숭배하는 것이다.

공산당은 영웅 모델을 내세워 사람들에게 당을 위해 희생할 것을 고취한다. 옌안(延安)에서 아편을 만들기 위해 가마에 불을 때다가 죽은 장쓰더(張思德)를 두고 마오쩌둥은 "그의 죽음은 태산보다 무겁다."고 표창하면서 대표적인 영웅 인물로 미화했다. 그가 광란의 시기에 뱉어낸 "첫째는 고생을 두려워하지 않고, 둘째는 죽음도 두려워하지 않는다.", "희생이 있기에 뜻은 더욱 웅대해지고, 해와 달에 명해 새 하늘로 바뀌게 하리라(爲有犧牲多壯志, 敢叫日月換新天)." 등의 '호언장담'은 물질적으로 빈약한 광기를 더욱 강화했다.

1970년대 말 베트남 공산당이 캄보디아에 군을 동원해 중국 공

산당이 길러낸, 수많은 악행을 저지른 크메르루주 정권을 뒤집어엎었다. 중국 공산당은 화가 많이 났지만, 중국과 캄보디아는 국경이 맞닿은 지역이 없어 직접 캄보디아로 군대를 보내 크메르루주 정권을 지원할 수 없었다. 그래서 중국 공산당은 이 어린 베트남 공산당 형제에게 간접적으로 '교훈'을 주기 위해 '대월자위반격전(對越自衛反擊戰)'이라는 이름으로 중국과 베트남 국경에서 전쟁을 개시했다. 그 결과, 중국 병사 수만 명이 두 나라 공산당 간의 기 싸움에 귀중한 생명을 잃었다. 하지만 그들의 죽음은 사실상 영토주권 다툼과는 아무런 연관이 없었다. 수년 뒤 중국 공산당은 '피로 물든 풍채'라는 노래로 의미 없이 희생된 천진난만한 젊은 생명을 찬양하면서 '혁명영웅주의 정신'의 제물로 삼았다. 그러나 1981년 이들 154명의 전사가 목숨을 바쳐 탈환한 광시성(廣西省) 파카산(法卡山)을 공산당이 중국-베트남 국경을 재획정 할 때 슬쩍 베트남에 넘겨주었다.

2003년 사스(SARS · 중증급성호흡기증후군) 전염병이 중국에 널리 퍼질 때, 중국 공산당은 젊은 여간호사들을 '화선입당(火線入黨 · 전쟁 등 특수상황에 현장에서 바로 중국 공산당에 입당시킴)시켜 당의 제물로 만들어 병원에 가둔 채 사스 환자를 간호하게 했다. 이 젊은이들을 생명 위험이 맞닥뜨리는 최전선에 밀어 넣고는 이런 비상시기를 틈타 공산당의 이른바 '첫째는 고생을 두려워하지 않고, 둘째는 죽음을 두려워하지 않는다.'는 '빛나는 이미지'를 확립하기 위해서였다. 그러나 이런 비상시기에 장쩌민 본인은 오히려 전염병에 걸려 죽을까 두려워 측근을 이끌고 베이징에서 상하이로 피신했다.

5) 신을 부정하고 인성을 말살한다

공산당은 무신론을 선전하며 종교가 인민을 마비시키는 '정신적 아편'이라고 한다. 그래서 공산당이 통치하는 범위 내의 모든 종교를 없애거나 공산당에 복종시킨다. 그런 뒤에 도리어 자신을 신격화하고 공산 사교의 천하 통일을 실현한다.

공산당은 종교를 파괴하는 동시에 전통문화도 함께 파괴한다. 그것은 전통과 도덕, 인륜을 봉건, 미신, 반동으로 규정하고 혁명이란 이름으로 모두 제거한다. 문화대혁명 시기에는 부부가 서로 고발하고, 학생이 스승을 때리고, 부자(父子)가 반목하고, 홍위병이 무고한 사람을 마구 죽이고, 조반파(造反派)가 폭행하고 파괴하고 약탈하는 등 중화 전통을 거스르는 온갖 추악하고 난잡한 현상이 수없이 나타났다. 이는 중국 공산당이 그들의 인성을 말살한 결과에서 초래했다.

중국 공산당이 정권수립 이후 줄곧 소수 민족에게 공산당 지도에 따를 것을 강요함으로써 풍부하고 다양한 중화민족 문화가 사라지거나 변이(變異)됐다.

1989년 천안문 사태 때 '인민의 자제'라고 불리는 인민해방군이 도시를 점령하고 시민을 도살함에 따라 국민은 정치적 미래에 철저히 실망했고, 그때부터 모두 정치를 멀리하고 '돈'만 좇았다.

1999년부터 지금까지 파룬궁을 잔혹하게 박해하고 전국적으로 사회도덕 상승효과가 있는 '진(眞)·선(善)·인(忍)'을 배척하고 적으로 삼으면서 사회의 도덕은 하염없이 더욱 빠르게 추락했다.

21세기에 들어서면서 중국에는 또 한 차례 토지와 재물을 수탈하는 사태가 벌어져 적지 않은 민중이 집과 땅을 잃고 거리로 내몰리고 상방(上訪)하는 사람이 급증하고 사회 모순도 격화됐다. 잇따라 대규모 시위가 여러 차례 발생하고, 그때마다 공산당은 무장 군경(軍警)을 풀어 폭력으로 진압했다. '공화국'의 파쇼적 성격이 여지없이 드러났고, 사회는 더욱 부도덕한 지경으로 전락했다.

옛날 속담에 토끼도 자신의 둥지 주변의 풀은 먹지 않는다고 하는데 오늘날의 인간들은 친지나 친구도 예사로 등치는데 이것을 일컬어 살숙(殺熟)이라고 말한다. 옛날 사람은 정조를 지킴을 가장 중요시했으나, 지금은 "가난한 사람은 비웃어도 창녀는 비웃지 않는다." 예전에 의사와 교사는 사회에서 가장 존경받는 유덕지사(有德之士)였으나, 지금은 병원이 환자를 해치고 학교가 학생을 해치는 가장 어두운 곳이 됐다.

오늘날 중화민족의 인성과 도덕이 파괴된 역사 과정을 한 민요는 이렇게 여지없이 표현했다. "50년대엔 사람이 사람을 돕고, 60년대엔 사람이 사람을 괴롭히고, 70년대엔 사람이 사람을 속이고, 80년대엔 각자 자신만을 돌보고, 90년대엔 사람만 보면 바가지를 씌운다."

6) 정권을 탈취하고 경제를 독점하는 정치·경제적 야심을 품는다

공산당의 설립 목적은 무력으로 정권을 탈취하고 나아가 국유제와 독점적인 계획경제 실시이다. 공산당의 야심은 너무나 커서 일반 사교(邪敎)가 재물을 긁어모으는 것과는 차원이 다르다.

공산당이 통치하는 사회주의 공유제 국가에서는 통상적인 국가권력기구 위에 더 큰 권력을 행사하는 당 조직인 각급 당위원회와 지부가 붙어 있다. 이 '당 부체(附體)'가 국가기구를 통제하고 직접

각급 정부에서 경비를 조달해 쓴다. 공산당은 흡혈귀 같아서 국가와 사회에서 얼마나 많은 재물을 빼앗아 가는지 아무도 모른다.

2. 공산당 사교의 해악

사람은 '옴진리교의 사린가스 살인 사건', '태양의 사원(Solar Temple)의 집단자살 사건', '인민사원(People's Temple)의 900여 명 집단자살 사건' 등을 거론하기만 해도 몸서리치며 증오한다. 그러나 공산당이란 이 사교가 사람을 해치는 정도는 이보다 천만 배를 더 초월하는데 그것은 아래와 같은 일반 사교가 할 수 없는 그들만의 몇 가지 특징이 있기 때문이다.

1) 사교의 국교화

한 정상적인 나라에서는 당신이 어느 특정 종교를 믿지 않으면 그 종교의 서적을 보지 않아도 되고 그 종교의 교리를 듣지 않아도 당신은 문제없이 잘 살 수 있다. 그러나 중국 대륙에서 산다면 공산당 사교의 교리를 배우지 않을 수 없고 사교의 선전도 어쩔 수 없이 들어야 한다. 왜냐하면 공산당이 정권을 탈취해 공산 사교를 국교로 만들었기 때문이다.

공산당은 초등학교나 유치원 과정부터 이미 정치 설교를 주입하기 시작하며 그 후 상급 학교에 진학하거나 승진할 때마다 정치 시험을 치르게 한다. 공산당은 근본적으로 독립적인 사고를 허용하지 않기에 반드시 공산당의 표준 답안을 기계적으로 외워야 합격할 수 있다. 가련한 중국인은 시험을 보기 위해 어쩔 수 없이 어릴 적부터 반복적으로 공산당의 설교를 학습하고 자발적으로 한 차례 또 한 차례 자신을 세뇌한다. 정부의 높은 관직에 오르려면 공산당원이든 아니든 모두 당교(黨校)에 들어가 정치학습을 해야 한다. 당교를 졸업해야 진급할 수 있기 때문이다.

공산당을 국교로 삼은 중국은 견해가 다른 단체를 일절 용납하지 않는다. 이른바 '민주당파'는 정치적인 들러리 장식에 불과하고 개조된 '삼자(三自)' 교회는 모두 공산당의 지도를 받아들인다고 선언했다. 교인들에게 먼저 공산당에 충성하고 그다음에 신을 믿으라는 것이 이른바 공산당 사교의 논리다.

2) 극단적인 사회통제

사교를 국교로 할 수 있는 기초는 바로 인민을 통제하고 자유를 박탈하는 것이다. 중국 공산당의 이러한 통제는 역사적으로 전무후무한데, 공산당이 인민의 사유재산을 박탈한 이유는 그 사유재산이 곧 그들이 자유를 누릴 수 있는 기초이기 때문이다. 80년대 이전의 중국 도시민은 공산당이 통제하는 기업에서 일해야만 생활할 수 있었고 농민은 반드시 당의 인민공사 토지에서 농사지어야만 먹고 살 수 있었는데, 그 누구도 공산당의 통제에서 벗어날 수 없었다.

사회주의 국가에서 공산당 조직은 중앙에서부터 향촌의 최하층까지 존재하며 당 위원회, 당 지부 등 각급 당 조직을 통해 사회를 단단히 통제한다. 이렇게 엄밀하게 통제함으로써 인민은 자유를 철저히 상실했다. 예를 들면 거주 변경의 자유(호구제), 표현의 자유

(우파 55만 명이 모두 언론 죄에 걸려 수난을 당했다), 의문을 제기할 자유(린자오, 장즈신은 당을 의심했다는 이유로 피살됐다), 정보 획득의 자유(금서를 보거나 적국의 방송을 들어도 죄가 되고, 인터넷을 검색해도 감시를 받는다) 등이다.

지금은 중국 공산당도 사유제를 허용한다고 말하는 사람이 있을 것이다. 그러나 우리는 '사회주의가 먹고 살 수 없는 지경에 이르렀고 국민경제가 파탄 날 지경에 이르렀기 때문에 망하지 않으려고 공산당이 한발 물러서서 생존을 도모한 것'이 개혁개방임을 잊어서는 안 된다. 개혁개방 이후에도 중국 공산당은 인민에 대한 통제를 늦추지 않았다. 지금도 파룬궁에 대한 잔혹한 박해를 지속하고 있는데, 이는 오로지 공산주의 국가에서만 출현할 수 있는 현상이다. 중국 공산당이 진정으로 원하는 대로 경제 초강대국이 된다면 인민에 대한 통제는 더욱 심각해질 수밖에 없다.

3) 폭력 숭배와 생명 경시

거의 모든 사교가 신도를 통제하거나 외부 압력에 대항하기 위해 폭력을 사용한다. 하지만 공산당처럼 아무 거리낌 없이 폭력 수단을 사용하는 경우는 극히 드물다. 전 세계 모든 사교가 살해한 사람을 모두 합해도 공산당 사교가 죽인 사람 수와는 전혀 비교할 수 없다. 공산당 사교의 입장에서 바라보면 사람은 단지 목적 달성을 위한 수단에 지나지 않는다. 그래서 공산당은 거리낌 없이 사람을 박해하기에 공산당 지지자, 당원, 당 지도자를 포함해 그 누구라도 박해 대상이 될 수 있다.

중국 공산당이 키워낸 크메르루주는 공산 사교의 잔혹함과 생명 경시 성향을 전형적으로 보여준다. 마오쩌둥 사상의 지도하에 폴 포트가 이끄는 캄보디아 공산당이 '사유제 소멸' 정책을 펴면서 집권한 3년 8개월 동안 인구 800만인 작은 나라에서 200만 명을 학살했고, 그중에는 중국인도 20만 명 포함됐다.

캄보디아는 공산당의 죄악과 희생자들을 잊지 않기 위해 크메르루주 '죄악관(罪惡館)'을 지었다. 이곳은 원래 고등학교였으나, 폴 포트가 사상범을 전문적으로 감금하는 S-21 감옥으로 개조했다. 수많은 지식인이 이곳에 갇혀 혹형을 받고 숨졌기에 오늘날 이 감옥이 크메르루주 죄악관으로 바뀐 것이다. 죄악관 안에는 감옥에서 사용한 형구 외에도 모든 희생자가 죽기 직전에 찍은 흑백사진이 전시돼 있다. 목을 베고, 뇌를 뚫고, 살아있는 영아를 내동댕이치는 등 모골이 송연한 학살 장면이 즐비한데, 모두 중국 공산당에서 기술을 전수받은 캄보디아 '고문 전문가와 기술자들'의 소행이다. 전문적으로 사형수들의 모습을 찍어 보관하고 감상할 수 있도록 촬영한 사진사조차 중국 공산당이 훈련한 자들이다.

S-21 감옥에서는 캄보디아 지도자의 몸보신을 위해 놀랍게도 인간의 두개골에 구멍을 뚫는 기계를 특별히 제작해 사람의 뇌를 꺼내 보양 식품을 만들었다. 처형될 사상범이 걸상에 묶인 채 극도의 공포 속에서 드릴 기계 앞에 자리하면 고속으로 회전하는 드릴이 사상범의 후뇌(後腦)를 뚫고 들어가 살아있는 뇌를 신속하고 효과적으로 끄집어낸다.

3. 공산당 사교의 본질

어떤 요소가 공산당을 이토록 잔학하고 사악하게 만들었는가? 공산당이라는 이 '유령'이 인간 세상에 생겨날 때 이미 끔찍한 사명을 가지고 왔다. 〈공산당 선언〉 맨 마지막 부분에 아주 유명한 한 단락 말이 있다.

"공산주의자는 자신의 견해와 의도를 감추는 것을 경멸받을 일로 여긴다. 공산주의자는 자신들의 목적이 현존하는 모든 사회질서를 폭력적으로 타도해야만 이루어질 수 있다는 것을 공공연하게 선언한다. 지배계급들이 공산주의 혁명 앞에서 벌벌 떨게 하라. 프롤레타리아가 혁명에서 잃을 것이라고는 쇠사슬뿐이요 얻을 것은 세계 전체다."

이 '유령'의 사명은 폭력을 사용해 현실 인류사회에 공개적으로 도전하고, 낡은 세계를 때려 부수고, 사유제를 소멸하고, 자본가의 개성·독립성·자유를 소멸하고, 착취를 소멸하고, 가정을 소멸함으로써 프롤레타리아가 세계를 통치하도록 하는 것이다.

'때리고 부수고 약탈한다.'고 공개적으로 공언한 이 정당은 자신의 관점이 사악하다는 것을 인정하지 않을 뿐만 아니라 〈공산당 선언〉에서도 당당히 선언했다. "공산주의 혁명은 과거부터 전해 내려오는 소유 관계와 가장 철저하게 결별하는 것이다. 따라서 공산주의 혁명이 자신의 발전 과정에서 과거부터 전해 내려오는 사상과 가장 철저하게 결별한다는 것은 놀랄 만한 일이 아니다."

사회의 전통 관념은 어디서 오는가? 무신론의 자연법(自然法)에 따르면 자연법칙과 사회법칙은 필연적이고 동시에 우주 운동법칙의 결과다. 유신론의 관점에 따르면 인류의 전통과 윤리 도덕은 모두 신이 인간에게 전해 준 것이다. 무릇 그것이 어떻게 왔든지 가장 기본적인 윤리 도덕과 행동 규범, 선악 표준은 상대적인 불변성이 있고, 천여 년간 인간의 행동을 규범하고 사회 생존을 유지하는 기반이 됐다.

인류에게 도덕규범과 선악 준칙이 없다면 어찌 짐승으로 추락하지 않을 수 있겠는가? 〈공산당 선언〉에서 '과거부터 전해 내려오는 사상과 가장 철저하게 결별해야 한다.'고 했을 때 이미 공산당은 인류사회의 정상적인 생존 토대를 위협하는 존재이자 인류를 파멸시키는 사교로 정해졌다.

강령(綱領) 성격을 띤 〈공산당 선언〉이란 이 글 전편(全篇)에는 편견을 고집하는 의식만 깔려 있고, 사랑과 관용의 마음은 보이지 않는다. 마르크스와 엥겔스는 유물론을 통해 사회 발전 법칙을 발견했다고 자부했다. 그래서 진리를 장악한 듯 모든 것을 의심하고 부정하면서 공산주의의 허황한 환상을 고집스레 강요했고, 폭력을 고취하는 것도 불사하면서 기존의 사회구조와 문화 기초를 파괴했다. 〈공산당 선언〉이 신생 공산당에 주입한 것은 천리(天理)를 거스르고 인성을 말살하고 오만방자하고 극도로 이기적으로 하고 싶은 대로 하는 사악한 영체(邪靈)였다.

4. 망당(亡黨)의 두려움에 떠는 공산당

　마르크스와 엥겔스는 공산당에 사악한 영체(邪靈)를 주입했고, 레닌은 러시아 공산당을 세워 2월 혁명으로 건립된 부르주아 임시정부를 깡패 폭력으로 뒤엎었으며 러시아 부르주아 혁명을 말살하고 정권을 탈취해 공산 사교는 마침내 인간 세상에서 자신이 설 자리를 확보했다. 하지만 이 혁명의 성공은 프롤레타리아 계급에게 전 세계를 얻도록 하지 못했고 도리어 〈공산당 선언〉 첫 단락에서 말한 것처럼 "옛 유럽의 모든 세력이 연합해 이 유령을 잡기 위한 성스러운 몰이사냥에 나섰다."고 했고, 공산당은 생기자마자 생존 위기에 몰려 언제라도 소멸(消滅)될 위험에 처했다.

　10월 혁명 후 러시아 공산당의 볼셰비키가 정권을 장악했다. 하지만 인민에게 평화를 주지도, 빵을 주지도 않은 채 무자비하게 살인을 자행했다. 전방에서 연달아 패배하고 후방에서는 경제난이 혁명으로 인해 더욱 심화하자 인민은 저항하기 시작했다. 내전이 삽시간에 전국을 휩쓸었고, 농민은 도시에 식량을 공급하지 않았고, 돈(Don)강 유역의 코사크 족이 대규모 폭동을 일으켜 소련 홍군(紅軍)과 피비린내 나는 접전을 벌였다. 당시의 야만적이고 잔혹한 참상은 미하일 숄로호프(Sholokhov)의 작품 〈고요한 돈강〉, 〈돈 이야기〉 등에 잘 표현돼 있다. 알렉산드르 콜차크와 안톤 데니킨 등 전(前) 백군(白軍) 장교들이 이끄는 반군은 한때 러시아 공산당의 통치를 거의 뒤집어엎었다. 한 정권이 탄생하자마자 거의 모든 인민이 저항한 이유는 공산 사교가 너무나 사악해서 민심을 얻지 못했기 때문이다.

중국 공산당이 중국에서 맞닥뜨린 상황도 러시아와 매우 유사하다. '마일사변(馬日事變·1927년 5월 21일 중국 창사의 국민당 제35군 제33단장인 우익 장교 쉬커샹(許克祥)이 반공을 기치로 공산당을 토벌한 사건)', '4.12 학살(1927년 4월 12일 국민당의 장제스(蔣介石) 군대가 공산당원을 토벌한 사건)', 소비에트 지역의 다섯 차례 '토벌', 그리고 대패(大敗)해 도망으로 25,000리 대장정을 하는 등 중국 공산당은 장기간 소멸당할 위기에 처했다.

공산당은 수단과 방법을 가리지 않고 낡은 세계를 쳐부수겠다는 각오로 세상에 나왔지만, 그것이 가장 먼저 직면한 현실적인 문제는 바로 '어떻게 하면 소멸(消滅)되지 않고 살아남을 수 있을까'였다. 그래서 공산당은 줄곧 자신들이 소멸할지도 모른다는 두려움에 떨며 살아왔다. 생존이야말로 공산당 사교의 첫째가는 큰일이자 전부나 다름없었다. 국제 공산주의 진영이 완전히 해체된 오늘날 중국 공산당의 생존 위기는 더욱 심각해졌고, '망당(亡黨)'이라는 재앙론은 1989년 이후부터 갈수록 현실이 돼가고 있다.

5. 공산당 사교의 생존 수단은 잔혹한 투쟁

공산당은 당에 대한 당원의 절대 충성을 강조하고 조직성과 강철 같은 기율(紀律)을 강조해 왔다. 당에 가입하는 사람은 반드시 당기 앞에서 선서해야 한다.

"나는 중국 공산당에 지원한다. 당의 강령을 옹호하고, 당의 규정을 준수하고, 당원의 의무를 이행하고, 당의 결정을 집행하고, 당의 규율을 엄수하고, 당의 비밀을 지키고, 당에 충성하고, 적극적으로 일하고, 공산주의를 위해 평생을 분투하고, 언제든 당과 인민을 위해 모든 것을 희생하고, 영원히 당을 배신하지 않는다(공산당 당장 제1장 제6조)."

공산당은 이러한 헌신적인 입교(入敎) 정신을 '당성(黨性)'이라고 부른다. 공산당은 당원에게 언제든지 모든 개인의 이념과 원칙을 포기하고 당의 의지와 지도자의 의지에 절대적으로 복종할 준비가 돼 있기를 요구한다. 공산당이 당신에게 선(善)을 행하라고 하면 선을 행해야 하고, 악(惡)을 행하라고 하면 악을 행해야 한다. 그렇게 하지 않으면 당원의 표준에 도달하지 못하고 당성이 강하지 못함을 나타내는 것이다.

마오쩌둥은 "마르크스주의 철학은 바로 투쟁의 철학이다."고 한 적이 있다. 그들은 주기적인 당내 투쟁 메커니즘에 의존해 당성을 배양하고 유지한다. 그들은 당 내외의 잔혹한 투쟁을 통해 한편으로는 견해가 다른 사람들을 제거하고 적색 공포를 조성하며, 다른 한편으로는 끊임없이 당원의 대오를 정비하고 당의 가법(家法)과 교리(敎理)를 엄격히 적용해 당원의 '당성'과 당 조직의 전투력을 강화한다. 투쟁은 공산당이 생존을 유지하는 '법보(法寶·도교 신화에 나오는, 요귀를 제압할 수 있는 신기한 보물)'인 셈이다.

마오쩌둥은 중국 공산당 지도자 중에서 '당내 투쟁'이란 이 법보를 가장 잘 이용한 대가다. 그 투쟁 방식의 잔혹함과 비열한 수단은 옛 소비에트 지구(地區) 시기부터 이미 드러났다.

1930년 마오쩌둥은 장시(江西) 소비에트 지구에 'AB단'을 숙청하는 대규모 혁명 공포 물결을 일으켜 홍군 장병과 근거지 내의 당원·단원과 일반 민중 수천 명을 처참하게 살해했다. 이 사태의 직접적인 원인은 장시 소비에트 지구에서 마오쩌둥의 권위가 막 세워진 시점에 리원린(李文林)을 위시한 장시(江西) 서남 지방 홍군과 당 조직이 그의 권위에 도전한 데 있었다. 마오쩌둥은 자신의 권위와 의지를 거스르는 그 어떤 세력도 용납하지 않았으며, 그가 반대파라고 의심되는 당내 동지들에 대한 극단적인 방법의 탄압도 마다하지 않았다.

마오쩌둥은 'AB단'을 숙청하는 분위기를 조성하기 위해 자기 직속부대에 먼저 칼을 들이댔는데, 11월 하순부터 12월 중순 사이에 홍일방면군(紅一方面軍)을 대상으로 '신속한 군대정비'를 하기 시작했다. 그 주요 내용은 사(師), 단(團), 영(營), 연(連), 배(排)에 숙청 조직을 만들어 군 내부의 지주·부농 출신 당원과 불만 세력을 죽이는 것이었다. 한 달도 채 안 돼 홍군 4만 명 중에서 'AB단' 4,400여 명을 숙청했는데, 이때 처단한 AB단 총단장(總團長)만 해도 수십 명에 이른다.

그다음에 마오쩌둥은 소비에트 지구의 반대 세력을 숙청하기 시작했다. 1930년 12월 마오쩌둥은 홍일방면군(紅一方面軍) 총정치부 비서장 겸 숙청위원회 주석 리사오쥬(李韶九)를 전선위원회 대표로 파견했다. 장시성 소비에트 정부 소재지인 푸톈(富田)에 도착한 리사오쥬는 성위원회와 홍20군(紅二十軍)의 돤량비(段良弼)와 리바이팡(李白芳) 등 주요 지도자 여덟 명을 체포했다. 그들에게 '대꼬챙이로 손톱 밑 찌르기', '향불로 지지기' 등의 다양한 혹형을 가해 피부가 성한 데가 없었고 손가락이 부러지고 온몸이 그을어서 움직일 수도 없었다. 당시 기록에는 이렇게 기재돼 있다. "(피해자의) 하늘을 진동하는 울음소리가 귀에서 떠나질 않았는데, 그 잔혹한 형벌이 극에 달하지 않은 것이 없었다."

12월 8일 리바이팡(李白芳), 마밍(馬銘), 저우몐(周冕)의 아내들이 구금 중인 남편을 면회 왔다가 역시 'AB단'으로 간주돼 체포됐다. 그녀들에게도 대꼬챙이로 손톱 밑을 찌르고, 향불로 온몸을 지지고, 음부를 태우고, 작은 칼로 유방을 자르는 등의 잔혹한 고문을 했다. 돤량비(段良弼)는 잔혹한 고문에 시달리다 못해 리원린(李文林), 진완방(金萬邦), 류디(劉敵), 저우몐(周冕), 마밍(馬銘) 등이 AB단의 지도자들이며 홍군학교 내에 많은 AB단이 있다고 자백했다. 리사오쥬(李韶九) 등은 푸톈에 주재하면서 12월 7일에서 12일 밤까지 닷새 동안에 모든 숙청을 감행했다. 가오화(高華)의 〈마오쩌둥이 장시 소비에트에서 'AB단'을 숙청한 역사 고찰〉에서 당시 상황을 이렇게 묘사하였다.

"AB단 120명과 주범 수십 명을 체포해 그중 40여 명을 잇달아 처단했다. 리사오쥬 등의 잔혹 행위는 마침내 1930년 12월 12일 소비에트 지구를 놀라게 한 '푸톈사변(富田事變)'을 야기했다."

마오쩌둥은 투쟁 학설과 실천에 의지해 소비에트 지역에서부터 옌안(延安)에 이르기까지 점차 당내의 절대적인 지도자 지위를 도모하고 다졌다. 정권수립 후에도 이런 당내 투쟁은 계속됐다. 마오쩌둥이 루산(廬山)회의에서 기습적으로 펑더화이(彭德懷)를 해치운 것이 그 한 예다. 회의에 참석한 중앙 지도자는 모두 이에 대해 태도를 표명해야 했는데, 감히 자기 생각을 밝히거나 보류한 사람은 모두 펑더화이 반당(叛黨) 집단으로 몰렸다. 문화대혁명 시기에 이르러 중앙의 원로들이 하나둘 정리됐는데 의외로 모두 얌전히 순종했다. 누가 감히 마오쩌둥에게 찍소리라도 내겠는가? 공산당은 줄곧 당에 충성할 것을 강조하고, 조직성과 강철 같은 기율을 강조하고, 교주인 지도자에게 절대복종할 것을 강조해 왔다. 이런 당성(黨性)이야말로 이처럼 끊임없이 이어지는 정치투쟁 속에서 배양되고 단련된 것이다.

중국 공산당 지도자였던 리리싼(李立三)은 문화대혁명 시기에 투쟁의 대상이 되어 피해갈 길조차 없는 처지가 돼 68세 고령인데도 매달 일곱 차례 이상 비판을 받아야 했다. 그의 부인 리사(李莎)는 '소비에트 수정주의' 간첩으로 척결돼 일찍이 투옥된 후 소식이 끊긴 상태였다. 선택의 여지가 없어 그는 절망 속에서 다량의 수면제를 먹고 목숨을 끊었다. 리리싼은 죽기 전에 마오쩌둥에게 편지를 썼는데, 한 공산당원이 죽음을 앞두고서도 감히 '당성(黨性)'을 포기하지 못함을 그대로 여실히 반영했다.

"주석께:
저는 지금 자살로 반당(叛黨·당을 배신함)의 길을 걷습니다. 나의 죄를 변명할 길이 없기 때문입니다. 그러나 단 하나, 나와 내 가족은 결코 외국과 내통하는 죄를 범하지 않았습니다. 이 한 점만은 중앙에서 진실하게 조사하고 심사해서 사실에 근거해 진실한 결론을 내려 주시기를 바라며….
리리싼 1967년 6월 22일 "

마오쩌둥의 투쟁 철학은 결국 중국을 전대미문의 큰 재앙 속으로 몰아넣었다. 하지만 '7~8년에 한 번씩' 하는 이런 정치운동과 당내 투쟁은 확실히 공산당의 생존을 보장하는 하나의 메커니즘이 됐다. 매 차례 투쟁운동이 올 때마다 5% 안팎의 극소수를 정리하고 95% 안팎의 다수는 순순히 당의 정치노선에 일치시켜 당 조직의 응집력과 전투력을 강화한다. 또한 양심을 버리지 않으려는 '당성이 굳건하지 못한' 사람들을 도태시킴으로써 감히 당에 대항하려는 세력을 타격한다.

이러한 메커니즘에 의지해 당내에서 투쟁 정신이 가장 강하고 깡패 수완이 가장 좋은 사람이 권력을 장악하게 된다. 바꾸어 말하면 공산당 사교(邪敎)의 교주는 모두 투쟁 경험이 풍부하고 당성(黨性)이 충만한 강성(强性) 인물임을 보증한다. 이런 잔혹한 투쟁은 그것을 경험한 사람들에게도 '피의 교훈'과 폭력세뇌 효과를 가져다준다. 투쟁하는 과정에서 공산당에 끊임없이 에너지를 충전하고, 투쟁 정신을 더욱 강화하고, 당이 소멸(消滅)하지 않도록 보장하고, 투쟁을 포기하는 온화한 단체로 변질하지 않게 한다.

공산당이 요구하는 이런 당성은 바로 공산당의 사교 본질에서 나오는 것이다. 공산당은 자신의 목적을 달성하기 위해 모든 전통 원칙과 결별하고 공산당을 방해하는 세력을 적으로 간주했다. 따라서 수단과 방법을 가리지 않고 당원들을 무정하고 신의(信義) 없는 당의 도구로 길들일 필요가 있었다. 공산당의 이런 본질은 인류사회와 전통을 적대시하는 데서 비롯됐고, 자아에 대한 허망한 평가와 그로 인해 파생한 극단적인 이기심과 타인의 생명을 경시하는 성향에서 비롯됐다. 공산당은 자신의 이상을 실현하기 위해 폭력으로 온 세상을 때려 부수고 반대파를 소멸(掃滅)하는 것도 마다하지 않는다.

이런 사교는 늘 양심이 있는 사람들의 반대에 부딪히기 때문에 공산당은 반드시 양심과 착한 마음(善念)을 없애야만 공산당의 사악한 설교를 믿게 할 수 있다. 그래서 공산당은 자신의 생존을 보장하기 위해 먼저 사람의 양심과 착한 마음, 도덕규범을 파괴하고 사람을 순종하는 노예와 도구로 만든다. 공산당의 논리로 보면 당의 생명, 당의 이익이 무엇보다 높고 심지어 전체 당원 집단의 이익을 합한 것보다 크기 때문에 당원은 누구라도 당을 위해 언제든 희생할 각오가 돼 있어야 한다.

중국 공산당의 역사를 볼 때, 천두슈(陳獨秀)와 취추바이(瞿秋白)처럼 전통사상을 다소 간직한 지식인들이나 후야오방(胡耀邦)과 자오쯔양(趙紫陽)처럼 인민의 이익을 생각하는 사람들, 그리고 주룽지(朱熔基)처럼 청렴한 관리가 돼 인민을 위해 실질적인 일을 좀 하기로 한 사람들 역시 화를 면할 수 없었다. 그들이 당에 대한 공헌이 아무리 많아도, 그리고 개인적인 야심이 없어도 결국 숙청되거나 보직을 맡기지 않는 등, 당의 이익과 기율에 의해 제약받는다.

다년간의 투쟁 과정에서 육성돼 뼛속 깊이 파고든 당성은 흔히 그들이 아무리 관건적인 선택에도 결국 타협하고 순종하게 한다. 왜냐하면 그들은 무의식적으로 당의 생존이 가장 큰 이익이라고 여기기에 자신을 희생하거나 당내의 사악한 세력의 패악을 방관할지언정 감히 양심과 착한 마음을 견지함으로써 당의 생존에 영향을 미치려고 하지 않는다. 이것이 바로 공산당 투쟁 메커니즘이 만들어낸 결과인데, 좋은 사람을 그들의 도구로 만들면서도 도리어 당성으로 양심을 최대한 제한하고 심지어 말살한다. 중국 공산당은 십여 차례 '정치 노선투쟁' 과정에서 당 지도자 혹은 내정된 후계자 십여 명을 타도했고, 당 지도자로서 무사히 물러난 자는 한 명도 없다. 마오쩌둥은 43년간 왕을 자처했지만, 그의 시신이 채 식기도 전에 부인과 조카가 감옥에 갇혔다. 전당(全黨)은 또 이를 마오쩌둥 사상의 위대한 승리라고 환호했다. 이 어찌 코미디가 아니고 웃음거리가 아닐 수 있겠는가?

공산당이 정권을 탈취한 이래 정치운동이 당 안팎에서 끊이지 않았다. 마오쩌둥 시대에도 그랬고 개혁개방 이후에도 그러하다. 1980년대에 들어 사상적으로 조금 자유로워지자 공산당은 곧바로 '부르주아 자유화 반대' 운동을 개시하고 '네 가지 기본원칙'을 제시했다. 이는 공산당에 절대적인 영도권이 필요했기 때문이다. 1989년에는 학생들의 평화적인 민주화 운동을 유혈 진압했는데, 공산당은 민주주의 사조를 허용할 수 없기 때문이다. 그리고 1990년대에 이르러 '진(眞)·선(善)·인(忍)'을 신봉하는 파룬궁 수련자들이 대거 나타나자 공산당은 1999년부터 지금까지 탄압을 지속하고 있다. 인성과 착한 마음을 용인할 수 없는 공산당으로서는 반드시 폭력으로 인간 내면의 양심을 말살해야만 권력에 대한 불안감을 해소할 수 있기 때문이다. 또 21세기에 들어와서는 인터넷으로 세계가 하나로 연결된 마당에 중국 공산당만은 엄청난 돈을 투입해 사이트를 봉쇄하고 감시하고 인터넷상의 자유 인사들을 체포하고 있다. 이는 공산당이 인민들의 진실을 알 수 있는 자유로운 정보접근을 두려워하기 때문이다.

6. 공산당 사교를 안정시키는 힘은 부정부패

사교 공산당은 본질적으로 하늘의 이치(天理)를 부정하고, 인성을 말살하며, 오만방자하고, 극단적으로 이기적이며, 무소불위로 권력을 행사한다. 이 과정에서 끊임없이 국가와 인민에게 재앙을 안기지만, 공산당은 영원히 자신의 죄악을 인정하지 않고 인민에게도 언제까지나 자신의 본질을 깨달을 엄두를 내지 못하게 한다. 또 공산당은 구호와 명분을 바꾸는 것을 대수롭지 않게 여긴다. 왜냐하면 이런 것들이 공산당에는 수단에 불과하고, 공산당은 도의(道義) 원칙이 없기에 생존이라는 큰 목표에 도움이 된다면 무엇이든 할 수 있기 때문이다.

이처럼 제도화하고 사회화한 사교는 철저히 타락할 수밖에 없다. 권력이 고도로 집중된 데다 사회 여론과 사회를 감독하는 각종 기능마저 말살돼 그 어떤 힘도 공산당의 타락과 부패를 저지할 수 없기 때문이다.

오늘날 중국 공산당은 이미 타락할 대로 타락해 세계에서 가장 '부정부패가 심한 당'이 됐다. 중국 정부의 통계에 따르면 당정(黨政) 관료 2천만 명 가운데 지난 20여 년 동안 부패범죄를 저질러

처벌받은 자가 8백만 명이 넘는다. 사실상 적발되지 않은 자까지 포함하면 중국 당정관료 중 부패사범은 3분의 2가 넘는다.

　부정부패, 부정축재, 이권개입 등으로 취하는 이런 물질적인 이익이야말로 오늘날 중국 공산당이 하나로 뭉치는 가장 큰 응집력이다. 탐관오리는 공산당이 없으면 부정부패할 기회가 없음을 안다. 그리고 공산당이 무너지면 권력과 관직을 잃을 뿐만이 아니라 청산될 위험이 있다는 것도 잘 안다. 흑막문학(黑幕文学·문화대혁명 기간의 사회를 비판적으로 묘사한 문학) 작품〈천노(天怒)〉에서 작가는 시위원회 판공청 부주임인 하오샹서우(郝相壽)의 입을 빌려 공산당의 천기를 이렇게 누설했다. "부정부패는 우리 정권을 더욱 안정시킨다."

　중국 인민은 '부정부패를 척결하면 당이 망하고, 부정부패를 척결하지 않으면 나라가 망한다.'는 사실을 똑똑히 알고 있다. 그러나 공산당은 당이 망할 위험을 무릅쓰면서까지 부정부패를 척결하지는 않을 것이다. 공산당이 선호하는 것은 부득이한 경우에 부패분자 몇 명을 죽여 사람들에게 보여주는 수법, 즉 부패분자의 머리 몇 개로 공산당의 생명을 몇 년 더 연장하려는 전략이다. 오늘날에 이르러 공산당 사교의 유일한 목표는 권력을 유지하고 당의 멸망을 최대한 막는 것이다.

　오늘날 중국에서는 윤리 도덕이 극심히 파괴됐다. 가짜 상품이 범람하고, 창녀가 곳곳에 널렸고, 마약이 성행하고, 공무원과 폭력배가 결탁하고, 마피아가 횡행하고, 도박·뇌물·부정부패가 만연하는 등 각종 사회악이 판을 친다. 공산당은 이를 방치하고 심지어 많은 고

위관리가 보호비를 받고 뒤를 봐주기까지 한다. 난징(南京)대학에서 범죄조직 현상을 전문적으로 연구하는 학자 차이샤오칭(蔡少卿)은 중국에 마피아 성격을 띤 조직폭력배가 100만 명 정도 있다고 추정했다. 범죄조직을 적발할 때마다 항상 정부요원, 법관, 경찰 등 공산당 부패관리들이 그 배후에 연루된 사실이 드러났다.

중국 공산당은 인민의 양심과 착한 마음이 두려워 감히 인민에게 신앙의 자유를 주지 못한다. 그래서 중국 공산당은 지금도 신앙을 추구하는 좋은 사람들, 이를테면 '진(眞)·선(善)·인(忍)'을 추구하는 파룬궁 수련자들과 예수와 하느님을 믿는 지하교회 교인들에게 잔혹한 박해를 자행한다. 중국 공산당은 민주주의 정치가 공산당 일당독재를 끝장낼까 봐 두려워 감히 인민에게 정치적 자유도 주지 못한다. 그래서 독립적 사상을 가진 자유 인사들, 심지어 민간의 인권운동가들을 걸핏하면 감옥에 보낸다.

하지만 중국 공산당은 중국인에게 다른 한 가지 자유를 주었다. 바로 정치에 관심을 갖지 않고 당의 지도에 반대하지 않으면 무엇을 하든, 설사 그것이 사악하기 그지없고 천리(天理)에 어긋난다 해도 개의치 않는다. 그로 인해 중국 공산당이 돌려받은 것은 자신이 더욱더 크게 타락했고, 또 무엇보다 사회도덕이 크게 추락하는 가슴 아픈 현상이 뒤따랐다.

"천당 길이 막히고 지옥문이 열렸다."는 말이 오늘날 중국 공산당 사교가 망친 중국사회의 모습을 그대로 반영한다.

7. 공산당 사교 통치에서 우리는 반성해야 한다

1) 공산당이란 무엇인가

쉽게 답변할 것으로 보이는 문제 같지만, 사실 쉽고 간단하게 정의를 내릴 수 없다. 공산당이 '공(公)'이라는 옷을 걸치고 정당이라는 이름으로 출현함으로써 정말로 많은 사람을 현혹했다. 하지만 공산당은 통상적인 의미의 정당이 아니라 악령(惡靈)이 붙은, 사람을 해치는 사교(邪敎)라고 해야 한다. 공산당은 하나의 살아있는 유령과 같은 생명체이다. 세간에서 보이는 겉모습(表象)인 당 조직이 바로 사교(邪敎)의 몸체라고 한다면 근본적으로 공산당을 지배하는 영혼은 바로 공산당 탄생 초기에 주입된 악령인데, 그것이 당의 사교 본질을 결정하고 통제한다.

공산당 지도자는 비록 교주 신분이지만, 그들은 단지 악령과 공산당의 대변인이고 집사일 뿐이다. 그들의 의지와 목적이 당과 일치하고 당이 이용할 가치가 있을 때 그들은 지도자로 선택된다. 그러나 그들이 당의 필요를 충족시키지 못할 때는 무자비하게 타도된다. 당의 투쟁기능은 가장 교활하고, 가장 사악하고, 가장 사나운 자에게만 공산당 교주의 자리에 안정적으로 앉을 수 있게 해준다. 중국 공산당 역사상, 당 지도자 십여 명이 하나같이 좋은 결말을 맞이하지 못한 사실이 바로 이를 대변한다.

당의 최고 지도자는 사실상 출로(出路)가 두 가지로 제한돼 있다. 하나는 구소련의 고르바초프처럼 공산당 사교의 문을 부수고 나와 청사(靑史)에 이름을 남기는 길과 다른 하나는 공산당의 여타 총서기들처럼 공산당에 통째로 삼켜지는 길밖에 없다.

군중, 이들은 공산당이 노역을 시키고 억압하는 대상에 불과하다. 공산당이 통제하는 범위 내에서 민중은 공산당을 거부할 권리가 없고 의무적으로 당의 지도를 접수하고 공산당을 지지하고 공양하도록 강요당한다. 그들은 또한 당의 폭력적인 위협 하에 늘 사교(邪敎) 방식의 세뇌를 당해야 한다. 공산당이 중국 인민에게 사교를 믿고 공양하도록 강요하는 것은 확실히 세계적으로 보기 드물고 심지어 전 세계에서 유일무이하다고 할 수 있다.

당원, 이들은 공산당의 몸체를 충실히 하는 데 쓰이는 인간 무리다. 이들 중에는 충직하고 선량한 사람, 심지어 사회적으로 걸출한 성취를 이룬 사람도 적지 않다. 중국 공산당은 이런 사람들일수록 당내로 끌어들이고 그들의 명예와 능력을 이용해 당을 위해 봉사하게 한다. 그리고 수많은 사람이 자신의 사익을 위해 관리가 되고 남보다 높은 사람이 되려고 적극적으로 공산당에 가입한다. 또 어떤 사람은 뭔가를 이루려고 공산당에 가입하는데, 공산당 치하에서는 입당하지 않고는 발전할 기회가 없기 때문이다. 적지 않은 사람이 집을 배정받기 위해, 심지어 '진보'라는 얼굴 치장을 얻기 위해 공산당에 입당한다.

그래서 중국 공산당 당원 수천만 명 중에는 좋은 사람도 적지 않고 나쁜 사람도 적지 않다. 그러나 입당 동기가 무엇이든, 자원했든 하지 않았든 공산당 깃발 아래서 선서를 하기만 하면 자원해서 몸과 마음을 바치기로 한 것으로 간주한다. 그때부터 매주 하는 정치학습과 조직생활은 끊임없는 세뇌과정이며, 이를 통해 상당수는 자아의지가 희박해지고 공산당 악령의 부체(附體)에게 통제된다. 이런 사람은 마치 인체 내의 세포처럼 공산당 내에서 몸체의 생존을 위해 쉬지 않고 일하는 역할을 한다.

더욱 비참한 것은 이때부터 '당성'이라는 굴레가 씌워져 다시는 벗어날 수 없다는 점이다. 일단 인성이 드러나면 숙청이나 박해를 당할 가능성이 크다. 이때 탈당을 하려 한다면 배신자 취급을 받는다. 공산당 사교는 들어오는 것은 허락하지만, 나가는 것은 허락하지 않기 때문이다. 그래서 사람들은 늘 공산당원들에게 보편적으로 존재하는 이중인격을 보게 되는데, 정치적 상황에서는 '당성'이 두드러지고 일상생활에서는 인성이 발현된다.

당 간부, 이들은 당원 가운데서 권력을 잡은 무리다. 그들은 비록 개별적인 장소와 개별적인 시간에 개별적인 사안을 다룰 때 개인적인 선악을 판단하거나 결정을 낼 수 있지만, 전체적으로는 당의 의지에 따라 일을 처리할 수밖에 없다. 이른바 '전당(全黨)은 중앙에 복종해야 한다.'는 것이다. 그들은 상부와 하부를 연결하는 공산당의 중심 역량이지만, 그들은 당의 도구에 지나지 않는다. 그들도 여러 차례 정치운동 과정에서 이용당하고 공격을 받았다. 그들 뒤에는 교주를 제대로 따랐는지, 충성심이 있는지 측정하는 기준이 늘 뒤따른다.

2) 중국 인민은 왜 깨어나지 못하는가?

중국 공산당은 50여 년 동안 중국을 통치하면서 사악하기 그지

없는 온갖 악행을 저질렀는데도 왜 중국 인민은 공산당의 사교 본질에 대한 인식이 부족할까? 중국인들이 우둔해서일까? 그렇지 않다. 중국인은 세계에서 가장 지혜로운 민족 중 하나이며 5천 년을 이어온 유구한 전통문화를 갖고 있다. 그런데도 중국인이 아직도 불만을 표출하지 못하는 주요 원인은 공산당 악령이 인민의 사상을 속박하고 있기 때문이다.

중국 인민이 표현의 자유를 누렸다고 상상해 보면, 공산당이 무엇을 잘했고 무엇을 잘못했는지 공개적으로 논할 수 있었다면 지혜로운 중국인은 진즉 공산당이 지은 죄악의 본질을 간파했을 것이고 또 공산당 사교에서 벗어났을 것이라고 짐작하기는 어렵지 않다. 하지만 불행하게도 중국 공산당 통치하의 반세기 동안 중국 인민은 철저히 표현의 자유와 사상의 자유를 상실했다.

1957년에 지식인 가운데서 우파를 색출했는데, 그것은 표현의 자유를 억압하고 사상을 속박하기 위함이었다. 문화대혁명 시기에 마르크스-레닌주의의 원저(原著)를 성심으로 연구한 젊은이들조차 대부분 '반당(反黨) 집단'이란 누명을 쓰고 탄압을 받는 현실에서 이런 자유가 없는 사회에서 공산당의 옳고 그름을 논한다는 것 자체가 불가능했다.

많은 중국인이 공산당이 사교라는 것을 상상조차 할 수 없을 것이다. 그러나 일단 공산당이 사교라는 이 이론을 내세우면 중국에서 살았던 사람은 모두 자신의 경험과 친지들이 겪은 일 중에서 충분한 그 논거를 찾기가 어렵지 않다.

중국 인민은 사상의 자유가 막힌 것도 모자라 공산당의 설교와 당(黨) 문화를 머리에 부어 넣어야 했다. 그리하여 사람들은 오로지 당의 공덕을 칭송하는 말만 듣게 되고, 머릿속은 공산당에 관련된 것 외에는 가련할 정도로 텅텅 비었다. 예를 들면, 1989년 6월 4일 천안문 민주화시위 학살사태 당시 광장부근에서 총성(銃聲)이 울리자 많은 사람이 본능적으로 가로수 뒤로 피신했다. 그들은 정신이 좀 들자 곧바로 약속이나 한 듯이 '인터내셔널가(일명 국제가)'노래를 부르며 숨어 있던 곳에서 용감하게 걸어 나왔다. 그 중국인은 실로 용감하고 순진하고 존경스럽다. 하지만 왜 공산당의 학살에 직면해 공산당의 '인터내셔널가'를 소리 높여 불렀는가? 이유는 간단하다. 사람들은 오로지 공산당을 칭송하는 노래만 들었고 머릿속에는 공산주의 것밖에 다른 아는 것이 없기 때문이다. '인터내셔널가'와 공산당을 찬양하는 노래 말고는 부를 수 있는 노래가 없다.

3) 출로는 어디에 있는가?

중국 공산당은 이미 철저하게 타락했다. 그러나 슬프게도 이 사교는 멸망할 때까지 자신의 운명을 중화민족과 함께 묶으려고 애쓰고 있다.

머지않아 관(棺)에 갇혀 파묻힐 중국 공산당은 역량이 현저히 쇠퇴하였으며 인민에 대한 사상통제도 갈수록 어려워지고 있다. 현대 통신과 인터넷의 발달로 더는 정보를 독점하고 언론을 봉쇄하기가 예전보다 어렵게 됐다. 탐관오리들의 약탈과 억압이 갈수록 심해지는 가운데 기존에 중국 공산당에 환상을 품었던 대중이 점차 각성하면서 적지 않은 사람이 민간에서 권익을 수호하는 항쟁의 길에 들어섰다.

 중국 공산당의 파룬궁에 대한 박해는 자신들의 사상통제를 공고히 하려는 목적을 달성하지 못했을 뿐만 아니라 오히려 중국 공산당의 원기를 크게 잃게 하고 자신들의 잔혹함을 온 천하에 드러내기만 했다. 이런 변화의 큰 환경은 공산당을 벗어나야 함을 되돌아보게 하고, 중화민족에 대한 사상통제를 해제하고, 공산당 악령의 통제에서 철저히 벗어나려는 하나의 계기가 됐다.

 중국 공산당 사교 통치하에서 50여 년간 살아온 중국인들에게 필요한 것은 폭력혁명이 아니라 영혼을 구원받는 것이다. 이것은 중국인들이 스스로 자신을 구원할 때 실현될 수 있다. 그리고 스스로 자신을 구원하는 첫걸음이 바로 공산당의 사교 본질을 인식하는 것이다.

 언젠가는 인민이 국가 행정 시스템에 붙어 있는 공산당 조직을 떼어내고 사회 중진의 힘으로 유지되는 사회 시스템을 독립적으로 운영하게 될 것이다. 이날은 머지않아 반드시 오게 돼 있다. 단순히 피를 빨아먹고 사람을 해치는 당 조직을 줄이는 것이 정부기관의 업무수준을 개선하고 향상하게 될 것이다. 사실 공산당을 정부 내에서 도려내야 한다는 이치는 1980년대에 이미 '당정(黨政) 분리'를 주장한 당내 개혁인사들이 인식하고 실천한 바 있다. 하지만 이 과정에서 '공산당의 절대적 영도'를 철저히 제거해 버리지 않는 이상 이런 사교 시스템 내에서 기울이는 개량 노력만으로는 사실상 변혁은 불가능하고 또 실행하기도 어렵다는 것이 이미 증명됐다.

 당 문화는 공산당 사교 조직이 생존하는 데 필요로 하는 환경이다. 사상적으로 당 문화와 공산 사교의 낙인을 제거하는 이른바 사상적으로 당의 부체를 제거하는 방법은 행정기관에서 당 부체를 제거하는 것보다 훨씬 더 어려울 것이다. 하지만 이것이야말로 진정으로 공산당 사교를 제거하는 가장 근본적인 방법이다. 그리고 그것은 오직 중국인들의 자구(自救) 노력에 의해서만 달성할 수 있다. 사상 면에서 근본을 바로잡고 인성 면에서 근본으로 되돌아가야만 사회도덕을 재건할 수 있고, 그럼으로써 공산당이 없는 사회로 순조롭게 전환할 수 있다. 공산 부체를 제거하는 신묘한 처방(妙方)은 공산 악령의 본질과 해악을 인식하고 사상적으로 그것과 결별하는 것이다.

공산당은 이데올로기에 대한 통제를 가장 중시한다. 공산당 자체가 바로 하나의 이데올로기이기 때문이다. 중국 인민이 모두 마음속에서 공산당의 이단 사설(邪說)을 부정하고, 주동적으로 당 문화를 청산하고, 공산당 사교가 자신의 관념과 삶에 미치는 영향을 청산할 때 공산당의 이데올로기는 비로소 무너지고 말 것이다. 그리고 인민이 스스로 자신을 구원하는 과정 중에 공산당은 해체되고 말 것이다.

무릇 공산당이 통치하는 국가는 대부분 빈곤, 권력집중, 박해가 뒤따르고 있다. 이러한 국가는 중국, 북한, 베트남, 쿠바 등 손을 꼽을 정도로 얼마 남지 않았고 종말을 고할 날 또한 얼마 남지 않았다.

중국인의 지혜와 찬란한 중화민족의 휘황한 역사를 이어받아 공산당 악령의 부체에서 벗어나는 그때, 중국은 희망 있는 사회가 될 것이다.

맺음말

현재 공산당은 더는 공산주의를 신봉하지 않는다. 그리고 그 영혼도 이미 죽었다. 하지만 그 망령은 아직 사라지지 않았다. 공산당의 거죽을 물려받은 중국 공산당은 여전히 지극히 오만하고 이기적이며 멋대로 날뛰는 공산당의 사교 본성으로 가득 차 있다. 하늘의 이치(天理)를 부정하고 인성을 말살하는 중국 공산당의 본질은 공산당 사교와 일맥상통하며 아직도 바뀌지 않았다.

오늘날 중국 공산당이 중국을 통치하는 데 사용하는 것은 바로 공산당이 수년간 쌓아온 투쟁 수단과 치밀한 조직제도, '당 부체'의 통치 형식, 그리고 국교화(國敎化)한 사교의 선전이다. 앞에서 언급한 공산당의 6대 사교 특징을 오늘날 중국 공산당은 여전히 갖추고 있으며 그들은 선(善)은 행하지 않고 악(惡)만 행한다.

갈수록 멸망의 막바지로 치닫는 이 공산당 사교는 더욱 빠르게 부패하고 있다. 가장 두려운 것은 멸망을 달가워하지 않는 이 사교가 온 힘을 다해 중국사회를 타락의 심연(深淵)으로 끌어들이고 있다는 점이다.

중국인은 스스로 자신을 구원(自救)해야 하고, 반성해야 하고, 공산당에서 벗어나야 한다.

평론-1　공산당이란 무엇인가
평론-2　중국 공산당은 어떻게 창설됐는가
평론-3　중국 공산당의 폭정暴政을 논하다
평론-4　공산당은 반우주 세력이다
평론-5　장쩌민과 공산당이 결탁해 파룬궁을 박해하다
평론-6　중국 공산당의 민족문화 파괴를 논하다
평론-7　중국 공산당의 살인 역사를 논하다
평론-8　중국 공산당의 사교邪敎 본질을 논하다

평론-9 중국 공산당의 깡패 본성을 논하다

서두

　백여 년간 떠들썩했던 공산주의 운동은 인류에게 전쟁, 빈곤, 피비린내, 그리고 독재를 안겨주었을 뿐이다. 소련과 동유럽 공산당이 붕괴함에 따라 인류를 해치는 이 황당한 드라마는 지난 세기말 드디어 종결 단계로 들어섰다. 일반 서민에서부터 공산당 총서기에 이르기까지 이제 더는 공산주의의 허튼소리를 믿는 사람은 없다.
　신에게서 하사받은 왕권(王權神授)도 아니고 정당한 '민주선거'를 거쳐 공산당 정권을 수립한 것이 아니기에 그들이 생존할 수 있었던 공산주의 신앙에 대한 믿음이 철저히 파멸된 지금 집권 합법성이 전례 없는 도전을 받고 있다.
　중국 공산당은 역사의 흐름에 순응해 스스로 역사의 무대에서 물러나려 하지 않는다. 그래서 지난 수십 년간 정치운동에서 쌓은, 모든 사악(邪惡)을 집대성한 각종 깡패 수법을 동원해 다시 한 번 저들의 합법성을 찾고 기사회생을 도모하는 광란의 몸부림을 치고 있다.
　개혁을 하든 개방을 하든 중국 공산당의 목적은 오직 집단의 이익과 독재정권을 유지하는 데 있다. 중국이 최근 20년간 이룩한 경제발전은 중국인들이 중공의 엄혹한 속박 하에서 어렵게 거둔 피와 땀의 결실이다. 하지만 경제발전은 중국 공산당의 도살을 멈추게 하기는커녕 오히려 공산당의 집권 합법성의 밑천으로 도둑질 당했고 중국 공산당의 일관된 깡패 행위가 더욱 기만성과 현혹성을 갖게 했다. 가장 무서운 것은 중국 공산당이 지금 전력을 기울여 중화민족의 도덕적 기초를 파괴하고 중국인들을 크고 작은 깡패로 만들어 중국 공산당의 '시대와 더불어 발전하는(與時俱進)' 생존 환경을 만든다는 점이다.

중화민족의 장기적인 안정과 안녕을 위해서, 또 공산당이 없는 시대를 앞당기고 중화민족의 찬란한 영광을 되찾기 위해서, 이 역사적인 변곡점에서 공산당이 왜 깡패 짓을 하는지, 그리고 그 깡패 본성은 또 무엇인지를 명백히 아는 것은 아주 중요하다.

1. 변한 적 없는 공산당의 깡패 본성

1) 공산당의 개혁은 누구를 위한 것인가?

역사적으로 중국 공산당은 위기를 겪을 때마다 개선의 기미를 약간 보여줌으로써 공산당에 대한 환상을 갖도록 했다. 이런 환상은 예외 없이 한 번 또 한 번 거품처럼 사라졌다. 오늘날 중국인은 또 한 번의 환상에 빠져 있다. 그것은 경제 번영에 대한 것으로, 조급한 성공과 눈앞의 이익을 좇는 진열장 식 경제에 거는 부질없는 기대다. 그러나 공산당의 이익과 국가·민족의 이익이 근본적으로 충돌하는 이런 번영은 오래 지속될 수 없다. 그리고 공산당이 약속한 '개혁'은 중국 공산당의 통치를 유지하기 위한 것일 뿐, 형식만 바뀌고 내용은 전혀 변하지 않은 파행적인 개혁에 불과하다. 기형적인 발전의 이면에는 더욱 큰 사회 위기가 잠복해 있다. 위기가 일단 폭발하면 국가와 민족은 또다시 거대한 충격을 받을 것이다.

중국 공산당 지도자가 세대 교체됨에 따라 천하를 평정할 자질과 경륜은 물론 나라를 다스릴 위엄과 신망도 점점 사라졌다. 하지만 공산당은 하나의 정체(整體)로서 합법성의 위기를 겪는 과정에서 공산당의 집단 이익을 수호하는 것이 더욱더 개인 이익을 수호하는 근본적인 보장으로 됐다. 이처럼 사익(私益)을 근본으로 삼고 아무런 구속도 받지 않는 정당을 사람들이 그들이 말썽 없이 발전하기를 기대하는 것은 혼자만의 헛된 바람에 불과하다.

중공의 관영매체 인민일보(〈人民日報〉)가 어떻게 말하는지 한번 보자.

"역사의 변증법이 중국 공산당원들에게 가르쳐 준 것은 '변해야 할 것은 반드시 변해야 한다. 변하지 않으면 쇠퇴한다.'는 것과 '변하지 말아야 할 것은 결코 변해서는 안 된다. 변하면 자신이 스스로 무너진다.'는 것이다." (2004년 7월 12일자 〈인민일보〉 일면 기사)

그렇다면 '변하지 말아야 할 것'은 무엇인가? 이에 대한 답변 역시 2004년 7월 12일자 첫머리 기사에서 다음과 같이 읽을 수 있다.

"'하나의 중심, 두 개의 기본점'이라는 당의 기본노선은 100년을 책임져야 하므로 흔들려서는 안 된다."

사람들은 공산당의 중심과 기본점이 도대체 무엇인지 잘 모른다.

그러나 공산당의 집단 이익과 독재 통치를 수호하려는 공산 악령(惡靈)의 결심은 죽어서도 절대 변하지 않는다는 것은 누구나 다 아는 사실이다. 물론 공산당은 세계 전역에서 패배했고 멸망할 날도 머지않았다. 그것은 공산주의의 예정된 죽음의 운명이다. 하지만 패망해 가는 것일수록 더욱더 결사적으로 발악하게 마련이다. 공산당에게 민주주의로 개량할 것을 요구하는 것은 호랑이한테 가죽을 내놓으라고 하는 것과 다를 바 없다.

2) "공산당이 없으면 중국은 어떻게 될 것인가?"
공산당이 쇠퇴하는 이 시점에 사람들은 뜻밖의 사실 하나를 발견했다. 바로 악령(惡靈)이 달라붙은 중국 공산당이 수십 년간 천변만화(千變萬化)하는 깡패 수법에 의존해 공산당의 사악한 요소를 백성의 모든 삶 속에 주입했다는 점이다.

마오쩌둥이 사망했을 당시 아주 많은 사람이 그의 영정 앞에서 통곡하면서 "마오 주석이 안 계시면 우리 중국은 어떡합니까?" 하는 말을 되풀이했다. 20여 년이 흐른 오늘날, 공산당의 '집권 합법성'을 상실한 이 시점에 중국 공산당은 새로운 매체들을 이용하여 사람들에게 '공산당이 없으면 중국은 어떻게 할 것인가?' 하고 우려를 퍼뜨리고 있다.

사실상 틈만 있으면 파고드는 중국 공산당의 통치 방식은 우리의 문화, 우리의 사고방식, 심지어 중국 공산당을 판단하는 기준에까지 중국 공산당의 낙인을 찍었다. 따라서 사람들은 중국 공산당이 하는 방식 그대로 사고하고 행동한다. 과거가 주입으로 사람들의 사상을 통제하는 시기였다면 지금은 중국 공산당이 수확의 시기가 됐다. 왜냐하면 그때 주입한 것이 지금 비로소 소화돼 사람들 자신의 세포로 스며듦으로써 사람들이 자발적으로 중국 공산당의 논리에 따라 사고하고 입장을 바꿔 중국 공산당의 각도에서 옳고 그름을 판단하기 때문이다.

6.4 천안문 사태를 무력 진압한 데 대해 '내가 덩샤오핑(鄧小平)이었다 해도 탱크로 진압했을 것'이라고 말하는 사람이 있고, 파룬궁을 탄압하는 데 대해 '내가 장쩌민이라 해도 철저히 제거할 수밖에 없을 것'이라고 말하는 사람도 있다. 또 언론의 자유를 금지하는 데 대해 '내가 공산당이라 해도 그렇게 할 것'이라고 말하는 사람도 있다. 진리와 양심은 사라지고 오로지 공산당의 사고 논리만 남았기에 그렇게 말하는 것이다. 이것이야말로 중국 공산당의 깡패 본성 중 지극히 음험하고 악랄한 수단의 체현이다. 사람들의 머릿속에 중국 공산당의 이런 독소가 남아있기만 하면 중국 공산당은 쉽게 그들에게서 자신의 생명을 유지할 수 있는 에너지를 빨아들일 수 있기 때문이다.

'공산당이 없으면 중국은 어떻게 될 것인가?' 하는 이런 걱정은 바로 중국 공산당이 바라고 바라던 것인데, 바로 사람들에게 공산당의 논리로 문제를 생각하게 하는 것이다.

중화민족은 중국 공산당이 출현하기 이전에 이미 5천 년이란 긴 문명 역사를 걸어왔다. 전 세계 어떤 사회도 한 왕조가 멸망했다고 해서 역사 전진의 발걸음을 멈춘 적이 없다. 그러나 중국 공산당의 통치를 수십 년간 겪은 사람들은 이런 것에 무감각해졌다. 끊임없는 선전, 당을 어머니로 여기게 하는 교육, 모든 것에 관여하는 중국 공산 정치는 사람들에게 공산당이 없으면 우리는 어떻게 생활할 것인가 생각도 못 하게 만들어버렸다.

마오 주석이 없어도 중국은 쓰러지지 않았는데 공산당이 없어진다고 해서 어떻게 중국이 무너진단 말인가?

3) 누가 중국의 '혼란'을 조장하는 진정한 근원인가?

수많은 사람이 중국 공산당의 깡패 행위에 대해 잘 알고 반감도 가지고 있으며, 사람을 괴롭히고 기만하는 공산주의의 그런 수법을 혐오하기도 한다. 그러나 백성은 중국 공산당의 정치운동과 도발에 겁을 먹고 중국이 어지러워질까 봐 두려워한다. 일단 중국 공산당이 저들이 없어 사회가 '동란(動亂)'이 일어난다고 들먹이며 백성을 위협하면 그들은 중국 공산당의 강권에 어쩔 수 없이 늘 중국 공산당의 통치를 묵인해야 한다.

사실상 군인과 무장경찰 수백만 명을 가지고 있는 중국 공산당이야말로 중국에 '동란'을 야기하는 진정한 근원이다. 백성은 '동란(動亂)'을 일으킬 이유도 없고 또 일으킬 '자격'조차도 갖고 있지 않다. 단지 조류에 역행하는 중국 공산당만이 풀과 나무도 모두 적군으로 보고 놀라듯(草木皆兵) 두려운 나머지 국가를 혼란 속으로 밀어 넣을 뿐이다. '안정은 일체를 압도한다.', '모든 불안정한 요소는 맹아(萌芽) 상태에서 없애야 한다.'는 논리가 바로 인민을 탄압하는 이론적 기초가 됐다. 누가 중국을 불안정하게 하는 최대 요인인가? 바로 전제적 폭정을 행사하는 중국 공산당 자신이다. '동란'을 야기하는 중국 공산당이 도리어 '동란'을 들먹이며 거꾸로 인민을 협박하고 있는데 바로 그들의 깡패 근성이 있기에 이런 짓을 한다.

2. 경제발전이 중공의 생존을 위한 제물로 전락

1) 인민이 창출한 성과 가로채기

중국 공산당이 스스로 주장하는 자신들의 '합법성'은 20여 년간의 경제발전을 이룬 것에 있다고 말한다. 사실 중국의 오늘날 경제발전은 바로 중국 인민이 중국 공산당의 속박이 약간 느슨해진 후 조금씩 이룩해낸 것으로, 공산당과는 아무런 관련이 없다. 그러나 중국 공산당은 오히려 그것을 공산당의 공로라고 선전하면서 인민들이 감지덕지하기를 요구하는데, 마치 중국 공산당이 없으면 이 일체가 없는 것처럼 말이다. 모든 사람이 다 알다시피 공산당이 없는 국가들은 일찍이 중국보다 더 나은 경제발전을 이룩했다.

올림픽에서 금메달을 따면 운동선수는 당에 감사해야 하고 당은 기를 쓰고 거짓 '스포츠 대국'의 영광을 내세워 당의 영명(英明)한 영도를 찬양하는 밑천으로 삼는다. 또 중국이 '사스(SARS)'에 크게 고통 받았지만, 오히려 "당의 기본 이론, 기본 노선, 기본 강령, 기본 경험 덕분에 바이러스와 싸워 이겼다."고 〈인민일보〉를 통해 선전했다. 유인 우주선 '선저우(神舟) 5호'가 날아오를 때도 본래 항공우주과학 기술자들의 공헌임에도 도리어 중국 공산당이 인민을 영도해 중국을 세계 강대국 대열에 진입시킨 증거로 삼는다.

2008년 올림픽 개최권은 본래 중국 공산당이 인권을 개선할 것이라고 격려하는 차원에서 서방사회가 인정한 평화의 선물임에도 중국 공산당은 도리어 정권의 '합법성'을 미화하는 데 사용하고 인민을 마음대로 탄압하는 구실로 활용했다. 외국인들이 중시하는 '거대한 시장 잠재력'은 본래 13억 중국 인민의 구매력에서 나오는 것인데도 중국 공산당은 공산당 통치에 협조하도록 서방을 협박하는 유리한 무기로 삼았다.

무릇 나쁜 일은 모두 반동 세력과 딴마음을 먹은 자들이 한 것이고 좋은 일은 모두 당의 영도(領導)하에 한 것이라고 우긴다. 중국 공산당은 어떠한 성과든 모두 끌어와서 공산당 통치의 '합법성'을 인정하게 하려하고 일부 나쁜 일조차도 좋은 일로 둔갑시켜 공산당을 위해 이용한다. 일례로 중국 공산당은 자신들이 조직적으로 은폐한 에이즈의 진상을 더는 감출 수 없게 되자 돌연 태도를 바꿔 중국 공산당이 재난을 키운 장본인임에도 도리어 자신들을 에이즈병의 천적이자 인류의 질병을 퇴치하는 데 앞장서는 선구자로 탈바꿈했다. 이를 위해 중국 공산당은 유명 배우와 당 총서기까지 동원해 환자들을 보듬는 복음이라고 선전 공세를 폈다. 사람의 목숨이 걸린 일임에도 중국 공산당이 생각하는 것은 오직 그것을 이용해 자신을 미화하는 것뿐이다. 이처럼 공공연히 약탈하고 인명을 경시하는 행위는 오로지 중국 공산당 같은 깡패만이 할 수 있는 일이다.

2) 단기성과에 급급해 '후발 열세'를 초래

'합법성'에 심각한 위기를 맞은 중국 공산당이 통치를 유지하기 위해 추진한 개혁개방은 성과내기에 급급한 나머지 중국을 '후발(後

發) 열세(劣勢)' 국면으로 몰아넣었다.

'후발 열세' 또는 '후발 우세'라고 하는 개념은 발전이 뒤처진 후진국이 선진국을 따라잡는 과정에서 선진국을 벤치마킹하는 과정에서 좋지 않은 국면에 빠질 수도 있고 경쟁 우위의 위치로 도약할 수도 있음을 나타내는 말이다. 이 두 개념은 주로 후진국이 선진국을 모방하는 과정에서 크게 갈린다. 모방, 즉 벤치마킹에는 두 가지 형식이 있다. 하나는 제도를 모방하는 것이고, 다른 하나는 기술과 공업화 모델을 모방하는 것이다. 이중 제도를 모방하기는 비교적 어려운데, 제도 개혁은 기득권을 건드리기 때문이다. 그래서 후진국은 대부분 기술을 모방하는 쪽으로 기운다. 그러나 기술 모방은 단기간에 발전 효과를 볼 수 있으나, 장기적으로는 오히려 많은 후유증을 남기고 심지어 장기 발전을 망칠 수도 있다.

중국 공산당이 바로 이 '후발 열세'란 실패의 길에 들어섰다. 최근 20여 년간 기술 모방을 통해 얼마간 성과를 얻기는 했지만, 중국 공산당은 이런 성과를 자신의 집권 '합법성'을 증명하는 밑천으로 삼았다. 그래서 중국 공산당은 자신의 이익을 건드리는 정치체제 개혁보다는 민족의 장기적인 발전과 이익을 희생시키기를 원했다.

3) 참혹한 대가를 치른 경제발전

중국 공산당은 줄곧 경제 성장을 자랑해 왔다. 그러나 실질적으로 세계 경제에서 차지하는 중국 경제의 위상은 청나라 건륭(乾隆) 시기만도 못하다. 국내총생산(GDP) 규모 면에서 중국이 전 세계에서 차지하는 비중은 건륭 시기에는 51%, 쑨중산 선생이 창건한 중화민국 초기에는 27%였다. 그리고 중화민국 11년까지도 12%를 유지했다. 중국 공산당이 정권을 잡고 나서는 5.7%로 떨어졌고 2003년에는 4%도 채 되지 않았다. 국민정부 시기 수십 년간 전쟁을 치르는 바람에 경제가 하강한 것과는 달리 공산당 통치 기간은 기본적으로 평화적인 시기였는데도 하강했다.

중국 공산당은 지금 집권 합법성을 확보하는 데 급급해 당의 집단 이익을 수호하는 데 초점을 맞춘 절름발이 경제 개혁을 함으로써 국가가 혹독한 대가를 치르고 있다. 20여 년간의 고도성장은 오히려 자원을 고갈시킬 정도로 과도하게 소모하고 환경을 파괴한 대가로 이뤄낸 것이다. 중국 GDP의 상당 부분은 후손들이 누릴 기회를 희생하여 창출한 것이다. 2004년 3월 4일 자 〈신화사〉 보도에 따르면 2003년에 중국이 세계 경제에 공헌한 GDP는 4%도 채 안 되는데 강철, 시멘트 등 원자재 소모는 전 세계 소비 총량의 3분의 1을 차지했다.

중국에서 매년 사막화되는 토지 면적은 1980년대에는 1,000㎢ 정도였는데 1990년대 말에는 2,460㎢로 늘어났다. 1980년 중국인의 평균 경작면적은 약 2무(畝)였으나, 2003년에는 1.43무로 줄어들었다. 한창 '토지 구획' 붐이 일어난 최근 몇 년 사이에 전국의 경작지 면적이 1억 무가량 감소했다. 중국의 현재 폐수방출 총량은 439억 5,000만 톤으로, 환경 허용 기준치를 82%나 초과한 상태다. 7대 하천 수계(水系)의 물 40.9%가 인간과 가축이 마시기에 부적합하고 전국 호수 중 75%에 달하는 호수에서 다양한 부영양화(富營養化) 현상이 나타났다. 역사상 중국에서 오늘날처럼 사람과 자연간의 심각한 모순이 발생한 적이 없다. 2004년 2월 29일 자 〈신화사〉 보도에 따르면 이러한 환경오염 증가 추세는 중국은 물론 전 세계도 감당하지 못한다고 했다. 눈앞의 거대한 빌딩 숲에 도취한 사람은 갈수록 가까워지는 생태 위기에 어쩌면 무감각하거나 무지할지도 모른다. 그러나 대자연이 인류에게 응징하려고 할 때 중화민족이 받는 타격은 재앙 수준일 것이다.

이는 공산주의를 포기한 후의 러시아와 비교할 수 있는데 러시아는 경제 개혁과 정치 개혁을 동시에 진행해 비록 단기적으로는 고통을 겪었지만 쾌속 성장의 궤도에 올랐다. 1999년부터 2003년 사이에 러시아 GDP는 총 29.9% 증가했고 국민 생활수준도 현저히 높아졌다. '러시아 경제현상'을 주목하던 서구 산업계는 마침내 이 신흥 투자 매력지에 대거 뛰어들기 시작했다. 러시아의 투자 유치 순위는 2002년에 17위에서 2003년에는 8위로 뛰어올랐다. 세계에서 가장 인기 있는 10대 투자국 반열에 오른 것이다.

대다수 중국인이 생각하기로는 인도는 가난하고 낙후한 국가, 인종 간 충돌이 끊이지 않는 국가로 여길지 모르지만 그들은 1991년 경제 개혁 이후 매년 7~8%대의 경제성장률을 보였다. 인도는 비교적 잘 정비된 시장경제 법률 시스템, 건강한 금융 시스템, 비교적 성숙한 민주제도, 평온한 국민정서 등을 두루 갖추고 있어 국제사회에서는 발전 잠재력이 매우 큰 국가로 평가받고 있다.

반면 중국 공산당은 경제 개혁만 하고 정치 개혁은 하지 않은 채 단기적으로 경제 번영을 이룬다는 허울 좋은 명분뿐이고 제도는 자연스럽게 진화하지 못했다. 철저하지 못한 이런 반쪽짜리 개혁이 중국사회를 더욱 기형화하고 사회 모순을 더욱 격화시킴에 따라 인민이 오늘날 성취한 발전에 대한 제도적 보장은 아무것도 없다. 반면 중국 공산당 특권층은 국유재산을 사유화하는 과정에서 권력을 이용해 개인 주머니만 채웠다.

4) 피와 땀을 바치고도 찬밥신세가 된 중국 농민

중국 공산당의 천하는 농민에 의지해 쟁취한 것이고, 노구(老區·중국 공산당 정부설립 이전에 공산당이 혁명 근거지로 지배하던 지역)의 백성은 중국 공산당에 모든 것을 바쳤다. 그러나 중국 공산당이 정권을 탈취한 후 농민은 오히려 심한 차별을 받았다.

중국 공산당은 집권 후 하나의 극히 불공정한 제도를 제정했다. 바로 강제로 '농업 인구와 비(非)농업 인구'로 나누는 호적제도인데, 한 나라 인민을 이유 없이 두 계급으로 쪼개 대립하게 했다. 농민은 의료보험도 없고 실업 구제 혜택도 없고 퇴직도 없고 대출을 받을 수도 없다. 농민은 가장 빈곤한 계급이지만, 세금은 가장 많이 내야 한다. 농민은 공동적립금, 공익금, 행정관리비, 교육비, 계획생육비, 민병(民兵) 건설훈련비, 향촌(鄕村) 도로건설비, 보훈세, 공량(公糧·식량으로 내는 세금), 농업세, 토지세, 특산품세, 도축세 등등을 내야 한다. 이외에도 할당되는 각종 분담금 명목은 더욱 많다. 하지만 '비농업 인구'는 이런 세금을 낼 의무가 없다.

2004년 초에 원자바오(溫家寶) 총리는 '1호 문건'을 발표해 "중국 농민·농업·농촌이 개혁개방 이후 가장 가혹한 시기를 맞았다. 다수의 농민은 소득이 제자리걸음을 하거나 심지어 감소해 점점 더

궁핍해지는 데다 도농(都農) 간 소득격차도 지속해서 벌어지고 있다."고 했다.

쓰촨(四川)성 동부의 한 벌목장(伐木場)을 예로 들면, 상부에서 50만 위안을 내려 보내 나무를 심고 숲을 조성하게 했다. 그러나 벌목장 책임자는 먼저 20만 위안을 착복하고 나머지 30만 위안만 도급업자에게 주었고, 이 도급업자는 또 일부를 떼고 하도급자에게 주었다. 이런 식으로 층층이 떼어먹어 실제로 숲을 조성한 현지 농민들에게 돌아간 돈은 얼마 되지 않았다. 그렇다고 해도 정부는 농민들이 돈이 적다고 나무를 심지 않을까 걱정하지도 않는다. 왜냐하면 그들은 너무나 가난해서 더 적게 주어도 일을 할 것이기 때문이다. '메이드 인 차이나(중국제조)'가 그렇게 값이 싼 이유도 이와 같은 이치이다.

5) 경제적 이익을 미끼로 서방국가와 기업을 농락

무역 거래가 중국의 인권, 언론 자유, 민주주의 개혁을 촉진할 것으로 믿는 사람이 많다. 그러나 십수 년이 지난 지금, 이것은 완전한 착각임이 입증됐다. 가장 대표적인 것이 바로 비즈니스의 원칙인데, 서방에서 중시하는 공평성과 투명성이 중국에서는 인간 간의 꽌시(關係), 뇌물수수, 부정부패로 바뀌었다. 서방의 수많은 대기업이 중국에서 부패를 조장하는 최선봉이 됐고, 더 나아가 인권을 짓밟고 인민을 탄압하는 중국 공산당의 악행을 엄호(掩護)하는 방패막이가 됐다.

중국 공산당은 외교적인 문제를 해결할 때 늘 경제 카드를 꺼내

든다. 즉 공산당의 깡패 수법을 외교 방면에서도 활용하는 것이다. 가령 중국이 비행기 구매 주문서를 프랑스에 줄지 미국에 줄지를 결정할 때 어느 나라가 중국의 인권이나 언론 등의 문제에 대하여 거론하는지를 기준으로 삼는다. 즉 이런 문제를 거론하는 나라에는 주문을 주지 않는 식으로 중국이 그들에게 주는 경제적 이익을 갖고 적지 않은 서방 기업인과 정치인의 입을 틀어막는다. 또한 북미(北美)의 몇몇 인터넷 회사는 중국 공산당이 인터넷을 봉쇄하는 데 필요한 전문 제품을 제공했고, 일부 포털 사이트는 중국에 상륙하기 위해 공산당이 싫어하는 뉴스를 '자발적으로' 걸러냈다.

중국 상무부(商務部)의 통계에 따르면 2004년 4월 말 기준으로 전국에서 이용하는 외국 자본은 총 9,901.3억 달러에 달한다. 이를 통해, 외국 자본이 중공 경제에 크나큰 수혈(輸血) 작용을 하고 있음을 알 수 있다. 그러나 이런 수혈 과정에서 외국 자본은 민주주의·자유·인권 이념을 기본으로 삼는 원칙을 중국 인민에게 가져다주지 못했다. 해외 투자자들과 외국 정부의 '무조건적'인 협조와 아부는 도리어 공산당이 선전하는 데 이용하는 통치 밑천이 됐다. 경제 번영이란 미명하에 정경유착을 하고, 국가재산을 나눠 갖고, 정치개혁을 방해하는 정도가 극에 달했다.

3. 중공의 적나라한 세뇌술이 더욱 정교하고 치밀해짐

우리는 이런 말을 자주 듣는다. "과거에는 중국 공산당이 거짓말을 많이 했지만, 이번만은 진짜다." 우습게도 중국 공산당이 과거에

착오를 범했을 때도 사람들은 이렇게 말했다. 이것이 바로 중국 공산당이 몇십 년 동안 연마해 온, 인민을 기만하는 능력이 어떠하였는지를 여실히 보여주는 것이다.

사람들이 '위성도 놓아주겠다.'는 식의 중공의 허황한 거짓말에 다소 저항력이 생기면서 믿지 않자 중국 공산당의 거짓말 선전도 더욱 '정교화'하고 '전문화'의 길로 나아갔다. 거짓말은 과거의 구호만 외치는 식의 선전에서 벗어나 점점 더 '발전'하고 '정교'해졌는데, 특히 뉴스를 봉쇄하고 단편적인 '사실'에 기초한 거짓말로 민중을 오도하는 것인데 이는 과거 '위성도 놓아주겠다.'라는 식의 허황한 거짓말보다 더 유혹적이고 해롭다.

영문 잡지 〈차이나 스코프(China Scope)〉의 2004년 10월호에는 오늘날 중국 공산당이 더욱 '정교한' 수법으로 거짓말을 지어내 진상을 은폐한 사례를 분석한 기사를 실었다. 2003년 중국에 사스(SARS)가 유행했을 때 외부에서는 대체로 중국 공산당이 전염병 상황을 은폐하고 있다고 의심했으나, 중국 공산당은 계속 부인했다. 필자는 중국 공산당이 사스 상황을 객관적으로 보도했는지를 알아보기 위해 2003년 1월 초부터 4월 초까지 〈신화사〉 사이트에 게재된 400여 편에 달하는 사스 관련 기사를 꼼꼼히 훑어봤다. 골자를 추리면 다음과 같다.

▶ 사스가 나타나자마자 중앙과 지방의 전문 의료진이 즉각 대응함으로써 환자들은 곧바로 건강을 회복해 퇴원했다.

▶ 일부 몰지각한 사람들이 상품 사재기 소동을 벌였지만, 정부에서 즉시 실상을 알리고 유언비어를 차단해 인민의 생활을

안정시켰다.
- ▶ 외국의 극소수 반중(反中) 세력이 근거 없이 중국 정부가 사실을 은폐한다고 의심하지만, 절대다수의 국가와 국민은 그렇게 생각하지 않는다. 그래서 중국수출입박람회(캔톤페어)에 역사상 가장 많은 기업이 참가할 것이다.
- ▶ 외국인 관광객이 중국 여행이 안전하다고 증언했다.
- ▶ 특히 세계보건기구(WHO) 전문가들이 나서서 중국 공산당이 잘 협조하고 적절히 조치해 문제가 없다고 했다.
- ▶ 전문가들이 광둥(廣東)에 가서 공개적으로 조사할 수 있도록 허가했다(당시 이 허가는 골든타임이 20여 일이나 지난 후에 나온 것이다).

기사 400여 편을 본 후 필자는 '중국 공산당이 4개월 동안 취한 조치가 모두 투명하고 또 공산당이 인민의 건강을 절대적으로 책임지고 있는데 무엇을 은폐했단 말인가?' 하는 생각이 들었다. 그러나 4월 20일, 국무원 신문판공실이 기자회견을 열어 중국에 사스가 전면적으로 발생했다고 발표하면서 그동안 진상을 은폐한 사실을 우회적으로 시인했다. 필자는 비로소 진상을 알게 됐고 '시대와 더불어 발전하는' 중국 공산당의 음흉한 기만술을 절실히 실감했다.

대만 대선 때도 중국 공산당은 '점진적으로 심화하고', '진지하게 유도하는' 방식으로 인민들에게 대만 총통을 선출하면 어떻게 좋지 않은지 유도하고 암시하는 방해 공작을 폈다. 이를테면 "그 총통 선거로 인해 자살률이 증가하고, 주식시장이 붕괴하고, '괴질'이 증가

하고, 실성한 사람이 늘고, 대만을 이탈하는 자가 속출하고, 가족이 반목하고, 생활이 소극적으로 변하고, 시장이 썰렁하고, 길거리에서 총기를 난사하고, 분쟁과 항의 소동이 일어나고, 총통부(總統府)를 포위하고, 천하가 크게 혼란하고, 정치가 웃음거리가 되고, …." 하는 식의 보도를 줄곧 했다.

이런 어지러운 소식만을 하루가 멀다 하게 주입함으로써 그들에게 스스로 '이 모든 것이 총통 선거 때문에 초래한 재앙이다.', '우리는 절대로 민주선거를 하지 말아야 한다.'고 느끼게 만든다.

파룬궁을 모함하는 수법도 수준이 한층 더 높아졌다. 모든 것을 진실처럼 연출해 하나씩 무대에 올리기 때문에 백성들로서는 믿지 않을 수 없다. 중국 공산당의 이처럼 사람을 기만하는 이런 깡패 수법은 속는 사람 스스로 원해서 자발적으로 중국 공산당의 거짓말을 믿게끔 하고 또 믿은 자신이 진실을 제대로 파악했다고 느끼게 한다.

수십 년 동안 세뇌와 선전으로 사람을 속이는 중국 공산당의 기만 능력은 더욱 정교하고 세밀하게 변했는데, 중국 공산당의 깡패 본질이 자연스럽게 발전돼 온 것이다.

4. 중국 공산당의 인권 위장

1) 인권박해는 독재와 권력 유지를 위한 필수 요건

"민주국가라면 주권이 국민에게 있어야 한다. 이는 불변의 진리다. 민주주의 국가라고 자칭하는 나라인데 주권이 국민의 손에 있지 않으면 결코 정상적인 궤도의 나라가 아니고 변태사회로 볼 수밖에 없다. 따라서 민주주의 국가라고도 볼 수 없다. … 당치(黨治·한 정당이 정권을 쥐고 독단으로 하는 정치)를 끝내지 않고 보통선거를 실행하지 않는다면 어떻게 민주주의를 실현할 수 있겠는가? 인민의 권리는 인민에게 돌려주어야 한다!"

여러분은 위의 내용을 국외의 적대세력이 중국 공산당을 토벌하는 격문이라고 생각할 것이다. 그렇지 않다. 위 선언(宣言)은 1945년 9월 27일 중국 공산당 기관지 〈신화일보(新華日報)〉가 발표한 것이다.

'보통선거'를 외치며 '인민의 권리를 인민에게 돌려주자.'고 요구했던 중국 공산당은 정권을 탈취한 후 '보통선거'란 말을 꺼내는 것조차 금지했다. 공산당이 애초에 '주인'이라고 한 인민은 도리어 주인의 권리가 전혀 없다. 이와 같은 행실로 볼 때, '깡패'라는 두 글자로 중국 공산당의 참모습을 표현할 수밖에 없다.

그러나 당신이 공산당의 과거는 다 지나간 일이고 상황도 많이 변했다면서 살인으로 일어서고 거짓말로 나라를 다스리는 중국 공산당 사교도 개과천선해서 '인민의 권리를 인민에게 돌려주려고 한다.'고 여긴다면, 당신은 또 틀렸다. 60년이 지난 지금, 중국 공산당 기관지 〈인민일보〉의 기사 한 줄이 그것을 설명한다.

"이데올로기 공작의 주도권을 단단히 틀어쥐는 것은 공산당 집권의 사상 기초와 정치 기초를 공고히 하는 근본적인 요구다." (2004년 11월 23일)

중국 공산당이 최근에 내놓은 이른바 '신삼불주의(新三不主義)'에서 첫째가 바로 '논쟁 없는 발전'이다. 그러나 사실 '발전'은 빈말이고 '일언당(一言堂·공산당의 말에 모두가 동조하는 것)'만을 강조하는 '논쟁하지 않기'를 바라는 것이 진짜 목적이다.

일찍이 장쩌민은 미국 CBS 기자 마이크 월레스(Mike Wallace)와 인터뷰에서 "중국은 왜 아직도 보통선거를 하지 않는가?" 하고 질문을 받은 적이 있다. 당시 장쩌민은 이런 해석을 내놓았다. "중국인은 자질이 너무 떨어져서요."

그러나 1939년 2월 25일 〈신화일보〉에서 공산당은 이렇게 호소했다. "그들(국민당)은 중국에서 민주주의 정치를 실현하는 것을 오늘의 일이 아니라 몇 년 뒤의 일로 여긴다. 그들은 중국 인민의 지식과 교육 수준이 구미(歐美) 부르주아 민주국가들처럼 높아진 후에 민주정치를 실현하려 한다. …그러나 오히려 민주제도 아래에서 민중을 더 쉽게 교육하고 훈련할 수 있다."

이것이 바로 중국 공산당 깡패의 생생한 참모습이다.

1989년 6.4 천안문 사태 이후 중국 공산당은 인권이라는 무거운 짐을 짊어지고 세계무대로 돌아왔다. 역사는 중국 공산당에 두 가지 선택의 기회를 주었다. 첫 번째 선택의 길은 인간 존중 정신을 배워 진정으로 인권을 개선하는 것이고, 두 번째 선택의 길은 대내적으로는 계속해서 인권을 탄압하고 대외적으로는 인권을 보호하는 것처럼 위장해 비난을 피하는 것이다.

아주 불행하게도, 깡패 본성을 지니고 태어난 중국 공산당은 주저 없이 두 번째 길을 선택했다. 대외적으로 기만 선전을 하고 중국 공산당의 인권이 진보했다고 고취하는 한편, 과학계나 종교계 내부의 전문가를 포함한 어용인재를 대량으로 배양해냈고, 이치에도 맞지 않는 '온포권(溫飽權·배불리 먹고 따뜻하게 입을 권리) 등의 황당한 인권론을 만들어냈다. 그리고 끊임없이 인권을 가지고 장난을 치고 중국 인민과 서방 민주국가들을 기만하면서 '지금은 중국 인권이 가장 좋은 시기'라고 자화자찬한다.

중국 공산당 헌법 제35조에서는 '중화인민공화국 공민은 표현·출판·집회·결사·시위의 자유가 있다.'고 규정하였다. 이것은 순전히 중국 공산당의 말장난에 불과하다. 중국 공산당 통치하에 수많은 사람이 신앙·표현·출판·집회·변호의 권리를 박탈당했으며 심지어 일부 단체는 청원마저도 불법으로 규정돼서 할 수 없다.

2004년 이후 일부 청원 단체들이 베이징에서 시위하려고 여러 차례 허가 신청을 했지만, 정부는 동의하지 않았을 뿐만 아니라 신청한 사람을 체포했다. 중국 공산당 헌법이 확정한 홍콩 '일국양제(一國兩制)'마저 사기극이었다. 50년 동안 유지한다고 약속했지만, 불과 5년 만에 '홍콩 기본법' 제23조를 통해 '양제(兩制)'를 '일제(一制)'로 바꾸려 했다.

'언론이 자유로워졌다.'는 허상을 내세워 그들의 감시·통제하는 실상을 감추려는 것은 중국 공산당의 새로운 깡패 전략이다. 중국인은 이제 예전보다 훨씬 자유롭게 말할 수 있고, 인터넷이 출현해 소식이 더욱 빠르게 전파되고 있다. 그래서 중국 공산당은 언론이 자유로워졌다고 선전하고 민중도 그렇게 여긴다. 그러나 이것은 실상이 아니다. 중국 공산당이 인자해진 것이 아니라 사회가 발전하고 기술이 진보하는 추세를 중국 공산당이 가로막을 수 없기 때문이다.

중국 공산당이 인터넷상에서 맡은 배역은 사이트를 봉쇄하고 검열하고 감시하고 통제하고 처벌하는 것인데, 이는 시대 흐름에 완전히 역행하는 것이다. 오늘날 인권과 양심을 저버린 일부 기업가의 협조로 중국 공산당 경찰은 운전 중인 차 안에서 인터넷 접속자의 일거일동을 감시할 수 있는 기술과 장비를 갖추었다. 세계 민주·자유의 큰 흐름 속에서 중국 공산당이 저지른 소행을 보라! 사람들 면전에서 공개적으로 나쁜 일을 하고 있는데 공산당의 인권이 어떻게 나아질 수 있겠는가? 공산당 스스로 '겉으로는 풀어주고 안으로는 죈다.'고 하는 지경이니 더 말할 나위도 없다.

중국 공산당은 자신의 체면을 세우기 위해 2004년 유엔 인권이사회 회의에서 공공연히 인권 침해범을 엄벌하고 있다고 보고했다. 그러나 이는 외국인들에게 보여주는 것이고 실질적인 내용은 전혀 그렇지 않다. 중국에서 가장 큰 인권 박해자는 바로 공산당 자신이고 또 전 총서기 장쩌민, 전 정법위원회 서기 뤄간(羅干), 공안부장 저우융캉(周永康), 공안부 부부장 류징(劉京) 등이기 때문이다. 그들이 인권 범죄 활동을 단속한다고 하는 것은 도둑이 도둑 잡으라고 외치는 것이나 마찬가지다.

이것은 한 강간 상습범이 '과거에는 하루에 소녀 10명을 남모르게 욕보였는데 지금은 오가는 사람이 많아서 행인들이 보는 앞에서 하루에 한 소녀밖에 욕보이지 않는다.'고 주장하면 이 강간범이 개과천선한 것처럼 보이는 것과 같다. 사람들 앞에서 능욕하는 것은 피해자에게 더 큰 상처를 준다는 점에서 더 비열하고 파렴치한 짓이 아닐 수 없다. 상습 강간범의 본성은 그대로인데 여건이 예전 같지 않아 마음대로 편하게 할 수 없을 뿐이다.

중국 공산당은 이런 강간범과 별 차이가 없다. 중국 공산당의 독재 근성은 본능적으로 권력을 잃을까 두려워하기 때문에 인민의 권리를 존중하지 않는 것이다. 공산당이 인권을 위장하는 데 투입한 인적·물적·금전적 자원은 공산당이 진정으로 인권을 개선하기 위해 들인 노력을 훨씬 능가한다. 이렇듯 공산 깡패가 중국을 짓밟는 것은 중국 인민에게는 가장 큰 불행이 아닐 수 없다.

2) 법치를 내세워 인권을 탄압

중국 공산당은 특권 집단의 사익을 지키기 위해 한편으로는 가면을 벗고 노동자·농민을 철저히 버리고 있으나 다른 한편으로 그들의 인권 추문이 날이 갈수록 국제사회에 더 많이 폭로되자 공산당의 깡패 수법을 '시대와 더불어 발전'시켜 법치(法治), 시장(市場), 위민(爲民), 개혁(改革) 등의 유행어로 사람들을 현혹한다. 양복을 걸친 중국 공산당은 사악한 깡패 본성이 바뀌지 않았을 뿐만 아니라 과거 중산복(中山服)을 입은 공산당보다 현혹성과 기만성이 더 강해졌다. 마치 영국 작가 조지 오웰이 쓴 우화소설 〈동물농장〉에서 묘사한 돼지가 두 다리로 서서 걷는 법을 배운 것처럼 비록 돼지가 서서 걷는 새로운 이미지를 줬다 하더라도 그 '돼지의 본성'은 전혀 바뀌지 않은 것이다.

① 헌법에 위배되는 각종 법률과 조례를 제정

중국 공산당은 헌법을 거스르는 법률과 조례를 제정하는 것도 불사한다. 이런 법규가 각급 법 집행자들에게 내려지면 '박해를 반대하고, 자유를 쟁취하고, 인권을 수호하려는' 인민 군중의 각종 노력을 엄벌하려는 이른바 '법적 근거'가 된다.

② '비정치적'인 문제를 '정치적'인 수단으로 해결

일반 사회문제, 즉 '비정치적'인 문제를 '당과 대중을 다툰다(同黨爭奪民衆)', '망당망국(亡黨亡國)', '동란(動亂)', '적대세력(敵對勢力)' 등 위기 수준으로 규정해 '정치적'인 문제로 격상시킨 다음 정치운동의 선전 방식으로 증오심을 불러일으킨다.

③ '정치적'인 문제를 '비정치적'인 수단으로 해결

일부 민주화 운동가나 자유주의 지식인을 타격하는 최신 수법은 함정을 파서 옴짝달싹 못 하게 묶는 방식, 이를테면 '성매매', '탈세'와 같은 '파렴치범'으로 옭아매 투옥하는 방식이다. 이런 불명예스러운 죄목을 이용하면 박해한다는 인상을 주지 않고 비판도 피하면서 피해 당사자를 타격할 수 있는 이점이 있고 또 덤으로 대중 앞에서 모욕을 주는 효과도 있다.

중국 공산당의 깡패 본성에 변화가 있다면 그것은 더 파렴치하게 변하고 인성을 더 상실했다는 점이다.

3) 13억 인민을 납치해 탄압하는 '인질 깡패'

만약 남의 집 문을 부수고 들어가 강간을 한 범인이 법정에서 이렇게 변호했다고 하자.

"내가 강간을 하는 바람에 피해자를 죽일 기회가 없어졌다. '강간'과 '살인' 중에서 살인이 더 나쁘지 않은가? 따라서 나는 마땅히 무죄 석방돼야 하고 사람들은 나의 강간에는 '일리가 있다.'고 칭송해야 한다."

 황당하게 들리겠지만, 중국 공산당의 천안문 유혈 진압 논리가 이 강도의 궤변과 같다. 중국 공산당은 학생운동을 탄압함으로써 '내란'이 발발할 위기를 시기적절하게 모면할 수 있었다고 주장한다. 그래서 '내란'보다는 '진압'이 낫다는 것이다.

 강도가 법정에서 법관에게 '강간이 좋은지 살인이 좋은지'를 묻는다면 이것은 무엇을 말해 주는가? 이는 이 강간범의 파렴치함을 나타낼 뿐이다. 마찬가지로 천안문 사태 문제에서 중국 공산당과 그 동조자는 '살인을 범죄로 인정할지 말지'를 검토하지 않고 '탄압이 좋은지 내란을 잠재우는 것이 좋은지'를 묻는다.

 중국 공산당은 국가기구와 선전도구를 통해 철저히 통제하고 있어 13억 중국 백성은 중국 공산당에 납치된 인질이라고 할 수 있다. 이 13억 인질이 있는 한 중국 공산당의 '인질 논리'는 공산당이 누군가를 탄압하지 않으면 내란이 일어나 나라가 재앙에 빠질 수 있다고 말할 수 있다. 이런 구실로 중국 공산당은 마음만 먹으면 언제 어디서나 누구든 탄압할 수 있고 영원히 '탄압에는 일리가 있다.'는 면죄부를 받을 수 있다. 이처럼 민의(民意)를 강탈하고도 어떻게 이렇듯 파렴치할 수 있단 말인가?

 4) 당근에 채찍질처럼 베푸는 '자유'에서 더욱 심하게 탄압

 보편적으로 중국인은 지금은 과거보다 '자유'가 많아졌다고 느끼며 앞으로 중국 공산당이 더 개선할 것으로 기대한다. 사실 중국 인민이 '하사받은' 자유는 중국 공산당 자체의 위기감과 밀접한 관계

가 있다. 당의 집단이익을 지키는 데 유리하면 중국 공산당은 무슨 일이든 할 수 있고 심지어 이른바 민주주의, 자유, 인권이라는 것도 조금씩 베풀 수 있다.

그러나 공산당 통치하에서 하사받은 '자유'는 법으로 보장되지 않는다. 이 자유는 중국 공산당이 국제적인 큰 흐름 속에서 인민을 마비시키고 통제하는 기만 도구에 불과하다. 근본적으로 보면 자유는 독재의 이익과 충돌하는 특성이 있어 중국 공산당과는 조화를 이룰 수 없다. 이 충돌이 중국 공산당이 용인하는 범위를 넘어서는 수준으로 격화되면 중국 공산당은 순식간에 모든 '자유'를 거둬들인다. 중국 공산당의 역사에서 언론이 상대적으로 자유로운 시기가 몇 차례 있었지만, 오래가지 못하고 또 엄격하게 단속하는 시기로 접어들었다. 이렇게 풀고 죄기를 반복하는 것이 중국 공산당의 깡패 본성의 또 하나의 표현이다.

인터넷 시대에 접어든 오늘날, 〈신화망(新華網)〉이나 〈인민망(人民網)〉에 부정적인 소식이 많다는 사실을 누구나 다 안다. 이런 현상이 나타난 원인을 두 가지로 요약할 수 있다. 하나는 지금 나쁜 소식이 워낙 많고 전파 속도도 빠른 데다 업계 간의 경쟁이 치열해서 이런 소식을 보도하지 않을 수 없기 때문이다. 둘째는 보도의 기점이 당의 이익에 부합하는, 즉 '작은 비난으로 큰 효과를 얻는' 데 있기 때문이다. 구체적으로 말하면 나쁜 일의 원인은 모두 특정인에게 돌리고, 그 책임이 당에 없음을 밝히고, 그 '해결 방도'는 반드시 '당의 영도에 의지해야 한다.'고 알리는 이점이 있기 때문이다.

중국 공산당은 '무엇을 보도하고 무엇을 보도하지 않아야 할지,

어느 수위로 보도할지, 본토 매체를 통해 보도할지 해외 친중공(親中共) 매체를 이용해 보도할지, 어떻게 하면 나쁜 소식을 좋은 결과의 민심으로 승화할지' 등의 문제에서 이미 최고 경지에 이르렀다.

중국 젊은이 중 상당수가 현재 중국 공산당의 언론이 제법 자유롭다고 여겨 공산당에 감지덕지하고 희망을 품는다. 하지만 그들은 공산당의 이런 '정교한' 언론 책략의 희생양일 뿐이다. 더 심한 것은 중국 공산당이 사회를 엉망으로 만들어 놓고는 부정적인 보도를 적절히 곁들여 공산당의 강한 권력만이 대국을 통제할 수 있다고 위협하고 또 중국 공산당을 옹호하는 것 말고는 다른 길이 없다고 인민을 협박한다는 점이다.

따라서 중국 공산당이 인권 개선을 위해 성의를 좀 보였다고 해서 중국 공산당이 크게 바뀌었다고 보는 것은 금물이다. 중국 공산당은 일찍이 국민당을 무너뜨리는 투쟁에서 민주주의 투사의 모습으로 나타났다. 중국 공산당이 하는 약속은 모두 믿을 수 없다. 그리고 그렇게 만든 것이 중국 공산당의 깡패 본성이다.

5. 중국 공산당 깡패의 다양한 모습

1) 매국을 영달로 삼고 겉으로는 '국토통일', 실제로는 '국토를 팔아먹음'

중국 공산당은 '반드시 대만을 해방하자', '대만을 통일하자' 등의 선전 구호를 수십 년 동안 외치면서 민족주의와 애국주의를 옹호하는 수호자 노릇을 했다. 그렇다면 중국 공산당은 정말로 나라의 영토를 보존하는 데 관심이 있을까? 아니다! 대만은 단지 공산당과 국민당의 투쟁으로 생긴 역사적 산물로서 중국 공산당이 상대를 타격하고 민심을 구슬리는 카드로 이용할 뿐이다.

초기 중국 공산당은 국민당 정권 아래서 '중화 소비에트'를 설립했는데, 공산당 헌법 제14조에는 "중국 내의 각 소수민족, 심지어 각 성(省)도 독립적으로 건국할 수 있다."고 명시했다. 또 러시아와 호응하기 위해 중국 공산당이 외친 구호는 '소비에트를 보호하자!'였고, 항일전쟁을 할 때 중국 공산당의 최대 목적은 그 시기를 이용해 공산당 세력을 확장하는 것이었다. 그리고 소련 공산당의 홍군(紅軍)이 1945년 동북 지역에 들어가 부녀자를 강간하고 재산을 약탈할 때도, 소련 공산당이 육성한 외몽골이 독립할 때도 중국 공산당은 질책 한마디 하지 않았다.

1999년 말, 중국 공산당은 러시아와 '중화인민공화국 정부와 러시아연방 정부의 중·러 동서(東西) 양단 국경선에 관한 의정서'를 체결하면서 과거에 청나라 정부와 러시아 사이에 맺은 일련의 불평등 조약을 승인했다. 그로 인해 100만여㎢에 달하는 국토가 러시아로 넘어갔는데, 대만 땅 수십 배에 달하는 면적이다. 2004년 중국은 또 러시아와 '중·러 국경선 동단(東段) 보충협정'을 체결함으로써 헤이룽장성 헤이샤즈다오(黑瞎子島·볼쇼이우수리스키섬) 절반의 주권을 잃었다.

국경 획정(劃定)을 둘러싸고 불거진 문제는 이외에도 또 있다. 난사췬도(南沙群島·스프래틀리 군도)와 댜오위다오(釣魚島·센카쿠열도)의 주권 문제가 그것인데, 중국 공산당은 정권 유지에 이익이 별로 없기에 이곳의 주권에는 신경을 쓰지 않았다. 이상에서 확인한 바와 같이 중국 공산당이 보여준 일련의 행동은 '국토를 완전하게 통합하는 것'과는 상반된다. 따라서 중국 공산당이 대만 통일을 외치는 것은 공산당의 내부 모순을 외부로 돌리고 민족주의를 선동하기 위해 피우는 연막에 불과하다.

2) 최소한의 도덕 마지노선마저 없는 정치 깡패다

정부는 항상 감독을 받아야 한다. 민주국가에서는 분권적 정치제도와 언론의 자유 그 자체가 아주 좋은 감독 메커니즘이며, 종교·신앙은 도덕적으로 자아를 단속하는 역할이 매우 크다.

하지만 공산당은 무신론(無神論)을 주창하기에 그들의 도덕은 신의 단속이 없다고 믿으며, 또한 공산당은 독재제도를 실행하기에 정치적으로 법률의 단속도 받지 않는다. 그래서 중국 공산당이 깡패 짓을 하면 무법천지가 된다. 그러면 중국 공산당은 인민에게 누가 공산당을 감독·단속한다고 설명하는가? 바로 '자아(自我)' 단속이라고 한다. 이것은 중공이 수십 년간 인민을 기만한 입버릇이다. 중국 공산당이 강조하는 것은 초기에 '자아비판'을 하고, 그 이후 '자아'가 감독하고, 또 최근에는 '자아'로 당의 지도를 완벽하게 한다고 한다. 최근에 이르러 '자아'가 당의 집권 능력을 높이는 등 공산당은 이른바 '자아 개선'이라는 강대한 능력을 모두 갖추고 있다는 식으로 말한다. 당은 말만 이렇게 하는 것이 아니라 행동으로도 보여주었다. '중앙기율검사위원회', '신방판(信訪辦·민원처리사무처)' 등 인민을 현혹하는 기구를 만든 것 자체가 자아 감독이다.

도덕과 법률의 단속이 없는 '자아 개선'은, 전통적인 말로 하면,

'자심생마(自心生魔)'다. 이는 단지 중국 공산당이 외부 감독을 거절하고 당금(黨禁·다른 당들의 정치활동을 금지하는 조치)과 보금(報禁·신문 발행을 금지하는 조치) 해제를 거절하려는 구실이자 정치 깡패들이 집단 이익과 집권 '합법성'을 수호하기 위해 인민을 기만하는 핑계일 뿐이다. 정치 깡패의 수완을 발휘하는 것이 중국 공산당의 특기다. '인민민주주의 독재', '민주집중제', '정치 협상' 등은 모두 인민을 기만하는 것인바, 중국 공산당의 '독재정치' 외에는 진실한 것이 하나도 없다.

3) '가짜 항일'로 기만하고 '가짜 반(反)테러'로 민중을 탄압하다

중국 공산당은 줄곧 공산당이 전국 인민을 영도(領導)해 일본군을 물리쳤다고 선전해 왔다. 그러나 수많은 사료(史料)가 중국 공산당은 고의로 당시 항일전쟁에 참여하지 않았을 뿐만 아니라 국민당이 항전하는 틈을 타서 자신들의 힘을 축적하고 항일전쟁을 방해했다고 증언한다.

중국 공산당이 참여한 대형 전투는 '핑싱관(平型關) 전투'와 '바이퇀(百團) 대전'뿐이다. 핑싱관 전투의 경우, 중국 공산당은 전투를 지휘하거나 주력군으로 참여한 것이 아니라 적의 보급부대를 매복 습격했을 뿐이다. '바이퇀 대전'은 중국 공산당 내부에서는 오히려 당 중앙의 전략과 방침을 위배했다고 본다. 그 후 마오쩌둥이 이끄는 중국 공산당은 제대로 된 전투를 한 번도 치르지 않았다. 제2차 국공내전에서 죽은 둥춘루이(董存瑞)나 남침한 한국전쟁에서 죽은 황지광(黃繼光)과 같은 영웅은 항일전쟁에서는 한 명도 나오지 않

앉고 고작 소수의 고위 군관이 항일 전장에서 사망했을 뿐이다. 결국 중국 공산당은 오늘날까지 최소한의 사상자 수조차 발표하지 못할 뿐만 아니라 광활한 중국 대륙에서 중공군 항일열사기념비를 볼 수도 없다.

당시 중국 공산당은 항일 전장을 멀리 벗어난 후방에서 이른바 '산간닝(陝甘寧) 변경지역 정부'라는 정권을 건립했는데, 지금 말로 하면 '일국양제(一國兩制)', 즉 나라 안의 '두 개의 제도'를 만들었다. 지휘관과 장병 개개인은 항일전쟁에 열정이 없지 않았지만, 공산당 고위층은 그런 열성이 없었을 뿐만 아니라 오히려 전력을 보존하면서 항일전쟁을 이용해 자신들의 세력을 키워나가는 목적을 단계적으로 실현했다. 중일(中日) 수교를 맺을 때 마오쩌둥은 당시 일본 총리 다나카 가쿠에이(田中角榮)에게 '중국 공산당은 일본에 감사해야 한다. 만일 그 전쟁이 없었다면 중국 공산당은 중국이라는 천하를 얻을 수 없었을 것'이라고 했다. 진심 어린 속내를 털어놓은 것이다.

이것이 바로 중국 공산당이 '전국 인민을 이끌고 8년간 항일전쟁을 견지해 최후의 승리를 거뒀다.'고 떠벌리는 사기극의 진상이다.

반세기가 지난 후 미국에서 9.11 테러 사건이 발생하자 세계적으로 반(反)테러 물결이 거세게 이는 틈을 타 중국 공산당은 또 한 차례 가짜 항일 깡패 계략을 쓰려 했다. 중국 공산당은 반(反)테러를 구실로 종교·신앙 단체, 반체제 인사, 지역이나 민족 분쟁을 일으키는 단체를 테러리즘으로 몰고 국제적인 반테러 무드에 편승해 폭력 탄압을 자행했다.

2004년 9월 27일 〈신화사〉는 '베이징이 전국 성시(省市) 중 첫 번째로 반테러국(局)을 신설할 것'이라는 〈신경보(新京報)〉 뉴스를 전재했다. 해외 일부 친중공 매체는 '610 사무실이 반테러 활동에 참여하다.'라는 제목으로 610의 역할을 홍보하면서 반테러국이 파룬궁을 포함한 테러 조직을 중점적으로 타격할 것이라고 전했다.

중공은 때려도 맞받아치지 않고 욕해도 되받아치지 않으면서 평화적으로 청원하는 선량한 민중을 테러분자로 규정하고 기회를 틈타 완전무장한 '대(對)테러특공대'를 동원해 신속하게 진압했다. 또한 '반테러'란 이름으로 외부의 비난과 관심을 피해갔다.

4) 표리부동한 행동과 정책으로 사회 불신을 초래하다

'자신도 믿지 않으면서 남에게 믿도록 강요하는 것'이 중국 공산당 사교의 깡패 수법 중 하나다. 공산당은 스스로 자신의 사교 교리가 가짜이고 사회주의도 가짜임을 알고 있다. 또 공산당은 사회주의가 이미 파산한 것도 알고 있다. 그런데도 인민에게는 믿도록 강요하고 믿지 않으면 탄압한다. 가장 터무니없고 뻔뻔한 것은 공산당이 이런 기만적인 이론을 헌법에 넣어 입국(立國)의 대강령(大綱領)으로 삼았다는 점이다.

한 가지 흥미로운 현상은 중국 관계(官界)의 정치투쟁에서 부패로 낙마한 고위 관리들이 낮에는 큰 회의에서 '청렴과 봉공(奉公)'을 부르짖고, 밤에는 '뇌물을 받고 주색잡기를 즐긴다.'는 점이다. '인민의 공복'인 윈난(雲南)성 성장 리자팅(李嘉廷), 구이저우(貴州)성 당서기 류팡런(劉方仁), 허베이성(河北省) 당서기 청웨이가오(程維高), 국토자원부 부장 톈펑산(田鳳山), 안후이(安徽)성 부성장 왕화이중

(王懷忠) 등이 하나같이 그랬다. 누구든 그들의 강연 기록을 살펴본 다면 반복적으로 '청렴하게 정치를 하고 반부패 강도를 높여야 한다.'고 요구했음을 알게 된다. 물론 그들은 그 강연을 하는 시기에도 횡령과 수뢰를 하지 않은 적이 없다.

중국 공산당은 수많은 전형(典型)을 세우고 또 이상(理想)이 있고 능력이 있는 사람들을 끌어들여 당의 겉모습을 장식했다. 그러나 오늘날 중국의 도덕이 얼마나 타락했는지 누구나 다 알 수 있다. 왜 중국 공산당의 '정신문명'은 선전을 해도 작용을 일으키지 못하는가?

사실 공산당 지도자들이 대중에게 상투적으로 내뱉는 '공산주의의 도덕 품성'이니 '인민을 위해 봉사한다.'느니 하는 말은 모두 허튼소리일 뿐이다. 마르크스는 혼외 자식을 낳았고, 레닌은 창녀에게서 매독이 옮았고, 스탈린은 한 여자 가수를 독차지하다 고소당했고, 마오쩌둥은 가무와 여색을 한껏 즐겼고, 장쩌민은 음란했고, 루마니아 공산당 지도자 차우셰스쿠의 집안은 온 가족이 권세를 누렸고, 쿠바 공산당 카스트로는 외국 은행에 수억 달러를 은닉했고, 북한의 김일성 자손은 인민이 굶어 죽는데도 호화 생활을 했다. 이처럼 공산당 지도자는 언행이 일치하지 않고 겉과 속이 다른데, 이는 공산주의 창시자 마르크스에게서 물려받은 것이다.

중국 백성은 일상적으로 하는 공허하고 거짓된 정치학습을 싫어한다. 정치학습이 갈수록 겉돌게 된 것은 그런 것이 전부 속임수임을 알기 때문이다. 무대 위에 있는 사람이나 무대 아래 있는 사람이나 모두 다 알면서도 속내를 드러내지 않을 뿐이다. 이런 현상을 사람들은 '진지하게 형식으로 흘려보낸다.'고 한다.

이전의 '3개 대표론'과 나중에 나온 '집권 능력을 강화하자.'는 요구, 그리고 최근에 발표한 '인민의 마음을 따뜻하게 하고, 인민의 마음을 평온하게 하고, 인민의 마음을 얻자.'는 이른바 '세 마음(三顆心)'이란 것도 모두 허튼소리이긴 마찬가지다. 세상에 어느 집권당이 인민의 이익을 대표하지 않는가? 어느 집권당이 집권 능력을 제고하려고 공을 들이지 않겠는가? 어느 집권당이 인심을 얻으려고 애쓰지 않겠는가? 그렇게 하지 않으면 일찌감치 무대 아래로 쫓겨날 것이다. 그러나 중국 공산당은 이런 쓸데없는 것들이 마치 심오한 이론인 양 전 국민에게 줄기차게 가르치려고 든다.

'형식적으로 하는 것'에 부지불식간에 십수 억 민중이 습관이 돼 일종의 '당문화' 현상으로 만들어졌을 때, 전반사회는 '거짓말, 큰소리, 헛소리'가 난무하고 신뢰가 무너지는 위기를 맞았다. 중국 공산당은 왜 이렇게 해야 하는가? 과거에는 '주의(主義)'를 위해서였다면 지금은 '이익'을 위해서다. 그들은 형식적으로 하는 줄 알면서도 그렇게 할 수밖에 없다. 그러지 않으면 깡패 악질 같은 느낌이 들지 않아 아무도 공산당을 떠받들지 않고 두려워하지도 않기 때문이다.

5) 인간의 양지를 말살하여 개인의 정의감이 당의 이익 앞에 무릎 꿇게 하다

전 국가주석 류사오치(劉少奇)는 〈공산당원의 수양을 논하다〉라는 책에서 '당원 개인의 이익은 당의 이익에 무조건 복종해야 한다.'는 내용을 특별히 다뤘다. 지금까지 공산당원 가운데 나라와 국민을 걱정하는 정의로운 인사와 기꺼이 백성을 위해 청렴하게 봉직한

관리가 적지 않았다. 하지만 이런 관원은 중국 공산당이라는 이익 기계 속에서 출로가 없었다. 그들은 '인성은 당성(黨性)에 복종해야 한다.'는 압력을 버티지 못해 물러나거나 도태됐고 심지어 어쩔 수 없이 그들과 같은 부류의 나쁜 물에 젖어 들었다.

중국인은 뼛속까지 중국 공산당의 피비린내 나는 폭력을 경험하고서 중국 공산당 깡패의 '강력한 공권력'을 두려워하게 됐다. 그래서 사람들은 더는 정의를 수호할 엄두를 내지 못하고, 더는 공리(公利)를 믿지 않고, 억울한 일을 당하면 먼저 '강력한 공권력'에 복종하거나 아예 마비된 듯 개의치 않고, 자기와 상관없는 일은 나 몰라라 한다. 사고의 논리조차 자발적으로 이 '강력한 공권력'에 순종하고 만다. 이렇게 폭력으로 중국을 부정(不正)하고 불의(不義)한 사회로 만드는 것이 바로 중국 공산당 깡패의 본성이다.

6) '애국주의'는 전국적으로 긴급 총동원된 사교의 구호령이다

중국 공산당의 '애국주의', '민족주의' 구호는 공산당이 사람들을 유혹하는 사탕발림이다. 그들이 내세운 '애국주의'와 '민족주의'는 공산당의 큰 깃발일 뿐만 아니라 이미 누차 시험에서도 효과가 입증된 구호령(號令)이다. 수십 년 동안 귀국하지 못하고 해외에 정착한 화교들이 몇 년간 〈인민일보〉 해외판의 민족주의 선전을 보고 나면 중국 국내 사람들보다 더 나라를 사랑한다. 감히 절대로 공산당의 어떤 정책에도 'No!'라고 말할 수 없는 해외 중국인들이 당의 조직 하에서 '애국주의' 깃발을 내걸고 감히 중국 주재 미국 대사관이나 영사관 앞에서 계란과 돌을 던지고 차에 불을 지르고 미국 국

기를 불태운다.

공산당은 이런 점을 잘 알기에 모든 중국인이 복종할 필요가 있는 큰일이 생기면 으레 '애국주의'와 '민족주의'를 내세워 민중을 긴급 동원한다. 대만 문제, 홍콩 문제, 파룬궁 문제를 다룰 때, 그리고 미국 정찰기와 중국 전투기 충돌 사건에 대응할 때 온갖 강압적인 공포와 단체 세뇌를 병용하는 방식으로 중국 인민을 일종의 전쟁 상태로 이끈다. 이것은 과거에 독일 파시스트들이 했던 방식과 아주 흡사하다.

정보를 봉쇄한 덕에 공산당의 세뇌는 아주 성공적이었다. 중국인은 비록 중국 공산당을 좋아하진 않지만, 공산당의 사유 방식으로 문제를 사고하는 틀에서 벗어나지 못한다. 이라크전쟁 기간 중 적지 않은 사람이 중공의 CCTV에서 방영하는 '데일리 군사 분석 토크쇼'를 보면서 이라크가 미국에 속수무책으로 당하자 주먹을 불끈 쥐고 증오, 복수와 전쟁을 갈망하는 마음을 품었고 또 다른 전쟁이 있기를 저주하기도 했다.

7) 파렴치하게 당의 위상을 국가 위에 두고 인민에게 도적을 아버지라 부르도록 강요하다

중국 공산당이 인민에게 늘 경고 식으로 하는 한마디 말이 '공산당이 망하면 국가도 망한다(亡黨亡國).'인데, '당'이 항상 '국가'보다 먼저다. 공산당 정권을 세울 때 방침은 '공산당이 없으면 신(新)중국이 없다.'였고, 어릴 때부터 받는 교육이 '당의 말을 들어라.', '공산당의 착한 아이가 되자.'이다. 부르는 노래도 '나는 당을 어머니로

여긴다.', '당(黨)! 사랑하는 어머니', '당의 은혜는 바다보다 깊다.', '부모가 가깝다고 해도 공산당보다 가깝지 않다.' 등이다.

행동 지침도 '당이 가리키는 곳은 어디든 가서 싸운다.'이고, 정부가 재난을 구제하면 인민은 '당과 정부에 감사한다.'고 하는데, 항상 당에 먼저 감사해야 한다. 군대의 구호도 '당이 총(군)을 지휘한다.'이다. 법정의 판사에게도 '당은 영원히 법과 국가와 인민 위에 있다.'고 한다. 일례로 중국에서 전문가가 디자인한, 법관이 법정에서 입는 법복(法服)의 옷깃에 달린 금색 단추 네 개가 각각 당, 인민, 법률, 국가를 상징하는데, 맨 위의 단추가 당을 상징한다고 한다.

'당'은 중국에서 최고의 호칭이 됐고, '국가'는 도리어 당의 예속물이 됐다. 국가는 당을 위해 존재하고, 당은 인민의 화신(化身)이자 국가의 상징이 됐다. 당을 사랑하고 당 지도자를 사랑하는 것을 나라를 사랑하는 것과 함께 섞어 이야기한다. 이것이 바로 중국의 애국주의가 왜곡되게 된 근본적인 원인이다.

장기적인 교육선전에 자신도 모르게 조금씩 영향 받은 많은 당원과 비당원이 자각하든 자각하지 못하든 모두 당과 국가의 위상을 뒤바꾸고 '당의 이익'이 모든 것에 우선한다고 인정한다. 또 더러는 '당의 이익이 곧 인민의 이익이자 국가의 이익'이라고 묵인함으로써 중국 공산당에 '국가이익'을 가로챌 틈을 만들어 주었다.

8) '평반(平反)'한다는 계략을 부려 당의 과오를 '위대한 업적'으로 둔갑시키다

역사상 중국 공산당은 큰 잘못을 수없이 저질렀다. 하지만 공산

당은 누명을 벗겨 주는 '평반(平反)'을 통해 그 잘못을 어느 개인이나 단체에 뒤집어씌움으로써 피해자들이 오히려 감지덕지하게 한다. '잘못을 잘 저지를 뿐만 아니라 잘못을 과감히 바로잡기도 한다.'는 말은 중국 공산당이 매번 죽음에서 벗어나는 선단묘약(仙丹妙藥)이 됐다. 그래서 중국 공산당은 영원히 자신이 '위대하고, 영광스럽고, 정확한' 당이라고 한다.

어쩌면 중국 공산당은 어느 날 '6.4 천안문 사태'의 누명을 벗겨 주거나 '파룬궁'의 명예를 회복시켜 줄지도 모른다. 하지만 그것은 중국 공산당이 막다른 궁지에 몰렸을 때 잔명을 연장하기 위해 부리는 깡패 술수일 뿐, 진정으로 반성하고 죄를 청산하기 위해 취하는 조치가 아니라는 것을 알아야 한다.

6. 국가 테러리즘으로 '진(眞)·선(善)·인(忍)'을 탄압

중국 공산당 사교집단이 꾸민 '천안문 분신자살 사기극'은 가히 세기의 거짓말이라고 할 만하다. 중국 정부가 파룬궁을 탄압하기 위해 다섯 사람을 꾀어 파룬궁 수련생으로 위장한 다음 천안문 광장에서 '분신자살'을 시도하게 했다. 결국 이들 중 어떤 자는 현장에서 맞아 죽고 어떤 자는 일이 끝난 후 살해됐다. 중국 공산당 CCTV에서 방영한 분신 장면을 슬로모션으로 돌리면 류춘링(劉春玲)이 분신현장에서 숨겼는데 경찰이 내리치는 무언가에 머리를 맞고 쓰러지는 장면이 분명하게 그대로 찍혀 있다. 또한 왕진둥(王進東)의 엉터리 가부좌 자세, 전신의 불을 끄고 난 후에 그의 두 다리

사이에 그대로 있는 연소하지 않은 휘발유 페트병, 그리고 기자와 류쓰잉(劉思影)의 대화 내용, 카메라맨이 어떻게 현장에 미리 대기한 듯 때맞춰 촬영한 점 등등 의문투성이였다. 이런 정황과 증거는 이 분신자살 사건이 장쩌민 깡패집단이 파룬궁을 모함하기 위해 조작한 한 차례 사기극임을 충분히 입증하고도 남는다.

이렇듯 한 정당이 온갖 비열하고 잔인한 수법을 사용하여 개혁개방 이후 20여 년간 축적한 국력으로 당(黨), 정(政), 군(軍), 경찰, 간첩, 외교, 그리고 각종 정부조직과 민간조직을 총동원해 전 세계 언론매체를 조종하고 또 맨투맨 식 감시 시스템은 물론 첨단기술로 정보를 빈틈없이 봉쇄하는 시스템까지 운용하여 몸과 마음을 수련하는 한 평화로운 수련단체를 박해하는 것은 한 차례 중국 공산당의 사악한 본성이 가장 철저하고 적나라하게 폭로된 것이다.

역사상 그 어떤 깡패 무뢰배도 장쩌민과 중국 공산당처럼 터무니없는 거짓말을 그렇게 철저하면서도 전 방위로 하지는 못했다. 중국 공산당은 사람 마음속의 다양한 관념을 겨냥하여 온갖 거짓말로 전면적으로 사람의 생각에 맞추고 이를 확대 재생산해 사람들이 거짓말을 받아들이고 파룬궁을 증오하도록 했다.

당신이 인체 과학을 믿는다면 공산당은 파룬궁 수련이 미신이라고 한다. 당신이 정치에 반감을 품는다면 그것은 파룬궁이 정치에 참여한다고 한다. 당신이 누군가 돈을 벌어 출국한다고 부러워하면 그것은 파룬궁이 재물을 긁어모은다고 한다. 당신이 파룬궁에는 조직이 없다고 한다면 그것은 파룬궁은 조직이 엄밀하다고 한다. 당신이 수십 년간 이어온 공산당의 개인숭배에 염증을 느낀다면 그것은 곧 파룬궁이 정신을 통제한다고 한다. 당신이 애국 정서가 충만하다면 그것은 파룬궁이 중국을 반대한다고 한다. 당신이 사회 안정을 바란다면 그것은 파룬궁이 사회 안정을 파괴한다고 한다. 당신이 파룬궁은 '진(眞)·선(善)·인(忍)'을 주장한다고 하면 그것은 파룬궁은 진실하지도 선량하지도 인내하지도 않을뿐더러 오히려 선심에서 살심(殺心·사람을 죽이려는 마음)이 나오게 한다고 말한다.

당신은 정부가 더는 그렇게 많은 거짓말을 할 리가 없다고 믿는가? 공산당은 실제로 거짓을 점점 더 많이 퍼뜨린다. 파룬궁은 '자해(自害)도 하고 자살도 하고 분신자살도 하며, 가족도 죽이고 남도 죽이며, 개별적으로도 죽이고 집단적으로도 죽인다.'는 식으로 거짓말을 퍼뜨려 당신이 믿지 않을 수 없게 한다. 당신이 파룬궁 입장에 서서 동정한다면 공산당은 당신의 정치적 실적을 파룬궁 문제와 함께 묶어서 평가하는데 가령 파룬궁 수련생이 베이징으로 상방(上訪) 하러 가면 당신을 파면하거나 정직시키거나 보너스를 주지 않는 식으로 당신을 핍박해 파룬궁과 적이 되게 압박한다.

또 수많은 파룬궁 수련생을 세뇌반에 납치해 온갖 사설(邪說)로 세뇌하고, 혈육의 정(情)을 이용해 취업과 취학을 못 하도록 압력 수단으로 삼고, 연좌법으로 가족과 동료를 협박하고, 잔혹한 고문을 가해 기어이 그들이 수련 포기 각서에 서명하게 하고 바른 믿음을 포기하게 한다. 그리고 이미 세뇌돼 전향한 사람들을 시켜 다른 사람을 전향하도록 에워싸고 설득한다. 중국 공산당 깡패는 바로 이렇게 '사람'을 '귀신'으로 만들어 나쁜 길로 끝까지 나아가게 한다.

7. '중국 특색'의 깡패 사회주의

'중국 특색'은 중국 공산당의 치부를 가리는 천 한 조각에 불과하다. 공산당은 항상 그들이 중국 혁명 중에서 거둔 성공을 '마르크스-레닌주의와 중국 혁명의 구체적인 실천이 서로 결합한' 덕분으로 돌린다. '특수성'을 남용하면서 어쩔 수 없이 그렇게 됐다고 변명하는 것이 중국 공산당의 일관된 수법인바, 변덕스러운 깡패 정책의 이론적 토대를 마련했다.

1) 변덕이 심하고 은연중에 기만하는 술책

'중국 특색'이란 미명하에 중국 공산당은 놀라운 기만 술책으로 황당한 '성과'를 이뤄냈다.

공산혁명의 목적은 '생산수단 공유제(公有制)'를 실현하는 것이다. 따라서 수많은 젊은이가 이 구호에 속아 공산주의 대동세계의 이상(理想)을 구현하기 위해 공산당에 입당했다. 그중 적지 않은 이가 가족에 자산이 있다는 이유로 그 가정과 등지기도 했다. 하지만 83년이 지난 후 자본가 계급이 다시 돌아왔다. 부활한 자본가 계급은 과거에 '대동(大同)'의 기치를 내걸고 자본가를 타격했던 공산당 자신이었다. 오늘날 중국 공산당 지도자들의 자녀와 친척 중에는 거액을 소유한 신흥 자본가가 적지 않고 일반 공산당원들도 뒤질세라 허겁지겁 이 대열에 합류하고 있다.

공산당은 혁명이란 이름으로 지주와 자본가를 소멸하고 그들의 사유재산을 약탈했으며, 현재 당의 새로운 귀족은 부정부패를 저질러 과거 자본가들보다 더 부유한 벼락부자가 됐다. 당을 따라 정권을 빼앗은 사람들은 진정으로 '이럴 줄 알았다면 애초에 그렇게 할 필요가 없었는데…' 하고 후회할 것이다. 수십 년간 피를 흘리며 싸웠지만, 결국 부모 형제의 재산과 자신의 일생을 공산당이란 이 사교(邪敎) 조직에 바친 꼴이 됐다.

공산당은 경제적 기반이 상부구조를 결정한다는데, 현실에서는 공산당 탐관오리들의 관료적인 경제 토대가 고압적인 상부구조를 결정했기 때문에 인민을 탄압하는 것이 당의 노선과 정책이 됐다.

중국 공산당의 또 하나 깡패 특성은 인류 문화가 지닌 고유의 개념과 내포를 바꾼 후 이런 변이(變異)된 개념으로 모든 사람을 비판하고 독재정치를 한다는 점이다.

'당(黨)'을 예로 들면, 인류사회에서 당을 결성하는 현상은 예부터 있었고 또 전 세계 어디에나 다 있다. 그러나 유독 공산당은 당이라는 집단이 추구하는 이익의 범주를 완전히 벗어났다. 공산당에 입당하면 당은 당원의 모든 것, 심지어 인성과 죽고 사는 문제, 사생활까지 통제한다. 공산당에 권력을 맡기면 곧바로 사회, 정부, 국가기구 등 모든 것을 통제한다. 크게는 누가 국가주석을 하고 누가 국방부장관을 하고 누가 법규 조례를 제정할 것인가 하는 문제에서부터 작게는 누가 어디에 거주하고 누구와 결혼하고 자녀는 몇 명 낳을 것인가 하는 문제에 이르기까지 통제하지 않는 것이 없고 또 이런 통제 방법은 더 발전할 수 없을 정도에 이르렀다.

중국 공산당은 변증법을 명분으로 내세워 철학의 원융(圓融)한 사유 방식과 사고 판별(思辨) 능력, 탐구 정신을 철저히 파괴했다. 공산당은 말로는 '일한 만큼 분배한다.', '일부 사람을 먼저 부유하게 한다.'고 했지만, 실천하는 과정에서 완성된 것은 '권력에 따라 분배한다.'는 것이다. 또 '전심전력으로 인민을 위해 봉사한다.'는 명목으로 이런 아름다운 이상을 가진 사람들을 기만한 후, 이 사람들을 세뇌하고 전면적으로 통제한다. 그 결과 이 사람들은 전심전력으로 당을 위해 봉사하지만, 인민의 대변자 역할은 하지 못하는 단순히 '순종하는 도구'로 변해갔다.

2) '중국 특색'의 깡패 정당

당의 이익을 위해 모든 것을 무시하는 원칙, 그리고 중국 공산당 사교(邪敎)의 작동 방식으로 중국사회를 왜곡했고 인류사회에서 유일한 별종(別種)을 만들어냈다. 이 별종은 어떤 국가, 어떤 정당, 어떤 단체와도 전혀 다르다. 그의 원칙은 무원칙 주의이며, 그의 미소에 담겨있는 것은 진정성을 거론할 수 없다. 하지만 선량한 사람은 중국 공산당을 전혀 이해하지 못한다. 왜냐하면 그들은 인류의 보편적인 도덕 표준으로 공산당을 추측하기에 그런 깡패가 국가를 대표하리라고는 상상하기 힘들다. 중국 공산당은 이런 '중국 특색'으로 전 세계 여러 민족과 어깨를 같이하고 있다. '중국 특색'은 '중국 공산당 깡패의 특색'을 줄인 말로 이해하면 된다.

절름발이와 같은 중국식 자본주의는 곧 '중국 특색의 사회주의'로 모습을 바꾸었고, '실업(失業)'은 중국 특색의 '대업(待業·구직 중)'으로 바뀌었고, '해고(解僱)'는 중국 특색의 '샤강(下崗·퇴직)'으로 바뀌었으며, '빈곤(貧困)'은 중국 특색의 '사회주의 초급 단계(社會主義初級階段)'로 모습을 바꾸었다. 그리고 표현의 자유와 신앙의 자유 같은 인민의 '인권(人權)'은 중국 특색의 '생존권(生存權)'으로 모습을 바꾸었다.

3) 국가적 깡패화가 중화민족에게 전례 없는 도덕적 위기 초래

1990년대 초부터 중국에서는 이런 말이 유행하기 시작했다. "내가 깡패인데 누구를 두려워하랴!" 이것은 중국 공산당이 수십 년간 깡패 식으로 국가를 다스린 결과, 즉 '국가의 깡패화'를 반영한다. 중국 경제의 허상 번영에 발맞춰 사회도덕이 전면적으로 미끄러져 내려갔다.

중국 인민대표대회 기간 각 참가 대표들이 '성신(誠信·진심이란 뜻으로 서로 속이지 않고, 다투지 않으며, 진심으로 교류하는 것)' 문제를 토론하고 또 대학 입시 습작 시험의 주제로 '성신(誠信)'이 출제된다. 그만큼 중국사회에는 이미 '잃어버린 성신(誠信)'과 '도덕적 이슈'가 전반 중국사회에서 잘 보이지는 않지만 모든 곳에 도사리고 있는 거대한 위기로 됐다. 부정부패가 판을 치고, 짝퉁 상품이 넘쳐나고, 사기행각이 기승을 부리고, 인심이 비열하고, 세상 기풍이 급락하는 등 사람 사이의 기본적인 신뢰마저 상실한 상태다.

말끝마다 '만족할 만큼 생활이 개선됐다.'고 하는 사람들의 최대 관심사는 바로 '안정된 삶'이 아닐까? 사회 안정의 가장 중요한 요소가 무엇인가? 바로 도덕이다. 도덕이 타락한 사회에서는 안정이 보장될 수 없기 때문이다.

오늘날 중국 공산당은 거의 모든 전통 종교를 탄압하고, 전통 가치관을 해체하고, 수단과 방법을 가리지 않고 부(富)를 약탈하고, 인민을 기만함으로써 윗물이 맑지 않으면 아랫물도 흐리듯이 전 사회를 빠르게 깡패화로 이끌었다. 본질적으로 말하면, 깡패 수단으로 집권한 중국 공산당은 그 생존 환경을 조성하는 데 깡패 사회가 필요했다. 그래서 중국 공산당은 온갖 궁리를 다 해 인민을 공범으로 끌어들이고 또 다른 깡패로 만들려고 한다. 중국 공산당의 깡패 본성은 바로 이렇게 중화민족의 도덕 기반을 망가뜨렸다.

맺음말

'강산은 쉬이 바뀌어도 사람의 본성은 바뀌기 어렵다(江山易改, 本性難移).'라는 옛말이 있다. 역사가 증명하다시피 중국 공산당이 매번 족쇄와 쇠사슬을 느슨하게 풀었지만, 그것이 쇠사슬을 버렸다는 것을 의미하지는 않는다. 대기근 후인 1960년대 초기에 중국 공산당은 일찍이 '삼자일포(三自一包·농민에게 농업 생산의 손익을 책임지게 하고 농산물 생산 의무를 맡기는 일련의 정책)'로 농촌 생산성을 회복했으나, 그것이 중국 공산당이 중국 농민의 '농노(農奴)' 지위를 개선했음을 의미하지는 않는다. 1980년대의 '자유화'와 '경제개혁'도 1989년 중국 공산당이 인민에게 도살용 칼을 치켜드는 데는 털끝만큼도 영향을 미치지 못했다. 미래에도 중국 공산당의 겉모습은 바뀔지언정 파렴치한 본질은 절대로 변하지 않을 것이다.

만약 이미 오래전의 일이고 환경도 크게 변했으며 공산당도 예전의 그 당이 아니라고 여기면서 눈앞의 가상에 만족하고 심지어 공산당은 이미 좋아졌거나 좋아지고 있다고 여긴다면, 그리고 좋아질 의지가 있다고 여겨 끊임없이 과거를 망각한다면 그것은 중국 공산당 깡패에게 인류를 해치도록 계속 그들에게 생존 기회를 주는 것과 같다.

공산당은 인민이 기억을 잃게 하려고 모든 노력을 기울이겠지만, 인민은 그 기억을 잃어버리지 않기 위해 몸부림쳐야 한다.

사실상 공산당의 역사는 인민의 기억을 없애도록 발악해 온 역사이며, 후대가 전 세대의 진실한 역사를 모르도록 해온 역사다. 그리고 수많은 백성이 공산당의 과거에 대해서는 비판하면서도 공산당의 지금 현실에 대해서는 계속 기대하는 거대한 자아 모순 속에서 고통을 겪고 있는 역사다.

공산주의라는 악령이 인간 세상에 출현하면서 공산당은 깡패식의 무장봉기와 혁명으로 정권을 빼앗고 또 인간 세상에 발을 붙였다. 그 후 공산당은 피비린내 나는 폭정을 통해 '공산당 부체(附体)' 형태의 전제(專制) 사회를 세우고 유지했다. 공산당은 자연을 거스르고 천리(天理)를 거스르고 인성을 거스르고 우주를 거스르는 이른바 '투쟁' 정신으로 인류의 양심과 착한 마음(善念)을 파괴하고 인류의 전통 문명과 도덕관념을 파괴했다. 그리고 피비린내 나는 학살과 강제 세뇌를 통해 온 국민이 그에 미쳐 열광하는 공산 사교(邪敎)의 천하를 만들었다.

공산당의 역사에는 절정에 달한 적색 테러로 광란의 시기를 보낸 때도 있었고 또 거의 멸망 상태에 이르러 허겁지겁 도망친 궁지에 몰린 시기도 있다. 그럴 때마다 공산당은 온갖 깡패 짓으로 위기를 넘기고 다음 광란으로 나아가 계속해서 인민을 우롱했다.

사람들이 모두 공산당의 깡패 본성을 인식하고 그 가상에 미혹되지 않을 때가 되면 곧바로 중국 공산당과 그 깡패 본성도 막을 내릴 때가 되는 것이다.

※※※※※※※※※※

중국의 5천 년 역사와 비교하면 중국 공산당이 중국을 통치한 50여 년은 한순간에 불과하다. 중국 공산당이 없던 시절에 중국은 인류역사상 가장 찬란한 문명을 창조해 냈다. 중국의 내우외환을 틈타 성장한 중국 공산당은 중화민족에게 거대한 재난을 안겨주었다. 이런 재난은 중국인들에게 수천만 명의 생명과 수많은 가정이 파괴되는 대가를 치르게 했을 뿐만 아니라 중국 민족의 생존에 달린 생태자원마저 앗아갔다. 더욱 심각한 것은 중국 민족의 도덕 자원과 우수한 문화 전통이 거의 파괴됐다는 점이다.

그렇다면 중국의 미래는 과연 어떻게 될까? 중국은 앞으로 어떤 방향으로 나아갈까? 이 신중한 주제는 복잡한 문제로서 한마디로 간단명료하게 정의 내리기가 쉽지 않다. 하지만 한 가지 분명한 것은 중화민족의 도덕을 재건하지 않고는, 또 인간과 천지·자연 간의 관계를 재정립하지 않고는, 그리고 사람과 사람이 조화롭게 공존할 수 있게 하는 신앙과 문화를 회복하지 않고는 중화민족에게 찬란한 내일이 있을 수 없다는 점이다.

중국 공산당은 수십 년간의 세뇌와 탄압으로 공산당의 사고방식과 선악의 기준을 중국인의 생명 깊은 곳에 주입함으로써 현재의 중국인은 공산당의 비뚤어진 논리를 받아들이고 공감하고 있으며 심지어 공산당의 일부가 됐다. 따라서 중국 공산당에게 공산당이 존재할 수 있는 이데올로기의 기초를 마련해줬다.

중국 공산당이 주입한 모든 사설(邪說)을 뇌리에서 깨끗이 지우고, 중국 공산당의 온갖 사악의 본질을 꿰뚫어 보고, 우리의 인성과 양심을 되살리는 것이 순조롭게 공산당이 없는 사회로 나아가기 위해 반드시 거쳐야 하는 길이자 첫걸음이다.

이 길을 평온하고 평화롭게 걸을 수 있을지는 중국인 각자의 마음먹기에 달렸다. 중국 공산당은 겉으로는 국가의 모든 자원과 폭력 기구를 가지고 있지만, 모두가 진리의 힘을 믿고 도덕을 지킬 수 있다면 중국 공산당 악령은 숨을 곳을 잃을 것이며, 모든 자원이 순식간에 정의(正義)의 손으로 돌아올 것이다. 그때가 바로 중화민족이 다시 소생하는 순간이 될 것이다.

중국 공산당이 없어져야 신(新)중국이 있을 수 있다!
중국 공산당이 없어져야 중국은 곧 희망이 있을 수 있다!
중국 공산당이 없어지면 정의롭고 선량한 중국 인민이 반드시 찬란한 역사를 다시 꽃피울 것이다.

공산당에 대한 **9가지 평론**

한글판 2판 발행: 2021년 5월 22일
저　자: 9평 편집부
발행인: 정기태
출판사 번역팀: 그랜트·리 외
발행처: 에포크미디어코리아
출판등록: 제2019-000216호
주소: 서울특별시 마포구 마포대로 109, 101동 3403호
　　　(공덕동, 롯데캐슬 프레지던트)
전화: 02-732-8605

ISBN 979-11-968603-6-3

값 15,000원
잘못 만들어진 책은 바꿔 드립니다.

　　　이 책의 저작권은 저자에게 있습니다.
　　　전재를 환영하나 내용 일부를 수정하거나
　　　임의로 변경할 수 없습니다.